Sprachphilosophie zur Einführung

Georg W. Bertram

Sprachphilosophie zur Einführung

JUNIUS

Junius Verlag GmbH
Stresemannstraße 375
22761 Hamburg
www.junius-verlag.de

Umschlaggestaltung: Florian Zietz
Titelbild: Marcel Broodthaers, Pipe (1969),
Keitelman Gallery, Brüssel
Satz: Junius Verlag GmbH
Printed in the EU 2021
ISBN 978-3-88506-681-1
4., ergänzte Auflage 2021

Bibliografische Information der Deutschen Nationalbibliothek
Die Deutsche Nationalbibliothek verzeichnet diese Publikation in der Deutschen Nationalbibliografie; detaillierte bibliografische Daten sind im Internet über http://dnb.dnb.de abrufbar.

Zur Einführung …

… hat diese Taschenbuchreihe seit ihrer Gründung 1978 gedient. Zunächst als sozialistische Initiative gestartet, die philosophisches Wissen allgemein zugänglich machen und so den Marsch durch die Institutionen theoretisch ausrüsten sollte, wurden die Bände in den achtziger Jahren zu einem verlässlichen Leitfaden durch das Labyrinth der neuen Unübersichtlichkeit. Mit der Kombination von Wissensvermittlung und kritischer Analyse haben die Junius-Bände stilbildend gewirkt.

Von Zeit zu Zeit müssen im ausufernden Gebiet der Wissenschaften neue Wegweiser aufgestellt werden. Teile der Geisteswissenschaften haben sich als Kulturwissenschaften reformiert und neue Fächer und Schwerpunkte wie Medienwissenschaften, Wissenschaftsgeschichte oder Bildwissenschaften hervorgebracht; auch im Verhältnis zu den Naturwissenschaften sind die traditionellen Kernfächer der Geistes- und Sozialwissenschaften neuen Herausforderungen ausgesetzt. Diese Veränderungen sind nicht bloß Rochaden auf dem Schachbrett der akademischen Disziplinen. Sie tragen vielmehr grundlegenden Transformationen in der Genealogie, Anordnung und Geltung des Wissens Rechnung. Angesichts dieser Prozesse besteht die Aufgabe der Einführungsreihe darin, regelmäßig, kompetent und anschaulich Inventur zu halten.

Zur Einführung ist für Leute geschrieben, denen daran gelegen ist, sich über bekannte und manchmal weniger bekannte Autor(inn)en und Themen zu orientieren. Sie wollen klassische

Fragen in neuem Licht und neue Forschungsfelder in gültiger Form dargestellt sehen.

Zur Einführung ist von Leuten geschrieben, die nicht nur einen souveränen Überblick geben, sondern ihren eigenen Standpunkt markieren. Vermittlung heißt nicht Verwässerung, Repräsentativität nicht Vollständigkeit. Die Autorinnen und Autoren der Reihe haben eine eigene Perspektive auf ihren Gegenstand, und ihre Handschrift ist in den einzelnen Bänden deutlich erkennbar.

Zur Einführung ist in verstärktem Maß ein Ort für Themen, die unter dem weiten Mantel der Kulturwissenschaften Platz haben und exemplarisch zeigen, was das Denken heute jenseits der Naturwissenschaften zu leisten vermag.

Zur Einführung bleibt seinem ursprünglichen Konzept treu, indem es die Zirkulation von Ideen, Erkenntnissen und Wissen befördert.

Michael Hagner
Dieter Thomä
Cornelia Vismann

Inhalt

Anhang

Einleitung

Sprache steht im Zentrum des menschlichen Lebens. Menschen erzählen sich Geschichten. Sie treffen sich abends in der Kneipe und reden stundenlang. Sie verbringen Jahre und Jahrzehnte damit, an wissenschaftlichen Texten zu arbeiten, und schreiben Gedichte, Romane und Tagebuch. Sie führen aber auch belanglose Gespräche, wenn sie zusammen in der Bäckerei warten oder wenn sie gemeinsam einem Sportereignis beiwohnen.

Die Bedeutung der Sprache für das menschliche Leben kann man sich mit einem einfachen Gedankenexperiment vor Augen führen: Stellen wir uns vor, dass wir nicht über Sprache verfügen. Wenn wir unter diesen Umständen in der Bäckerei Brötchen kaufen wollen, können wir auf die Brötchen zeigen und mit Händen und Blicken klarmachen, was wir wollen. Wenn wir jemandem den Weg zeigen wollen, so können wir auch dies mit Händen und Füßen erledigen. Wir können anderen auf diese Weise allerdings nicht all das mitteilen, was wir sonst noch denken. Wenn wir zum Beispiel denken, dass die Erde schon vor unserer Geburt existiert hat, dann bedürfen wir der Sprache, um dies zu artikulieren. Aber auch für das Fassen von Plänen, die die Zukunft betreffen, ist Sprache unerlässlich. Gehen wir davon aus, dass ich mir vornehmen will, morgen zur Bank zu gehen, um Geld zu holen. Wie soll ich ein solches Vorhaben fassen, wenn ich es nicht sprachlich artikulieren kann? Auch sind viele der Institutionen, die unsere Gesellschaft ausmachen, ohne Sprache unmöglich. Man denke nur an ein Gerichtsverfahren oder eine Eheschließung ohne Sprache. Oder man stelle sich vor, wie der Unterricht in Schule oder Universität ohne Sprache vor sich gehen könnte. Nicht zuletzt ist Sprache die Bedingung für alles Erzählen. Ohne Sprache gäbe es weder Gutenachtgeschichten noch die *Ilias* oder Romane von Flaubert und Dostojewski. Eine Welt ohne Sprache wäre zumindest eine sehr arme Welt. Aber vermutlich mehr noch: Es wäre eine Welt, in der es vieles, was uns in unserer Lebensform als wesentlich gilt, nicht gäbe. Eine menschliche Lebensform ohne Sprache ist wohl einfach keine menschliche Lebensform.

Was aber ist das: Sprache? Sprache ist ein eigentümlicher Gegenstand des Nachdenkens. Eigentümlich ist er bereits aus dem Grund, dass alles Nachdenken sich *in* Sprache vollzieht. Wir denken immer in Sprache nach. Können wir auch *über* Sprache nachdenken? Dem ersten Augenschein nach müssen wir diese Frage bejahen. Selbstverständlich können wir über Sprache nachdenken. Ich kann zum Beispiel darüber nachdenken, ob der letzte Satz, den ich geschrieben habe, so formuliert ist, wie ich ihn formulieren wollte. Oder ich kann darüber nachdenken, was man sagt, wenn man sich für eine unangemessene Äußerung entschuldigen will. Sagt man da »Es tut mir leid«? Oder sagt man »Ich habe es nicht so gemeint«? In dieser Weise über Sprache nachzudenken ist uns vertraut. Aber wie steht es mit dem Nachdenken über Sprache insgesamt?

Es gehört zu den Rätseln des philosophischen Denkens im Abendland, dass Sprache erst spät ein ausgezeichneter Gegenstand der Philosophie geworden ist. Viele Klassiker der abendländischen Philosophiegeschichte – wie zum Beispiel Descartes, Kant und Hegel – haben ihr Augenmerk nicht in besonderer Weise auf Sprache gerichtet. Dies ist besonders deshalb rätselhaft, weil die Philosophie selbst im Medium der Sprache agiert. Seit dem Beginn der abendländischen Philosophie sind Texte geschrieben worden. Und wie nicht zuletzt Platons Texte eindrucksvoll belegen, wurde in der Philosophie immer schon diskutiert. Die Philosophie vollzieht sich geschrieben und gesprochen in Sprache. Wenn man dies bedenkt, kann es also verwundern, dass die Philosophie nicht von Anfang an auch auf Sprache als einen ausgezeichneten Gegenstand reflektiert hat. Nach der sogenannten Wende zur Sprache (*linguistic turn*), die die Philosophie im 20. Jahrhundert genommen hat, scheint es zwar selbstverständlich, dass Philosophie immer auch Sprachanalyse betreibt. Aber vor einem weiteren historischen Horizont kann man von einer solchen Selbstverständlichkeit keineswegs sprechen. So liegt es nahe zu fragen: Entzieht sich die Sprache in irgendeiner Weise der Reflexion? Ist die Philosophie so sehr in Sprache verhaftet, dass es ihr schwer fällt, den Blick auf die Sprache zu richten? Gesetzt, dies ist der Fall: Folgt daraus irgendetwas für die Möglichkeit, auf Sprache zu reflektieren? Und folgt daraus etwas für die Sprachphilosophie, also die philosophische Reflexion auf Sprache? Ist es dieser Reflexion eigen, dass sie ihren Gegenstand nicht gänzlich einzuholen vermag?

Die Sprachphilosophie sollte die Frage bedenken, wie es zu einer philosophischen Reflexion auf Sprache kommen kann. Sie muss dabei im Blick haben, unter welchen Bedingungen sie entstehen kann und welche Grenzen ihr gesetzt sind. Dennoch kann diese Frage nicht am Anfang einer Einführung in die Sprachphilosophie stehen. Hier stehen zunächst eher die Fragen, was Sprache ist und welche Relevanz sie hat. Wie bereits angedeutet, hat Sprache eine Relevanz für das menschliche Leben, die kaum überschätzt werden kann. Was aber ist Sprache? Und wie funktioniert sie? Die Selbstverständlichkeit der Sprache steht in einem nicht unerheblichen Missverhältnis dazu, dass ziemlich unklar ist, was Sprache ausmacht. Dabei ist schon der Begriff der Sprache selbst klärungsbedürftig. So sagen wir zum Beispiel, Deutsch sei eine Sprache. Von Sprache in diesem Sinn ist allerdings nicht die Rede, wenn man danach fragt, was Sprache ist. Es geht vielmehr um Sprache im Sinne der allgemeinen Fähigkeiten, die alle Sprachen ausmachen. Ferdinand de Saussure (1857-1913) hat entsprechend den Vorschlag gemacht, Sprachfähigkeit (*language*) und Einzelsprachen (*langues*) zu unterscheiden (Saussure 1967, 11). Wenn man grundsätzlich über Sprache nachdenkt, geht es um die allgemeine Sprachfähigkeit. Genau hier setzt die Sprachphilosophie ein. Sie hat die Aufgabe, den Begriff der Sprache aufzuklären, also grundlegende Fragen in Bezug auf Sprache zu beantworten. Eine Einführung in die Sprachphilosophie muss entsprechend den Versuch unternehmen, zentrale Fragen der Sprachphilosophie auszuweisen und Begriffe zu bestimmen, die in der Beantwortung dieser Fragen relevant sind.

Diese Einführung hat das Ziel, grundlegende Fragen und Begriffe der Sprachphilosophie unter Rekurs auf ihre historische Entwicklung zu präsentieren. Sie ist so konzipiert, dass einerseits ein grober Überblick über die Geschichte der Sprachphilosophie seit der Antike geboten wird. Andererseits sollen die unterschiedlichen philosophischen Traditionen des Sprachdenkens im 20. Jahrhundert zu Wort kommen. So ist diese Einführung nicht wie andere entsprechende Texte (vgl. z. B. Blume/Demmerling 1998, Morris 2006, Newen/Schrenk 2008) allein auf die sogenannte (sprach-)analytische Philosophie hin orientiert, sondern sucht der Vielfalt sprachphilosophischen Denkens Rechnung zu tragen. Dies kann wiederum nicht anders als exemplarisch geschehen. Die Einführung ist so nach paradigmatischen Stationen gegliedert. Sie will systematische Optionen im Rahmen der Sprachphilosophie verständlich machen, indem sie diese Optionen an einzelnen Positionen ausweist.

Die Auswahl der Positionen ist so angelegt, dass entscheidende Entwicklungen in der Geschichte der abendländischen Sprachphilosophie deutlich werden. Dies geschieht in zehn Kapiteln. Das erste Kapitel schildert in knapper Form die historische Entwicklung der Sprachphilosophie, wie sie der Konzeption des Buches zugrunde liegt, und erläutert die zentralen Fragen der Sprachphilosophie.

In den Kapiteln zwei bis neun lege ich insgesamt drei große Etappen zurück. Mit dem zweiten Kapitel beginnt die erste dieser Etappen, das historische Vorspiel. Es präsentiert antike Ausgangspunkte sprachphilosophischen Denkens bei Platon und Aristoteles und profiliert dabei den Gedanken, dass die Ordnung der Sprache aus ihrem Zusammenhang mit der Ordnung dessen, was es gibt, heraus zu begreifen ist. Im dritten Kapitel mache ich dann einen Sprung in die Neuzeit und zur Philosophie von John Locke. Hier wird Sprache aus ihrem Zusammenhang mit dem subjektiven Geist heraus verstanden. Sowohl das antike als auch das charakteristisch neuzeitliche Verständnis bringen Sprache also nicht als eigenständige Größe in den Blick.

Dies geschieht erst dort, wo Sprache aus ihrer Bindung an den subjektiven Geist wieder gelöst wurde: in den klassischen Positionen der Sprachphilosophie des 20. Jahrhunderts. Diese machen die zweite Etappe der Einführung aus. Im vierten Kapitel wende ich mich so Gottlob Frege als einem der wesentlichen Gründungsväter der analytischen Philosophie zu und erläutere von ihm her Aspekte der Sprachanalyse, wie sie von sogenannten Philosophien der idealen Sprache betrieben wird. Im fünften Kapitel präsentiere ich Ludwig Wittgenstein und mit ihm ein in gewisser Hinsicht gegenläufiges Konzept: die Philosophie der Alltagssprache. Im sechsten Kapitel komme ich auf Positionen innerhalb der analytischen Diskussion zu sprechen, die sprachliche Bedeutung doch wieder beziehungsweise noch unter Rekurs auf die Absichten einer Sprecherin erklären. Diese Positionen machen indirekt deutlich, dass Sprache nicht nur in der engen Perspektive thematisiert werden kann, die in der ersten Hälfte des 20. Jahrhunderts oftmals eingenommen wurde.

Diese Diagnose bringt mich zur dritten Etappe meiner Darstellung. In dieser kommen Positionen zu Wort, die der Sprache nur im Zusammenhang mit anderen Aspekten des menschlichen Weltverhältnisses eine eigenständige Rolle zugestehen. Entsprechende Positionen charakterisiere ich im weitesten Sinn als hermeneutisch. Im siebten Kapitel verfolge ich ihren Ursprung im 18. Jahrhundert in der Sprachphilosophie Johann Gottfried Herders, die ich mit derjenigen Martin Heideggers aus *Sein und Zeit* verbinde. Vor dem Hintergrund dieser hermeneutischen Philosophien werden neuere analytische Ansätze verständlich, die ich im achten Kapitel vorstelle: die Sprachphilosophien von Donald Davidson und Robert Brandom. Das neunte Kapitel weitet das theoretische Spektrum der behandelten Positionen noch einmal aus. Es bringt mit der Philosophie Jacques Derridas eine Stimme aus der phänomenologisch-strukturalistischen Tradition ins Spiel. Damit ist die dritte Etappe abgeschlossen.

Das zehnte Kapitel will einen Ausblick geben. Es kommt auf die Frage zurück, inwiefern eine Reflexion von Sprache möglich ist. Ich lege dar, dass diese Frage für ein Verständnis der menschlichen Lebensform insgesamt aufschlussreich ist, und komme damit am Ende wieder auf die Relevanz der Sprache für den Menschen zurück.

Die vorliegende Einführung geht auf Vorlesungen zur Sprachphilosophie zurück, die ich an den Universitäten Hildesheim und Wien sowie an der Freien Universität Berlin gehalten habe. Ich danke den Studierenden, die an diesen Vorlesungen teilgenommen haben, für viele hilfreiche Diskussionen. Mein Dank gilt auch Katharina Beitz, David Blumenthal, Fabian Börchers, Daniel Martin Feige, Manuel Scheidegger und Shirin Weigelt für Kommentare und Kritik zu Vorversionen dieses Textes. Sie haben mir genauso manche Klärung abgenötigt wie diejenigen, mit denen ich lange und vielfältig über Fragen der Sprachphilosophie diskutiert habe: Stefan Blank, Tilman Borsche, Matthias Flatscher, David Lauer, Jasper Liptow und Martin Seel. Nicht zuletzt danke ich den Herausgebern der Einführungsreihe im Junius Verlag für die Anregung, diesen Band zu schreiben, und dem Lektor des Verlages, Steffen Herrmann, für die gute Zusammenarbeit.

Eine philosophische Einführung kann nichts anderes sein als ein eigenständiger Beitrag zur philosophischen Reflexion. So gilt, was für alle entsprechenden Beiträge gilt: Möge er weitere Reflexionen anstoßen – Reflexionen über Sprache und über die Reflexion von Sprache.

1. Zur Geschichte und zu den Fragen der Sprachphilosophie

Die Sprachphilosophie ist eine vergleichsweise junge philosophische Disziplin. Sie wurde erst im 20. Jahrhundert etabliert. Man spricht hier gemeinhin von einer *Wende zur Sprache* (*linguistic turn*), die im 20. Jahrhundert stattgefunden hat (der Begriff geht auf Rorty 1967 zurück). Mit dieser Wende wurde Sprache in doppelter Hinsicht als ein besonderer Gegenstand der philosophischen Reflexion etabliert: Einerseits wurde Sprache als Zentrum einer Erläuterung des menschlichen Weltverhältnisses thematisch. Sprachphilosophie löst dabei nach einem gängigen Verständnis die neuzeitliche Philosophie ab, in deren Zentrum das menschliche Bewusstsein stand. Andererseits geriet Sprache methodisch in eine Schlüsselstellung. Da alles Philosophieren sich in Sprache vollzieht, sollte eine Reflexion auf Sprache eine Selbstkritik der Philosophie erbringen. Mit der Wende zur Sprache im 20. Jahrhundert ist Sprachphilosophie im engeren Sinn begründet worden. Ich spreche von Sprachphilosophie im engeren Sinn dort, wo Sprache als eigenständiger Gegenstand des Philosophierens begriffen wird. Dies lässt sich folgendermaßen bestimmen: Sprache ist dort als eigenständiger Gegenstand des Philosophierens etabliert, wo sie nicht unter der Perspektive anderer philosophischer Fragen (wie zum Beispiel ontologischer, erkenntnistheoretischer oder bewusstseinsphilosophischer Fragen) thematisch wird.

Entsprechend spreche ich von Sprachphilosophie in einem weiten Sinn, wenn genau dies der Fall ist.

Diese Bestimmung von Sprachphilosophie erlaubt es zu sagen: Sprachphilosophie in einem weiten Sinn ist so alt wie das Philosophieren selbst. Sprachphilosophie im engeren Sinn ist ein Kind des 20. Jahrhunderts. Mit der Wende zur Sprache ist also das philosophische Nachdenken über Sprache nicht begründet worden. Es reicht bis in die Ursprünge des Philosophierens im Abendland zurück. Mehr noch: Man wird Sprachphilosophie im engeren Sinn nicht begreifen können, wenn man sie nicht aus historischen Entwicklungen des philosophischen Nachdenkens (auch über Sprache) heraus versteht (vgl. dazu Tugendhat 1976).

Dieses erste Kapitel hat vordringlich die Aufgabe, eine grobe Skizze der historischen Entwicklungen zu geben, von denen die Auswahl und Präsentation von Positionen in dieser Einführung motiviert ist. Ohne im Einzelnen auf Positionen und ihre Argumente einzugehen, sollen knapp die grundlegenden Etappen dargestellt werden, die das philosophische Nachdenken über Sprache genommen hat. In Verbindung mit dieser Darstellung will ich auch die Fragen charakterisieren, die im Zentrum der Sprachphilosophie stehen. So sollen in diesem Kapitel sowohl die historischen als auch die systematischen Grundlagen gelegt werden, von denen die weiteren Kapitel ihren Ausgang nehmen.

1.1 Zur Geschichte der Sprachphilosophie

Die Geschichte des philosophischen Nachdenkens über Sprache lässt sich in fünf Etappen erzählen. Die Einteilung in diese Etappen orientiert sich an üblichen Etappen der Philosophiegeschichtsschreibung. Demnach beginnt die Geschichte des philosophischen Sprachbegriffs in der Antike, deren Denken sich im Mittelalter fortsetzt (a). Mit der Neuzeit kommt es zu einer ersten entscheidenden Wendung in der Bestimmung von Sprache (b), aus der heraus wiederum im 18. Jahrhundert eine grundlegend neue Perspektive auf Sprache begründet wurde (c). Vor diesem Hintergrund hat sich im 20. Jahrhundert die bereits beschriebene Wende zur Sprache (*linguistic turn*) ereignet, mit der Sprache systematisch und methodisch in den Mittelpunkt des Philosophierens rückte (d). In der zweiten Hälfte des 20. Jahrhunderts ist schließlich diese Wende ihrerseits Gegenstand kritischer Auseinandersetzungen gewesen, so dass philosophische Positionen entstanden sind, in deren Zentrum nicht mehr nur allein Sprache steht, wiewohl sie weiterhin einen wichtigen Gegenstand ausmacht (e).

(a) Antike und Mittelalter: Seit Beginn der philosophischen Überlieferungen im Abendland tritt Sprache als Gegenstand des Philosophierens in Erscheinung – wenn auch nicht als ausgezeichneter Gegenstand. Schon in der vorsokratischen Philosophie haben Autoren wie Heraklit und Parmenides Überlegungen zum Verständnis der Sprache angestellt. Platon und Aristoteles haben entsprechende Überlegungen fortgeführt. Insgesamt überwiegt dabei in der Antike eine metaphysische Haltung, die von der Verständlichkeit der Welt ausgeht. Man kann diese Haltung als *realistisch* bezeichnen. Einer solchen Haltung zufolge gilt, dass die Grundstrukturen des Seins uns zugänglich sind. Zwischen Platon und Aristoteles fand allerdings indirekt ein Disput darüber statt, wie diese Grundstrukturen realisiert sind. Müssen sie, so die Platonische Position, als Ideen begriffen werden, an denen die konkreten Einzeldinge, die uns in der Welt begegnen, teilhaben? Oder sind die Grundstrukturen in den Gegenständen der Welt realisiert, wie Aristoteles meint? Der Sprachbegriff beider ist von diesen Verständnissen geprägt. Bei Platon korrespondiert der Orientierung auf Ideen eine gewisse Sprachskepsis.

Diese hat sich besonders in kritischen Überlegungen zur Schrift niedergeschlagen, die argwöhnen, dass sprachliche Zeichen in keinem aufschlussreichen Bezug zu den Ideen stehen. Da Platon mit gutem Recht als Begründer der philosophischen Schriftstellerei betrachtet werden kann, ist dies nicht ohne Ironie. Aristoteles teilt die Sprachskepsis, die sich bei Platon in Ansätzen findet, nicht. Er vertritt vielmehr dezidiert eine realistische Sprachauffassung, wie sie auch bei Platon unterschwellig im Spiel ist. Sie besteht in der Annahme, dass sprachliche Ausdrücke in einem direkten Bezug zu Gegenständen der Welt stehen. Aristoteles verbindet eine solche Erläuterung damit, dass er – implizit – den für uns vertrauten Begriff der Bedeutung sprachlicher Ausdrücke einführt. Damit gelingt es ihm klarer als seinen Vorgängern zu erläutern, warum Sprache die Welt so wiederzugeben vermag, wie sie ist.

Mit seiner realistischen Auffassung sprachlicher Bedeutung hat Aristoteles das mittelalterliche Denken maßgeblich geprägt. Im Bann seines Denkens hat sich im Mittelalter unter anderem eine Richtung des Sprachdenkens herausgebildet, die man als spekulative Grammatik bezeichnet. Die bedeutendste Version einer solchen spekulativen Grammatik (*Tractatus de modis significandi*) stammt von Thomas von Erfurt. Es handelt sich dabei nicht um eine Grammatik als Lehre von den Formen und von den Verknüpfungen sprachlicher Ausdrücke in unserem heutigen Sinn. Vielmehr wird in der spekulativen Grammatik nach den universalen Formen der Sprache und des von ihr ausgedrückten Seins gefragt. So setzt sich in ihr das antike Vertrauen in das Funktionieren der Sprache fort.

In der mittelalterlichen Philosophie steht allerdings die realistische Auffassung, die aus der Antike überkommen ist, nicht allein. Sie ist eine Partei in einer neuen Kontroverse, als deren Gegenpart üblicherweise Wilhelm von Ockham ausgemacht wird.

Er gilt als der erste prominente Vertreter einer Auffassung, die man später als *Nominalismus* bezeichnet hat. Ein Nominalist widerspricht der realistischen (beziehungsweise wie man im Zusammenhang dieser Kontroverse auch sagt: universalistischen) Auffassung. Er vertritt die These, dass die Welt keine aus sich heraus verstehbare Ordnung hat. Was Menschen verstehen und erkennen, basiert auf Strukturen, die sie entwickeln. Dieser antirealistische Grundgedanke verändert den Begriff von Sprache. Wenn die Welt keine verstehbare Ordnung hat, dann kann Sprache nicht aus einem Zusammenhang mit dieser Ordnung heraus begriffen werden. Sprachliche Ausdrücke begründen demnach auf eigenständige Weise die Möglichkeit, dass die Welt für uns erkennbar ist. Mit Wörtern vermögen wir Gegenstände in ihrer Unterschiedlichkeit zu bezeichnen. Damit allerdings, und das ist die zweite zentrale These des Nominalisten, sind sprachliche Ausdrücke und Gegenstände jeweils als Einzelheiten zu begreifen. Ein Gegenstand wie der Stuhl, auf dem ich gerade sitze, hängt mit nichts anderem zusammen. Wenn ich ihn mit dem Ausdruck »Stuhl« bezeichne, wird ein Einzelgegenstand mit einem Einzelausdruck artikuliert. Es gibt nach nominalistischer Auffassung nichts Allgemeines (Universelles) an dem Gegenstand, das durch den Ausdruck sprachlich gefasst wird. Unser Verstehen der Welt vollzieht sich demnach nur durch einzelne Zeichen, die in Bezug auf einzelne Gegenstände gebraucht werden.

(b) Neuzeit: Die Kontroverse zwischen den sogenannten Universalisten (die man besser als Realisten bezeichnet, weil dieser Ausdruck besser den Kern entsprechender Positionen artikuliert) und den Nominalisten ist zwar im Mittelalter ausgebrochen. Wirkliche Bedeutung für den Sprachbegriff erlangt sie aber erst im neuzeitlichen Denken. Im Mittelalter fehlt in gewisser Weise noch ein entscheidendes Moment, mit dem eine nominalistische Position brisant wird: der Begriff vom Geist eines Subjekts als

Basis der Auseinandersetzung mit der Welt. Um zu dieser Voraussetzung zu gelangen, musste der menschliche Geist in seiner Eigenständigkeit gedacht werden. Es musste die in der Antike und im Mittelalter vertretene Überzeugung, dass das menschliche Erkennen sich auf selbstverständliche Weise in den Grundstrukturen des Seins bewegt, aufgegeben werden. Dazu kam es in besonderer Weise mit der Philosophie von René Descartes. Descartes hat mit seiner Neubegründung des Wissens den Blick auf den menschlichen Geist gelenkt. Alle Zusammenhänge der äußeren Welt sind so beschaffen, dass wir uns über sie zu täuschen vermögen. Nur darüber, dass wir in unserem Denken bestimmte Denkakte vollziehen (zum Beispiel den Akt des Zweifelns), können wir sicher sein. Der Geist ist demnach dasjenige, das uns primär gewiss ist. Genau dies besagt im Kern das berühmte »Ich denke, also bin ich«, das Descartes als Grundpfeiler menschlicher Erkenntnis begreift. Zur weiteren Fundierung des Nominalismus ist es dann nach Descartes in dem empiristischen Ansatz von John Locke gekommen. Ganz im Sinne von Descartes fragt Locke nach der Basis des menschlichen Wissens. Allerdings ist er der Meinung, dass der Geist nicht aus einer Selbstgewissheit heraus begründet werden kann. Vielmehr bedürfe er der sinnlichen Auseinandersetzung mit der Welt, um zu Wissen zu gelangen. Einzelne sinnliche Eindrücke sind, so betrachtet, die Grundlage unseres Wissens. Mit diesem Gedanken ist nun die Basis für den Nominalismus gegeben. Dies lässt sich noch einmal im Kontrast zum mittelalterlichen Denken darstellen: Der mittelalterliche Nominalismus blieb an den Hintergrund der realistischen Weltauffassung gebunden, vor dem er formuliert wurde. Dies ist bei Locke anders. Ganz unabhängig von der Beschaffenheit der Welt kann der Nominalist nun sagen: Sprachliche Ausdrücke beziehen sich auf einzelne Eindrücke, die die Welt im Geist einer Sprecherin verursacht. Sprache wird damit als ein

Instrument begreiflich, das es uns erlaubt, sinnliche Eindrücke zu bezeichnen und damit anderen mitzuteilen. John Locke hat entsprechenden Überlegungen einen paradigmatischen Ausdruck verliehen. Er begründet so ein Verständnis von Sprache, das man als *bewusstseinsphilosophisch* charakterisieren kann. Sprachliche Bedeutung wird damit nicht mehr im Zusammenhang mit den Grundstrukturen des Seins, sondern im Zusammenhang mit dem Denken von Subjekten begriffen (wenngleich dieses für Locke noch an die Beschaffenheit der Dinge gebunden ist).

(c) 18./19. Jahrhundert: Auch wenn es in der Philosophie der Neuzeit zu diesen Weiterentwicklungen des Sprachbegriffs kommt, so gewinnt damit Sprache doch immer noch keine sonderlich prominente Rolle. Dies gilt auch für jene Philosophie, die eine nochmalige Neuausrichtung der ganzen Disziplin begründet: für die Philosophie Immanuel Kants. Kant hat den Cartesischen Rekurs auf den menschlichen Geist zugespitzt. Ihm zufolge gilt, dass das menschliche Erkennen sich in Strukturen abspielt, die im Subjekt begründet sind. Kant interpretiert diese Strukturen als solche, die sowohl die sinnliche als auch die verstandesmäßige Auseinandersetzung mit der Welt bestimmen. Er erläutert sie allerdings weitestgehend, ohne auf Sprache zu sprechen zu kommen. Dies ist bereits von Zeitgenossen kritisiert worden. Besonders Johann Georg Hamann und Johann Gottfried Herder haben gegen Kant argumentiert, dass das menschliche Erkennen sich in Strukturen abspielt, die durch Sprache bestimmt werden. Hamann und Herder vertreten die These, dass Sprache die menschliche Auseinandersetzung mit der Welt bestimmt. Diese These begründet in gewisser Weise die moderne Sprachphilosophie. Man kann in ihr eine Wende zur Sprache *avant la lettre* gegeben sehen. Allerdings scheint es mir wichtig, die spezifisch hermeneutische Stoßrichtung einer solchen Wende zur Sprache zu begreifen. Sprache wird hier in einem unlösbaren Zusammenhang mit dem menschlichen Geist begriffen. Wilhelm von Humboldt hat eine entsprechende Auffassung später in der These gebündelt, Sprache sei das »bildende Organ des Gedanken« (Humboldt 1830 ff., 426). Im Umkehrschluss heißt dies: Sprecherinnen und Sprecher können Sprache nicht unabhängig von Gedanken haben. Mit der hermeneutischen Wende zur Sprache tritt Sprache in das Zentrum philosophischer Aufmerksamkeit. Allerdings hat die Perspektive der Kritiker Kants sich nicht durchgesetzt. Nach Kant haben andere Philosophien die Diskussion bestimmt, nicht zuletzt diejenige von Georg Wilhelm Friedrich Hegel. Dieser hat der Sprache zwar mehr Aufmerksamkeit geschenkt als Kant, hat sie aber in einem größeren Zusammenhang geistiger Tätigkeiten des Menschen begriffen und so nicht gleichermaßen ins Zentrum gestellt wie Kants Kritiker.

(d) Wende zur Sprache (*linguistic turn*): Zur Begründung von Sprachphilosophie als philosophischer Disziplin ist es erst zu Beginn des 20. Jahrhunderts gekommen. Als Ausgangspunkt dieser Begründung kann man die Kritik an der Bewusstseinsphilosophie begreifen, die seit Descartes vorherrschend war und die spätestens seit Locke maßgeblich auch den Begriff der Sprache bestimmte. Diese Kritik ist in der Überzeugung motiviert, dass der Rekurs auf den menschlichen Geist uns nicht zu verstehen erlaubt, wie wir die Welt objektiv zu erfassen vermögen. Genau dies lenkt den Blick in neuer Weise auf Sprache. Es gilt, den Gehalt sprachlicher Ausdrücke als vom subjektiven Bewusstsein unabhängige Basis der menschlichen Auseinandersetzung mit der Welt zu begreifen. Eine entsprechende Wende zur Sprache ist mehr oder weniger direkt von unterschiedlichen Autoren angestoßen worden. Eine besondere Bedeutung kommt hierbei Gottlob Frege sowie den Philosophen des sogenannten Wiener Kreises zu. Aber auch der Sprachwissenschaftler Ferdinand de

Saussure hat mit seinen Überlegungen zum Begriff der Sprache eine Position begründet, die Sprache als Basis der menschlichen Auseinandersetzung mit der Welt zu verstehen erlaubt. Man kann sagen, dass die Wende zur Sprache alle drei großen Strömungen in der Philosophie des 20. Jahrhunderts miteinander verbindet: (Sprach-)analytische Philosophien, hermeneutische Philosophien und phänomenologisch-strukturalistische Philosophien kommen darin überein, dass Sprache ins Zentrum der philosophischen Reflexion zu rücken habe. Die Wende zur Sprache ist dabei auch mit einem methodischen Motiv verbunden. Besonders in der analytischen Tradition geht es zugleich darum, das Medium zu befragen, in dem alles Philosophieren stattfindet. Das philosophische Nachdenken und Argumentieren vollzieht sich im Medium der Sprache. Es steht der Philosophie im Sinne einer kritischen Selbstreflexion gut zu Gesicht, sich mit diesem Medium auseinanderzusetzen. So kann man sagen, dass die Wende zur Sprache einen substanziellen und einen methodischen Sinn hat. Substanziell geht es darum, Sprache als Basis aller menschlichen Erkenntnistätigkeit zu begreifen. Methodisch hingegen steht die Frage im Zentrum, inwiefern Philosophie durch eine Reflexion auf Sprache Selbstkritik zu leisten vermag. In den besonders optimistischen Varianten der frühen analytischen Philosophie führt diese methodische Perspektive zu dem Gedanken, dass Philosophie nichts als Sprachkritik zu sein hat.

(e) Kritik an der Wende zur Sprache: Die Wende zur Sprache ist allerdings in den unterschiedlichen Strömungen der Philosophie des 20. Jahrhunderts nicht auf die gleiche Weise ausgefallen. Gerade in hermeneutischen Philosophien wie denjenigen von Martin Heidegger und Hans-Georg Gadamer steht Sprache nicht auf die gleiche Weise im Zentrum wie in manch anderen Philosophien. So ist es aufschlussreich, zwei Varianten einer Wende zur Sprache zu unterscheiden. Die erste Variante kann man als klassisch bezeichnen. Mit ihr rückt eine Reflexion auf Sprache im engeren Sinn ins Zentrum der philosophischen Arbeit. Sprache wird als eine Basis begriffen, die für sich betrachtet werden und aus diesem Grund die philosophische Reflexion orientieren kann. Die zweite Variante hingegen geht davon aus, dass Sprache im Zusammenhang mit unterschiedlichen anderen Dimensionen des menschlichen Weltverhältnisses betrachtet werden muss. Diese Auffassung ist insbesondere mit der These verbunden, dass wir sprachliche Bedeutung nicht unabhängig von den spezifisch geistigen Perspektiven von Sprecherinnen und Sprechern auf die Welt begreifen können. Paradigmatisch wird eine entsprechende Sichtweise von hermeneutischen Positionen vertreten. Wenn man diese beiden Varianten einer Wende zur Sprache unterscheidet, kann man auch die bereits angesprochenen Positionen der Zeitgenossen Kants besser verorten. Wenn überhaupt gehören diese einer Wende zur Sprache im Sinne der zweiten Variante an. Diese Variante hat sich in der zweiten Hälfte des 20. Jahrhunderts auch in der analytischen Tradition zunehmend durchgesetzt. Mit ihr ist nicht in gleicher Weise wie in der klassischen Variante der Optimismus verbunden, die objektive Auseinandersetzung mit der Welt allein in einer Reflexion auf Sprache begründen zu können. Positionen, die die Wende zur Sprache in einer hermeneutischen Weise interpretieren, begreifen Sprache in einem Zusammenspiel unterschiedlicher Dimensionen, die sich nicht auf Sprache reduzieren lassen. Entsprechende Bewegungen in der zweiten Hälfte des 20. Jahrhunderts sind dabei einerseits damit verbunden, dass unter anderem der philosophie- und metaphysikkritische Anspruch der frühen analytischen Philosophie aufgekündigt wird. Andererseits führen sie dazu, dass in mehr oder weniger inflationärer Art und Weise neue Wenden ausgerufen wurden, die über die Sprache hinausführen sollen: zum Beispiel ein *iconic turn*, ein *performative turn* und ein *cognitive turn*. Im Zuge der letzten

Etappe dieser Skizze einer Geschichte der Sprachphilosophie verliert damit die Sprache in systematischer Hinsicht wieder den uneingeschränkten Vorrang, der ihr in der ersten Hälfte des 20. Jahrhunderts zukam. Dies aber führt nicht dazu, dass sie aus dem Zentrum philosophischen Nachdenkens verschwindet. Sie teilt sich den Platz in diesem Zentrum nur mit anderen Größen, die als konstitutiv für das menschliche Weltverhältnis begriffen werden.

1.2 Die Fragen der Sprachphilosophie

Was macht Sprache zu einem besonders bemerkenswerten Gegenstand? Man kann sich dieser Frage erst einmal indirekt annähern. Wo begegnet uns Sprache als ein bemerkenswerter Gegenstand? Dies geschieht dort, wo wir sie nicht verstehen. Stellen wir uns vor, wir sind bei einer Abendgesellschaft, in der alle Plattdeutsch sprechen. Wenn wir etwa bei Stuttgart aufgewachsen sind, verstehen wir zwar möglicherweise ein einigermaßen harmloses Schwäbisch, aber kein Plattdeutsch. Da alle anderen Teilnehmer der Abendgesellschaft offensichtlich das Plattdeutsche gut beherrschen, entwickelt sich ein reger sprachlicher Austausch. Wir verstehen höchstens Fetzen wie einzelne Namen oder Wörter, auf die wir uns einen Reim machen können. Möglicherweise genießen wir die Situation, da man uns in Ruhe lässt. Und möglicherweise interessieren uns die Laute, die um uns herum artikuliert werden. Aber das ist nicht die Art und Weise, in der Sprache hier auffällig wird. Das erste Moment der entsprechenden Auffälligkeit ist: Wir gehören in diesem Moment irgendwie nicht dazu. Wir sind nicht Teil der Gemeinschaft, die sich auf der Abendgesellschaft bildet. Sprache, so zeigt sich damit indirekt, schafft soziale Zusammenhänge. Sie bewirkt eine

Zusammengehörigkeit zwischen Sprecherinnen und Sprechern. Dies aber ist, so zeigt sich weiter, daran gebunden, dass man Sprache versteht. Die Laute, die wir im Laufe der Abendgesellschaft möglicherweise intensiv studieren, sind noch nicht Sprache im vollen Sinn. Zur Sprache gehört mehr als nur Laute oder Tusche auf Papier. Was dieses Mehr ausmacht, lässt sich vorerst so artikulieren: Sprachliche Ausdrücke haben Bedeutung. Sprachliche Ausdrücke gilt es somit in ihrer Bedeutung zu verstehen. Das zeigt sich als konkrete Aufgabenstellung bei der besagten Abendgesellschaft: Wenn wir sprachliche Ausdrücke nicht verstehen, dann haben sie für uns keine Bedeutung. Wir müssen sie uns gegebenenfalls erschließen. Die Aufgabenstellung, die Bedeutung sprachlicher Ausdrücke zu verstehen, lässt sich aber auch in einer ganz allgemeinen Weise fassen: Was schreiben wir sprachlichen Ausdrücken zu, wenn wir sagen, dass sie Bedeutung haben? Mit dieser Frage ist aus meiner Sicht die Grundfrage der Sprachphilosophie erreicht. Ich will sie in einer noch einmal anderen Formulierung festhalten:

> *Grundfrage Sprachphilosophie*: Was heißt es, dass sprachliche Ausdrücke Bedeutung haben?

Diese Frage formuliert das zentrale Rätsel, das mit Sprache verbunden ist. Inwiefern ist Sprache mehr als Laute oder Tusche auf Papier? Auf den Begriff der Bedeutung bin ich gekommen, indem ich gesagt habe: An Sprache gibt es etwas zu verstehen. Wir können also auch so sagen: Sprachliche Ausdrücke stehen für uns immer in der Alternative, dass wir sie verstehen oder nicht verstehen. Wiederum kann man von dieser These her die Grundfrage noch einmal anders formulieren. Sie lautet dann: Was heißt es, dass wir sprachliche Ausdrücke verstehen oder nicht verstehen können?

Man kann die unterschiedlichen historischen und gegenwärtigen Positionen im philosophischen Nachdenken über die Sprache so begreifen, dass die Grundfrage der Sprachphilosophie in ihnen unterschiedliche Erscheinungsformen angenommen hat. Das Rätsel der Sprache wird in unterschiedlicher Weise artikuliert und aufgegriffen. Um die Diskussion zu strukturieren, ist es aus meiner Sicht hilfreich, in Bezug auf entsprechende Artikulationen vier Fragestränge zu unterscheiden. Dabei kann man im weitesten Sinn historisch vorgehen. Das erste Erscheinungsbild der Grundfrage der Sprachphilosophie ist entsprechend die Frage nach dem Ursprung der Sprache. Diese Frage lässt sich sowohl in einem metaphysischen als auch in einem historischen Sinn verstehen. Im metaphysischen Sinn lässt sie sich so formulieren:

> *Ursprungs-Frage metaphysisch*: Was ist die Basis des spezifischen Seins sprachlicher Ausdrücke?

Die Diskussionen in der vorsokratischen Philosophie, die in Platons *Kratylos* zusammenlaufen, lassen sich in diesem Sinn verstehen. Sie fragen nach einem metaphysisch interpretierten Ursprung der Sprache, also einfach gesagt: Was ist das Wesen der Sprache? Die historische Variante der Frage nach dem Ursprung der Sprache ist besonders in der Neuzeit aufgekommen (unter dem Eindruck einer zunehmenden Kenntnis unterschiedlicher Kulturen). Sie lässt sich folgendermaßen fassen:

> *Ursprungs-Frage historisch*: Wie waren Sprachen im Moment ihres Entstehens beschaffen und wie haben sie sich bis zu ihrem heutigen Zustand entwickelt?

Die zweite Frage, mit der die Grundfrage der Sprachphilosophie verbunden worden ist, richtet sich auf die Bedeutung sprachlicher Ausdrücke in konkreter Weise. Sie fragt nach einer bestimmten Bedeutung, die ein sprachlicher Ausdruck hat. Die offene Formulierung der Grundfrage (»sprachliche Ausdrücke haben Bedeutung«) wird damit so verändert, dass man von Bedeutung mit einem Artikel spricht: von *der* Bedeutung eines sprachlichen Ausdrucks. Entsprechend fragt man nun folgendermaßen:

> *Bedeutungs-Frage*: Worin besteht die Bedeutung sprachlicher Ausdrücke?

Diese Frage ist spätestens in dem Moment drängend geworden, als man Sprache nicht mehr in einer realistischen Perspektive verstand, sondern als ein Instrument des menschlichen Geistes. Gerade wenn man Sprache als ein Instrument der Kommunikation versteht, muss man fragen: Wie funktioniert dieses Instrument und wie lässt es sich gegebenenfalls optimieren? Zur Beantwortung dieser Frage gehört es zu klären, worin die Bedeutung sprachlicher Ausdrücke besteht. In der (sprach-)analytischen Philosophie des 20. Jahrhunderts ist diese Frage mit einer besonderen Perspektive verfolgt worden. Es geht ihr darum zu klären, worin die Bedeutung unterschiedlicher Elemente von Aussagen besteht. So zum Beispiel: Worin besteht die Bedeutung eines Namens? Worin besteht die Bedeutung eines Allgemeinausdrucks (wie »... ist ein Pferd«)?

Diese Diskussion hat einen wichtigen Strang der (sprach-)analytischen Philosophie im 20. Jahrhundert beherrscht. Sie lenkt allerdings zugleich den Blick auf eine weitere Frage: auf die Frage nach der Beziehung zwischen Sprache und Welt. Wenn Sprache nicht mehr in dem realistischen Zusammenhang begriffen wird, der in Antike und Mittelalter leitend war, dann steht mit der Bedeutung sprachlicher Ausdrücke auch ihre Beziehung zur Welt in Frage. Diese Frage kann man folgendermaßen formulieren:

> *Beziehung-Sprache-Welt-Frage*: In welcher Beziehung stehen sprachliche Ausdrücke zu Elementen der Welt?

Funktionieren sprachliche Ausdrücke als Zeichen? Stehen sie für Gegenstände in der Welt? Handelt es sich um Repräsentanten von Gegenständen oder um Zeichen, die auf etwas hindeuten? Die Frage nach dem Verhältnis, in dem Sprache zur Welt steht, lässt sich auch noch einmal anders verstehen. Dies ist dann möglich, wenn man davon ausgeht, dass sprachliche Ausdrücke nicht einzeln, sondern in größeren Zusammenhängen von sprachlichen Ausdrücken konstituiert sind. Wenn man sprachliche Ausdrücke in dieser Weise innerhalb einer Struktur begreift, lässt sich die Frage folgendermaßen fassen: In welchem Verhältnis steht die Struktur der Sprache zur Struktur der Welt (vorausgesetzt, man kann in verständlicher Weise von einer Struktur der Welt sprechen)? Bilden die Strukturen der Sprache die Strukturen der Welt ab? Kann somit die Struktur der Sprache auf die Struktur der Welt zurückgeführt werden? Oder ist es umgekehrt so, dass die Struktur der Sprache die Struktur der Welt prägt?

Aus einer neuzeitlichen Perspektive heraus kann man schließlich noch nach einem anderen Zusammenhang fragen: nach dem Zusammenhang von Sprache und Geist. Sprachliche Ausdrücke beziehen sich nicht nur auf bestimmte Elemente der Welt. Sie drücken auch aus, was eine Sprecherin denkt. Man kann hier allgemein von geistigen Zuständen sprechen, die eine Sprecherin hat. Diese Zustände haben einen bestimmten Gehalt. So ist eine sprachphilosophische Reflexion auf die Bedeutung sprachlicher Ausdrücke auch damit verbunden, dass man fragt:

Zusammenhang-Sprache-Geist-Frage: In welchem Zusammenhang steht die Bedeutung sprachlicher Ausdrücke mit dem Gehalt geistiger Zustände von Sprechern?

Ich habe soweit vier Fragen zusammengetragen, die ich als unterschiedliche Konkretisierungen der Grundfrage der Sprachphilosophie begreife. Die Frage, was es heißt, dass sprachliche Ausdrücke Bedeutung haben, lässt sich demnach in unterschiedlicher Weise angehen: erstens dadurch, dass man nach dem Ursprung der Sprache fragt, zweitens dadurch, dass man danach fragt, worin die Bedeutung bestimmter sprachlicher Ausdrücke besteht, drittens dadurch, dass man nach dem Verhältnis fragt, in dem die Sprache zur Welt steht, und viertens dadurch, dass man den Zusammenhang von Sprache und Geist untersucht. Diese Fragen lassen sich nicht fein säuberlich voneinander trennen. In vielen sprachphilosophischen Positionen spielen sie ineinander. Dabei geht es insgesamt darum zu klären, was es heißt, dass sprachliche Ausdrücke Bedeutung haben.

Mit dieser Frage und ihren Auffächerungen erschöpft sich aber das sprachphilosophische Nachdenken nicht. Im Fokus der Sprachphilosophie steht immer zugleich noch eine andere Frage. Diese lässt sich von einer klassischen Bestimmung des Menschen her begreifen. Es handelt sich um die Bestimmung des Menschen als eines vernünftigen Tiers, eines *animal rationale*. Die griechische Formulierung dieser Bestimmung, die Aristoteles gegeben hat, lautet: *zoon logon echon*. Man trifft hier auf den vieldeutigen Begriff des »logos«, der unter anderem »Vernunft« und »Sprache« bedeutet. Wörtlich kann man die Formulierung des Aristoteles so in folgende Bestimmung des Menschen überführen: Der Mensch ist das Tier, das Sprache äußert. Oder noch einmal anders: Der Mensch ist das sprechende Tier (lateinisch gesagt: ein *animal linguale*). Sprache wird hier als entscheidendes

Merkmal des Menschen begriffen. So stellt sich die Frage: Ist Sprache ein entscheidendes Merkmal des Menschen? Sofern man diese Frage bejaht, gilt es weiter zu fragen: Warum ist Sprache ein entscheidendes Merkmal des Menschen? Inwiefern ist die menschliche Lebensform durch Sprache bestimmt? Was leistet Sprache innerhalb dieser Lebensform? Ich will diese Fragen in einer offenen Formulierung zusammenfassen:

> *Verhältnis-Sprache-Mensch-Frage*: Welche Relevanz hat die Sprache für den Menschen?

In der Sprachphilosophie geht es so immer wieder auch um den Menschen. Von der Sprache her gilt es den Menschen und vom Menschen her die Sprache zu begreifen. Auch diese Aufgabenstellung wird im Laufe der folgenden Darlegungen immer wieder ins Spiel kommen.

2. Antike Ausgangspunkte – Platon und Aristoteles

In der Antike ist keine Sprachphilosophie im engeren Sinn begründet worden. Reflexionen über Sprache sind dort eingebunden in Reflexionen über das, was es gibt, und in Reflexionen über die Konstitution von Wissen. In dieser Weise wurde in der vorsokratischen Philosophie das Nachdenken über Sprache angestoßen. In den fragmentarisch überlieferten Texten dieser Zeit finden sich immer wieder auch Bestimmungen zur Sprache. Dabei kommt Autoren wie Heraklit (ca. 520-460 v. Chr.), Parmenides (ca. 515-445 v. Chr.) und Demokrit (460-371 v. Chr.) eine größere Bedeutung zu.

Heraklit hat einen Sprachbegriff vertreten, der aus heutiger Perspektive eigentümlich anmutet. Ihm geht es darum, einen grundsätzlichen Zusammenhang von Sprache und Dingen zu fassen. Die Ordnung des Seins und die Ordnung des Sagens bilden demnach eine Einheit. Da diese Einheit für Sprache grundsätzlich gilt, ist es nicht möglich, etwas zu sagen, das nicht ist. Heraklits These von der Einheit von Sein und Sagen hat diese merkwürdige Konsequenz: Wann immer man etwas sagt, spricht man von etwas, das ist. Diese Auffassung scheint mit einigen Grundüberzeugungen schlecht verträglich, die wir in Bezug auf unser Sprechen haben: Wir verstehen manche Aussagen so, dass sie von etwas sprechen, das es nicht gibt (»Don Quixote kämpft mit Windmühlen.«). Und wir gehen davon aus, dass manche Aussagen falsch sind (»Karl Marx war der erste Reichskanzler des Deutschen Kaisereichs.«). Wenn alles Sagen an das Sein geknüpft ist, scheinen solche Aussagen nicht erklärt werden zu können. Aus diesem Grund nimmt es nicht wunder, dass auch zu Heraklits Zeit bereits Auffassungen vertreten wurden, die Sprache anders begreifen. Besonders Parmenides und Demokrit traten ihm gegenüber mit Positionen auf, die den Charakter von Sprache als einer Festsetzung betonen. Sprachliche Ausdrücke sind demnach zufällig festgesetzt worden und haben sich in ihrem Gebrauch verfestigt. Sie entstammen einer menschlichen Praxis. Mit dieser Auffassung werden Sein und Sagen entkoppelt. Es wird möglich, sprachliche Artikulationen unabhängig von Ordnungen des Seins zu begreifen. Demokrit macht entsprechend geltend, dass sprachliche Ausdrücke veränderlich sind, dass bestimmte Wörter unterschiedliche Dinge zugleich bedeuten und bestimmte Dinge von mehreren Wörtern bezeichnet werden. All dies spricht dafür, sprachliche Ausdrücke als bestimmte Festsetzungen zu begreifen, die entstanden sind und die sich ändern können.

Die Kontroverse, die sich in der vorsokratischen Philosophie findet, lässt sich folgendermaßen fassen: Es geht darum, welche Beschaffenheit das Verhältnis von Wörtern und Gegenständen hat. Gehen wir davon aus, dass es mit Wörtern möglich ist, Gegenstände zu bezeichnen. Woher rührt diese Möglichkeit? Basiert sie auf einem grundlegenden Zusammenhang von Wörtern und Gegenständen? Oder basiert sie auf Festlegungen, die mehr oder weniger zufällig entstanden sind? Diese Kontroverse hat einen ersten wichtigen Schritt in der Entwicklung des philosophischen Sprachbegriffs angestoßen. Diesen Schritt kann man verfolgen, wenn man betrachtet, wie die besagte Kontroverse bei Platon (427-347 v. Chr.) und Aristoteles (384-322 v. Chr.) aufgegriffen wird. Bei Platon kommt sie in dem Dialog *Kratylos* direkt zu Wort. Aristoteles führt sie in seinen Überlegungen zum Begriff der Sprache eher indirekt fort. Ihm gelingt dabei eine erste Erläuterung, die verständlich macht, wie die Kontroverse sich auflösen lässt. Dabei wird ein Begriff sprachlicher Bedeutung entwickelt, den man als realistisch bezeichnen kann. Ich will in diesem zweiten Kapitel versuchen, die Entwicklung von Platon bis Aristoteles in knappen Strichen nachzuzeichnen. So soll verständlich werden, wie eine Debatte über den metaphysischen Ursprung der Sprache sich durch eine Erläuterung der Bedeutung sprachlicher Ausdrücke beenden ließ.

2.1 Platons Dialog *Kratylos* und die vorsokratische Kontroverse

Platons Dialog *Kratylos* wird vielfach als der erste sprachphilosophische Text der abendländischen Tradition bezeichnet. Diese Bezeichnung ist in dem Sinn zutreffend, dass es sich um einen Text handelt, dessen Gegenstand durchweg Sprache ist. Allerdings ist es kein sprachphilosophischer Text im engeren Sinn von Sprachphilosophie. Sprache wird nicht als eigenständiger Gegenstand, sondern in den Zusammenhängen behandelt, in denen sie bereits in der vorsokratischen Philosophie behandelt worden ist. Es sind in Platons Text deshalb auch keine Fragen auszumachen, wie sie sprachphilosophische Überlegungen heute prägen. Gegenstand des Dialogs ist, wie sein Untertitel sagt, die Richtigkeit der Namen. Was aber ist das: die Richtigkeit der Namen? Welche Frage behandelt Platons Text?

Bevor wir diese Frage beantworten können, ist es hilfreich, uns erst insgesamt in dem Dialog zu orientieren. Dieser widmet sich einem Disput zwischen zwei Protagonisten: Kratylos und Hermogenes. Um diesen Disput voranzubringen, wird Sokrates herbeigerufen. Diesem werden zunächst kurz die beiden Positionen, die sich widerstreiten, auseinandergesetzt. Dann führt Sokrates eine lange Diskussion mit Hermogenes, dem gegenüber er die Position von Kratylos verteidigt. Zum Abschluss des Dialogs findet sich eine eher kurze Diskussion von Sokrates mit Kratylos, wobei Sokrates nun die Position von Hermogenes verteidigt. Der Dialog endet, ohne dass deutlich geworden wäre, welcher der Dialogpartner mit seiner Position recht hat.

Bereits diese oberflächliche Darstellung macht die Eigentümlichkeit von Platons Dialog deutlich: Er argumentiert nicht direkt für eine bestimmte Position, vertritt nicht bestimmte Thesen. Vielmehr inszeniert er eine Diskussion, die in gewisser Weise ohne Ergebnis bleibt. Um den Sinn dieses Vorgehens zu begreifen, ist es hilfreich, sich erst einmal zu fragen, welche Positionen vertreten werden und worum es den vertretenen Positionen genau geht. In der Beantwortung dieser Fragen kann man sich zunächst an die Exposition des Dialogs halten. Wie bereits bemerkt, bekommt Sokrates zu Anfang des Dialogs ein knappes Referat der Kontroverse. Zwar wird dieses Referat nur von einer der beiden streitenden Parteien, von Hermogenes, gegeben. Man gewinnt aber den Eindruck, dass dabei beide Positionen einigermaßen fair vorgestellt werden.

Die erste Position wird von Kratylos vertreten. Man bezeichnet sie als *Physei-These*. In den Worten der Dialogexposition besagt diese These Folgendes:

»[...] jegliches Ding habe seine von Natur ihm zukommende richtige Benennung, und nicht das sei ein Name, wie einige unter sich ausgemacht haben etwas zu nennen, indem sie es mit einem Teil ihrer besonderen Sprache anrufen; sondern es gebe eine natürliche Richtigkeit der Wörter, für Hellenen und Barbaren insgesamt die nämliche.« (Kratylos, 383a-b)

Es ist nicht ganz einfach zu verstehen, wovon hier die Rede ist. Es geht um die Beziehung zwischen Wörtern (Namen) und Dingen. Diese Beziehung wird als naturnotwendige Beziehung verstanden. Wörter stehen demnach in einem notwendigen Zusammenhang mit Dingen. Jedes Ding ist mit einem Wort verbunden, das dieses Ding richtig wiedergibt. Die entsprechende Verbindung verbürgt die Richtigkeit der Wörter (Namen). So gilt, dass es für jedes Ding ein Wort gibt, das dieses Ding in richtiger Weise nennt. Wenn man zudem davon ausgeht, dass jedes Wort mit einem Ding verbunden ist, das von ihm bezeichnet wird, gewinnt man so ein Kriterium dafür, ob etwas ein Wort ist oder nicht: Wenn etwas nicht ein Name eines bestimmten Dings ist, so handelt es sich entweder um den Namen eines anderen Dings oder überhaupt nicht um einen Namen.

Worauf aber beruht die naturnotwendige Beziehung zwischen Wörtern und Dingen? Nach der von Kratylos vertretenen Position beruht sie auf Ähnlichkeit. Die Beziehung der Ähnlichkeit wird dabei als eine natürliche Beziehung verstanden. Sie lässt sich nicht lösen und nicht verändern. Mit dem Sein der Dinge liegen die Wörter fest, die die Dinge artikulieren. Es ist aber nicht recht klar, wie die behauptete Ähnlichkeit genauer zu verstehen ist. Es kann nicht die These sein, dass Wortgestalten und Dinggestalten einander ähnlich sind. Offensichtlich sind sie dies nicht. Es muss sich eher um eine Ähnlichkeit von Wortgestalten (Lautgestalten) und dem Wesen der Dinge handeln. Aber auch von Wortgestalten kann nicht in einem konkreten Sinn die Rede sein. Sie müssen eher als abstrakte Größen begriffen werden. So bleibt die genaue Begründung der naturnotwendigen Beziehung zwischen Wörtern und Dingen offen. Eingedenk dieser Unklarheiten lässt die Physei-These sich folgendermaßen zusammenfassen:

Physei-These: Wörter sind von Natur aus durch Ähnlichkeit mit Dingen verbunden und geben die Dinge aus diesem Grund in richtiger Weise wieder.

Es wird nun deutlicher, worum es bei der Frage nach der Richtigkeit der Namen geht. Es geht um die Frage nach dem Ursprung der Sprache. Diese Frage wird allerdings in einer bestimmten Weise interpretiert. Nach dem Ursprung wird nicht in einer historischen Perspektive gefragt. Gefragt wird nach ihm vielmehr in einer Weise, die das Sein der Dinge ins Zentrum stellt. Sokrates gibt an späterer Stelle des Dialogs Kratylos' These folgendermaßen wieder: »Die Richtigkeit des Wortes, sagten wir, besteht darin, dass es anzeigt, wie die Sache beschaffen ist.« (Kratylos, 428e)

Hermogenes vertritt eine Gegenposition zu Kratylos. Man bezeichnet seine Position als *Thesei-These*. Wiederum in den Worten von Platons Dialog nimmt diese These sich folgendermaßen aus:

»[...] und kann mich nicht überzeugen, dass es eine andere Richtigkeit der Worte gibt, als die sich auf Vertrag und Übereinkunft gründet. Denn mich dünkt, welchen Namen jemand einem Dinge beilegt, der ist auch der rechte, [...] Denn kein Name eines Dinges gehört ihm von Natur, sondern durch Anordnung und Gewohnheit derer, welche die Wörter zur Gewohnheit machen und gebrauchen.« (Kratylos, 284c-d)

Hermogenes vertritt die These, dass die Richtigkeit sprachlicher Ausdrücke auf Setzung beruht. Es besteht demnach keine notwendige Verbindung zwischen einem Wort und dem Ding, das durch das Wort artikuliert wird. Die Beziehung zwischen Wörtern und Dingen wird vielmehr durch Setzung begründet. Wiederum ist diese These als eine These über den Ursprung der Sprache zu verstehen.

Die These lässt sich dadurch schärfen, dass man sie von einer modernen These abgrenzt. Im neuzeitlichen Sprachdenken ist immer wieder geltend gemacht worden, dass Wörter als Lautgestalten nicht in dem motiviert sind, was sie bedeuten. Wenn ich einen Gegenstand als »Baum« oder »tree« oder »arbre« bezeichne, so gilt, dass keine dieser Bezeichnungen durch den bezeichneten Gegenstand motiviert ist. Die Bezeichnungen sind *arbiträr*. Diese Arbitraritätsthese ist eine These über die Verbindung zwischen einzelnen Wörtern und einzelnen Gegenständen. Die These besagt, dass die Gestalt der Wörter nicht durch die von ihnen bezeichneten Gegenstände bestimmt ist. Es handelt sich damit um eine These über das Zustandekommen von einzelnen Wörtern. Hermogenes vertritt keine These in diesem Sinn. Er vertritt eine These über die Beziehung von Wörtern und Gegenständen überhaupt. Ein wenig kryptisch kann man diese These folgendermaßen formulieren: Das Sein der Beziehung zwischen Wörtern und Dingen ist Gesetztsein. Etwas weniger kryptisch: Wörter sind in ihren Beziehungen zu Dingen gesetzt. Diese Beziehungen bestehen nicht von Natur aus. Wie auch Kratylos vertritt Hermogenes so eine These über den Ursprung der Sprache. Und wiederum gilt dabei, dass es sich nicht um eine historische These handelt. Hermogenes behauptet nicht, dass Wörter durch Setzung zustande gekommen sind. Vielmehr handelt seine These vom Ursprung der Sprache in einem ontologischen Sinn. Er begreift das Gesetztsein der Wörter als Grund für die Richtigkeit von Wörtern in Bezug auf Dinge. Wörter sind aus Setzung heraus richtig in Bezug auf die Dinge, die sie artikulieren. Auch die Thesei-These will ich knapp zusammenfassen:

> *Thesei-These*: Wörter sind durch Setzung mit Dingen verbunden und geben die Dinge aus diesem Grund in richtiger Weise wieder.

Damit sind die beiden Positionen exponiert, um die es in Platons Dialog geht. Es lässt sich an diesem Punkt schon gut eine Kontextualisierung herstellen. Unschwer lassen sich in den Thesen, die der *Kratylos* diskutiert, Motive vorsokratischer Positionen erkennen, wie sie zu Anfang dieses Kapitels kurz angesprochen wurden. Platons Dialog greift die Kontroverse auf, die in der vorsokratischen Philosophie um das Verständnis von Sprache geführt wurde. So kann man es als seinen Anspruch begreifen, diese Kontroverse in irgendeiner Weise weiterzuführen. Die Weiterführung, die Platon entwickelt, fällt allerdings, wie bereits angedeutet, etwas überraschend aus: Sokrates verteidigt jeweils die These des einen dem anderen gegenüber. Im Gespräch mit Hermogenes verteidigt er die These von Kratylos; im Gespräch mit Kratylos umgekehrt diejenige von Hermogenes.

Für Platons Weiterentwicklung der bereits in der vorsokratischen Philosophie geführten Kontroverse sind dabei zwei Aspekte charakteristisch. Der erste Aspekt besteht darin, dass es in dem Dialog immer wieder zu unplausiblen Argumentationen kommt. Dies betrifft auch gerade die Ausführungen von Sokrates. Im Zentrum des Dialogs steht eine lange Passage, in der er Hermogenes gegenüber unterschiedliche Erläuterungen von Wörtern auf Basis naturnotwendiger Beziehungen gibt (Kratylos, 391a ff.). Die Erläuterungen sind sehr eigentümlich, so dass der Eindruck einer Karikatur entsteht. Dem lässt sich dann Sinn abgewinnen, wenn man sagt: Platons Dialog hebt die Absurdität vieler von ihm präsentierter Ausführungen hervor. Um entsprechende Absurditäten zu bewerten, ist es entscheidend, nochmals an die Rolle von Sokrates in dem Dialog zu erinnern. Sokrates argumentiert nicht für eine eigene Position. Er präsentiert Argumentationen der beiden streitenden Parteien und dies überkreuz. Man darf davon ausgehen, dass Platon dabei auf Argumentationen zurückgreift, die ihm bekannt waren. Entsprechend wird dort, wo es um die Position von Kratylos geht, immer wieder explizit auf diejenige von Heraklit verwiesen. Kratylos figuriert in dem Dialog als Anhänger der Lehre von Heraklit (auch wenn die Heraklit zugeschriebenen Auffassungen sicher durch Platons Brille gefärbt sind). Hermogenes figuriert nicht explizit als Anhänger einer bestimmten Lehre. Allerdings kann man sagen, dass er in der Tradition von Parmenides und Demokrit argumentiert.

Den zweiten Aspekt, der an den Darlegungen des Dialogs auffällt, kann man folgendermaßen fassen. Sokrates insistiert seinen beiden Gesprächspartnern gegenüber auf einem Punkt, mit dem keine Verteidigung einer der beiden Positionen verbunden ist. Es handelt sich um einen Vorwurf, den er beiden Positionen gegenüber erhebt. Er macht geltend, dass sowohl für die Physei-These als auch für die Thesei-These gilt: Ihnen zufolge sind alle sprachlichen Ausdrücke richtig. Dies ist ja genau das Ziel ihrer Positionen: darzulegen, worin die Richtigkeit der Namen begründet ist. Sokrates macht geltend, dass aus diesem Grund weder Hermogenes noch Kratylos eine Erklärung dafür haben, dass sprachliche Ausdrücke wahr oder falsch sein können. Er sucht beiden Gesprächspartnern gegenüber darzulegen, dass ihre Positionen aus diesem Grund unhaltbar sind. Besonders markant fällt die Argumentation von Sokrates Kratylos gegenüber aus. Ich zitiere sie etwas ausführlicher:

»Sokrates: Also sind alle Worte und Benennungen gleich richtig?
Kratylos: Was nun wirklich Benennungen sind.
[...]
Sokrates: Ob dies etwa, dass man überhaupt nichts Falsches sagen könnte, ob dies der Gehalt deines Satzes ist? Denn gar manche behaupten dies, lieber Kratylos, jetzt und auch sonst schon.
Kratylos: Wie sollte denn auch, Sokrates, wenn einer doch das sagt, was er sagt, er nicht etwas sagen, was ist? Oder heißt das nicht eben Falsches reden: sagen, was nicht ist?

Sokrates: Dieser Satz, Freund, ist für mich und für mein Alter zu hoch. Doch aber sage mir nur dieses: Hältst du etwa zwar das nicht für möglich, Falsches zu sagen, wohl aber zu sprechen?
Kratylos: Nein, dünkt mich, auch nicht sprechen.
[...]
Kratylos: Mir scheint dieser dies nur vergeblich zu sprechen.
[...]
Kratylos: Ich würde sagen, ein solcher mache nur ein Geräusch und setze sich ganz unnütz in Bewegung, wie wenn einer an Metall schlägt, daß es tönen muß.« (Kratylos, 429b ff.)

Auch in Bezug auf diese Passage kann man davon sprechen, dass eine Position in ihren extremen Festlegungen ausgestellt wird. Es handelt sich um die Position von Kratylos, der unzweifelhaft behauptet, man könne mit Sprache nichts Falsches sagen. Die Alternative, die Kratylos unter dem Druck der Sokratischen Fragen aufbaut, lautet: Entweder man gebraucht Sprache und sagt dabei etwas Richtiges oder man spricht vergeblich, gebraucht also letztlich keine Sprache. Ein vergebliches Sprechen besteht darin, nur Geräusche hervorzubringen. Dies aber ist keine plausible Erläuterung. Selbstverständlich sind sprachliche Ausdrücke, sofern sie mündlich vorgebracht werden, Geräusche. Aber es handelt sich um Geräusche, die sich grundsätzlich verstehen lassen. So stellt sich gerade bezüglich dieser Geräusche die Frage, inwiefern man sie verstehen kann, ohne dass sie etwas Richtiges sagen. Inwiefern sind sprachliche Ausdrücke mehr als Geräusche, auch wenn sie Falsches sagen? Keine der Parteien in Platons Dialog stellt diese Frage, und so wird sie auch erst recht nicht beantwortet. Der Dialog steuert aber insgesamt auf sie zu.

Auch in seiner Interaktion mit Hermogenes wirft Sokrates die Frage auf, wie sich Wahrheit und Falschheit in der Sprache verstehen lassen (Kratylos, 385b ff.). Hier trägt Sokrates ein Argument vor, das in charakteristischer Weise unplausibel ist. Er rekurriert auf das Verhältnis von Teil und Ganzem. Seine Prämisse lautet: Was für das Ganze gilt, muss auch für die Teile gelten. Für umfassende Ausdrücke wie Sätze gelte als ganze, dass sie falsch sein können. Also muss auch für ihre Teile gelten, dass sie falsch sein können. Teile von umfassenden Ausdrücken wie Sätzen sind Wörter. Also gilt, dass auch Wörter falsch sein können. Diese Argumentation allerdings beruht auf einer unhaltbaren Prämisse: Es gilt nicht grundsätzlich, dass das, was für das Ganze gilt, auch für alle Teile gilt. Die Argumentation, die Sokrates vorträgt, ist damit hinfällig.

Platons Dialog führt damit die vorsokratische Kontroverse so weiter, dass er Verkürzungen und Absurditäten innerhalb dieser Kontroverse herausarbeitet. Zugleich fokussiert er mindestens eine Frage, die innerhalb dieser Kontroverse nicht zufriedenstellend beantwortet wird: die Frage, wie man Wahrheit und Falschheit in der Sprache erklären kann.

Worauf zielt nun dieses Vorgehen von Platons Dialog alles in allem? Unterschiedliche Antworten sind möglich. Einerseits kann man Platon zuschreiben, dass er doch die Position von Kratylos als plausiblere Position verteidigen will. Immer wieder ist erwogen worden, dass diese Position Platon näher sein dürfte als diejenige von Hermogenes (vgl. z.B. Leiss 2009, 44 ff.). Dennoch ist eine solche Interpretation von Platons Darlegungen über die Richtigkeit der Namen nicht überzeugend. Zu deutlich ist, dass Platon die in seinem Dialog auftretende Figur Sokrates gerade in der Auseinandersetzung mit Hermogenes immer wieder mit unplausiblen Argumentationen aus der Perspektive von Kratylos zu Wort kommen lässt. Es ist deshalb aus meiner Sicht überzeugender zu sagen, dass Platon insgesamt für keine der beiden streitenden Parteien argumentiert.

Unter dieser Voraussetzung steht eine Interpretation des *Kratylos* vor zwei weiteren Optionen. Die eine besteht darin, Platons

Überlegungen als sprachkritische Überlegungen zu begreifen. Seine Ausführungen hätten dann den Charakter einer *reductio ad absurdum* des an Sprache gekoppelten Wahrheitsbegriffs. Platon geht es so gesehen darum zu zeigen, dass die Kontroverse vorsokratischer Philosophien über die Richtigkeit der Namen mit einem unzureichenden Begriff von Richtigkeit beziehungsweise Wahrheit operiert. Unzureichend ist dieser Begriff, da er Wahrheit an Sprache binden will. Sokrates' Insistieren auf die Frage nach Wahrheit und Falschheit kann man dann folgendermaßen begreifen: Er macht deutlich, dass diejenigen, die Wahrheit an Sprache festmachen wollen, sich in unplausible Argumentationen und Festlegungen verstricken. Damit wird ein entsprechend sprachbezogenes Verständnis von Wahrheit *ad absurdum* geführt. Dies geschieht mit dem Ziel, ein Verständnis von Wahrheit jenseits der Sprache anzumahnen. Wahrheit kann es in der Sprache nicht geben, sondern nur in den Ideen: So könnte eine Kurzversion der These lauten, auf die Platon zielt (vgl. Borsche 1990).

Auch wenn ich die gerade skizzierte Lektüre des *Kratylos* für nicht unplausibel halte, scheint es mir interessant, noch eine weitere Interpretation zu erwägen. Diese besteht darin, die von Sokrates gestellten Fragen beim Wort zu nehmen. Es geht dem Dialog demnach darum, Fragen aufzuwerfen, für die sich in bekannten Positionen keine plausiblen Antworten finden. Charakteristisch für den Dialog wäre dann, dass auch er keine solchen Antworten liefert. Er führt nur den Dialog an die Punkte, an denen deutlich wird, dass vorliegende Positionen nicht zufriedenstellen können. In diesem Sinn wäre Platons *Kratylos* tatsächlich als ein genuiner Beitrag zur Entwicklung des philosophischen Sprachbegriffs zu verstehen. Platons Dialog macht, so gelesen, deutlich, dass die ihm bekannten Positionen mit wichtigen Fragen nicht zurande kommen. Auf diese Weise provoziert er Neukonzeptionen im Nachdenken über Sprache. Entsprechende Neukonzeptionen weisen aber weder Platons *Kratylos* noch andere seiner Dialoge auf.

2.2 Aristoteles und das semiotische Dreieck

Mehr als bei Platon rückt Sprache bei Aristoteles in den Fokus des Philosophierens. Aristoteles verdanken wir wichtige Weichenstellungen für das Verständnis von Sprache. So hat er Einsichten in logische Zusammenhänge in der Sprache angestoßen und damit das logische Denken über zwei Jahrtausende hinweg geprägt. Die Basis solcher Einsichten ist sprachphilosophischer Natur. Aristoteles hat sich ein Instrumentarium erarbeitet, das eine klärende Reflexion über Sprache erlaubt. Dieses Instrumentarium ist besonders in einem kurzen Text entwickelt, der sich in erster Linie der Analyse von Aussagesätzen widmet. Der Text trägt den griechischen Titel »Peri hermeneias« und wird in deutschen Übersetzungen vielfach als »Lehre vom Satz« überschrieben. Hier entwickelt Aristoteles Bestimmungen von Sprache, die über die in Platons *Kratylos* geführten Diskussionen hinausführen. In knapper Form werden diese Bestimmungen gleich in der berühmten Eingangspassage des Textes präsentiert:

> »Es sind [...] die Laute, zu denen die Stimme gebildet wird, Zeichen der in der Seele hervorgerufenen Vorstellungen, und die Schrift ist wieder ein Zeichen der Laute. Und wie nicht alle dieselbe Schrift haben, so sind auch die Laute nicht bei allen dieselben. Was aber durch beide an erster Stelle angezeigt wird, die einfachen seelischen Vorstellungen, sind bei allen Menschen dieselben, und ebenso sind es die Dinge, deren Abbilder die Vorstellungen sind.« (Peri herm., 16a)

Diese knappe Passage formuliert Grundlagen für ein Verständnis sprachlicher Ausdrücke. Diese Grundlagen lassen sich folgendermaßen explizieren. Sprachliche Ausdrücke sind Lautgebilde. Allerdings sind Lautgebilde für sich genommen noch keine sprachlichen Ausdrücke. Sie sind dies erst dann, wenn sie auf Vorstellungen verweisen. Vorstellungen ihrerseits sind Repräsentationen von Gegenständen in der Welt.

Mit diesen Erläuterungen gewinnt Aristoteles einen Ansatz, der über die Betrachtung der Verknüpfung von Wörtern und Dingen hinausführt (vgl. hierzu Coseriu 2003, 70 ff.). Diese Verknüpfung, die im Zentrum der von Platon dargestellten Diskussion über den Ursprung der Sprache steht, wird um ein Element erweitert. Sprachliche Ausdrücke sind, so Aristoteles, mit Vorstellungen verknüpft, auf die sie verweisen. Ein sprachlicher Ausdruck ist ein Zeichen für eine Vorstellung: Mit dieser einfachen Erläuterung wird der Rahmen verlassen, der in Platons Dialog leitend ist.

Das von Aristoteles eingeführte weitere Element in der Bestimmung sprachlicher Ausdrücke lässt sich so begreifen, dass es die Bedeutung dieser Ausdrücke ist. Aristoteles führt kein Wort für Bedeutung ein. Und in gewisser Weise kann man sicher sagen, dass auch schon zum Beispiel in einigen Überlegungen des *Kratylos* Elemente benannt werden, die sich als die Bedeutung sprachlicher Ausdrücke begreifen lassen. Aristoteles kommt aber in definitorischer Weise auf das dritte Element zu sprechen. Mit diesem Element ist die Bedeutung als eigenständiges Moment sprachlicher Ausdrücke gefasst. Sprachliche Ausdrücke werden damit in folgender Weise bestimmt:

> *Grundgedanke von Aristoteles*: Sprachliche Ausdrücke haben Bedeutung. Vermöge ihrer Bedeutung beziehen sie sich auf Gegenstände in der Welt.

Aristoteles erläutert die Bedeutung sprachlicher Ausdrücke, indem er sagt: Sprachliche Ausdrücke verweisen auf Vorstellungen. Mit dieser Erläuterung wird ein Dreieck etabliert, das man als das semiotische Dreieck bezeichnen kann: Sprachliche Ausdrücke stehen demnach in einem doppelten Verweisungsverhältnis: Sie verweisen auf Vorstellungen (ihre Bedeutungen). Diese wiederum verweisen auf Gegenstände in der Welt. Sprache funktioniert in dem Dreieck, das sich zwischen sprachlichen Ausdrücken, Bedeutungen und Gegenständen in der Welt aufspannt. Dieses Dreieck kann man als semiotisch bezeichnen, da die Beziehungen innerhalb des Dreiecks als Zeichenbeziehungen gedeutet werden. Aristoteles formuliert damit die Grundlagen einer Position, die man als semantischen Repräsentationalismus bezeichnen kann. Dessen Grundthese lautet:

> *Semantischer Repräsentationalismus*: Sprachliche Ausdrücke haben dadurch Bedeutung, dass sie für etwas anderes stehen.

Ich spreche hier von einem »semantischen« Repräsentationalismus, da Semantik die Lehre der Bedeutung ist und es sich hier um eine These über die Bedeutung sprachlicher Ausdrücke handelt. Das semiotische Dreieck, in dem Aristoteles sprachliche Ausdrücke lokalisiert, ist von einem doppelten Repräsentationalimus geprägt. Vorstellungen sind Repräsentanten von Gegenständen. Sprachliche Ausdrücke sind Repräsentanten von Vorstellungen. Sprachliche Ausdrücke sind also Repräsentanten zweiter Stufe. In dieser Erläuterung kommt dem Begriff der Vorstellung eine Schlüsselstellung zu. Es ist allerdings nicht ganz einfach zu verstehen, was Aristoteles als Vorstellungen bezeichnet. Handelt es sich um geistige Bilder oder allgemeiner: um Wahrnehmungseindrücke? Diese Frage wird sich nicht definitiv beantworten lassen. Dies liegt wohl daran, dass sie sich für Aristoteles nicht in der Weise stellt, wie sie sich für uns stellt. Der Grund dafür liegt in dem realistischen Verständnis von Bedeutung, das Aristoteles vertritt. Die »einfachen seelischen Vorstellungen« »sind bei allen Menschen dieselben, und ebenso sind es die Dinge, deren Abbilder die Vorstellungen sind«, heißt es in der zitierten Passage. Hier zeigt sich eine wichtige Kontinuität in der antiken Diskussion. Vorstellungen stehen in einer natürlichen Beziehung zu den Dingen: Sie sind deren Abbilder. Sie geben die Gegenstände so wieder, wie sie sind. Der Begriff der Vorstellung ist bei Aristoteles in erster Linie so bestimmt: Vorstellungen sind Abbilder der Dinge. Als solche sind sie die Bedeutung sprachlicher Ausdrücke. Damit artikuliert Aristoteles ein grundlegendes Vertrauen in die Erkennbarkeit der Welt durch die Sprache. Er vertritt einen semantischen Realismus. Ein solcher Realismus lässt sich folgendermaßen zusammenfassen:

> *Semantischer Realismus*: Sprachliche Bedeutungen präsentieren die Welt so, wie sie ist.

Der von Aristoteles vertretene semantische Realismus verbindet ihn in gewisser Weise mit den Positionen, die im *Kratylos* diskutiert werden. Man kann die Verbindung dadurch artikulieren, dass man sagt: Auch Aristoteles geht davon aus, dass es eine Richtigkeit von Sprache gibt. Es handelt sich allerdings nicht um eine Richtigkeit der Wörter (Namen), sondern um eine Richtigkeit der Bedeutungen. So greift Aristoteles das Anliegen von Kratylos und Hermogenes auf: Sprache in einen Bezug zur Welt zu bringen. Dies geschieht aber unter Rekurs auf die Bedeutung sprachlicher Ausdrücke. Dieser Schritt von Aristoteles erlaubt es nun zugleich zu sagen, was an den Positionen, die im *Kratylos* wetteifern, nicht stimmt. Sprachliche Ausdrücke haben, so kann man nun sagen, überhaupt kein Sein, weder ein natürliches noch das, gesetzt zu sein. Ein Gegenstand ist nicht einfach als solcher ein sprachlicher Ausdruck. Er wird dazu erst dadurch, dass er als Zeichen für eine Vorstellung gebraucht wird. Die Frage nach dem Ursprung der Richtigkeit der Wörter (Namen) läuft aus diesem Grund ins Leere. Über die Richtigkeit der Wörter lässt sich erst dort etwas sagen, wo diese als Zeichen für Vorstellungen fungieren. Unabhängig von dieser Zeichenrelation gibt es keine Richtigkeit von Wörtern. Das heißt für den Ursprung der Sprache: Dieser lässt sich nicht unabhängig von den Zeichenrelationen begreifen, in denen sprachliche Ausdrücke stehen.

Mit dieser Eröffnung des semiotischen Dreiecks gewinnt Aristoteles zugleich eine Möglichkeit zu erklären, inwiefern sprachliche Ausdrücke wahr oder falsch sein können. In seinen Ausführungen heißt es entsprechend:

> »Wie aber die Gedanken in der Seele bald auftreten, ohne wahr oder falsch zu sein, bald so, dass sie notwendig eins von beiden sind, so geschieht es auch in der Rede.« (Peri herm., 16a)

Die von Aristoteles gegebene Erläuterung lässt sich gut im Anschluss an die bisherigen Überlegungen verstehen: Sprachliche Ausdrücke sind als solche weder wahr noch falsch. Ihre Wahrheit und Falschheit muss von Vorstellungen her begriffen werden, die wahr oder falsch sein können. Aristoteles stützt sich damit in seiner Erläuterung auf das Bedeutungselement von Sprache, das er geltend gemacht hat. So steht die Frage im Raum, welche Vorstellungen wahr oder falsch sein können. Diese Frage ist einfach zu beantworten: Es handelt sich um Überzeugungen. Überzeugungen sind Vorstellungen, die wahr oder falsch sein können (wobei man im Rahmen einer realistischen Position noch etwas darüber sagen muss, wie Vorstellungen überhaupt falsch sein können – diese Frage aber übergehe ich hier). So lässt sich nun sagen: Diejenigen sprachlichen Ausdrücke, die auf Überzeugungen verweisen, können wahr oder falsch sein. Solche sprachlichen Ausdrücke sind Aussagesätze. Aussagesätze stehen für Überzeugungen. Sie können wahr oder falsch sein. Bei ihnen handelt es sich so um eine Rede, »in der es Wahrheit oder Irrtum gibt« (Peri herm., 17a).

Mit diesen Erläuterungen klärt Aristoteles, dass einzelne sprachliche Ausdrücke nicht wahr oder falsch sein können. Ein einzelnes Wort steht nicht in der Alternative, wahr oder falsch zu sein. Auch diese These zeigt, inwiefern bei Aristoteles das Verständnis der Sprache weiterentwickelt wird. Wie betrachtet, legt Sokrates im *Kratylos* im Namen der Physei-These dar, dass einzelne Ausdrücke in einem wahren Satz auch wahr sein müssen. Dies aber trifft nicht zu. Einzelne sprachliche Ausdrücke repräsentieren, so impliziert die Aristotelische Analyse, keine Vorstellungen, die wahr oder falsch sein können. Also können auch sie nicht einzeln wahr oder falsch sein. Dies gilt genauso für Satzarten, die nicht als Zeichen für Überzeugungen fungieren. Fragesätze, Wunschsätze, Befehlssätze etc. sind Zeichen von Vorstellungen, die nicht wahr oder falsch sein können: Aus diesem Grund können auch sie nicht wahr oder falsch sein. Aristoteles rückt somit Aussagesätze ins Zentrum der sprachphilosophischen Aufmerksamkeit. Dies geschieht in Verbindung mit einer Klärung des Wahrheitsbegriffs: Wahrheit oder Falschheit kann in Bezug auf Aussagesätze ausgesagt werden. Einzelne Bestandteile von Aussagesätzen können genauso wenig als wahr oder falsch charakterisiert werden wie Sätze anderer Satzarten. Mit dieser Klärung geht, so kann man sagen, die Debatte über Wahrheit und Falschheit der Sprache in eine zweite Runde: Es ist nun geklärt, dass es keine grundlegende Wahrheit von sprachlichen Ausdrücken gibt (sei es eine, die auf naturnotwendigen Abbildbeziehungen beruht, oder sei es eine, die aus Setzungen resultiert). Damit ist die Frage beantwortet, die bei Platon offenbleibt: warum es auch sprachliche Ausdrücke (Aussagen) gibt, die falsch sind. Allerdings stellt sich nun die Frage neu, welche Stellung der Wahrheitsbegriff in der Erläuterung von Sprache einnimmt: Handelt es sich um einen Grundbegriff in der von Aristoteles suggerierten Weise, so muss auch Aussagesätzen eine grundlegende Stellung attestiert werden.

Aristoteles hat mit seinen Überlegungen eine Position begründet, die in Grundzügen das gesamte spätantike und mittelalterliche Denken beherrscht hat. Im Zentrum dieser Position steht die realistische – oder wie man auch sagt: universalistische – Auffassung sprachlicher Bedeutung. Die Bedeutung sprachlicher Ausdrücke gibt demnach die Welt wieder, wie sie ist. Diese realistische Auffassung ist zwar im Mittelalter, wie bereits im ersten Kapitel angesprochen, einer nominalistischen Kritik unterzogen worden. Erstmals wurde dabei der Gedanken erwogen, dass sprachliche Bedeutungen nicht an die Ordnung des Seins gebunden sind, sondern eigene Ordnungen etablieren. Es fehlte aber im mittelalterlichen Denken letztlich die Basis, um diesen Gedanken konsequent auszubuchstabieren. Aus diesem Grund ist die nächste paradigmatische Position der Sprachphilosophie auch erst in der Neuzeit zu finden.

3. Neuzeitliche Weiterentwicklungen – Locke

Die Philosophie der Neuzeit hat das Subjekt als zentrale Größe in der menschlichen Auseinandersetzung mit der Welt entdeckt. Mit der Wende zum Subjekt ist die realistische Auffassung der Antike und des Mittelalters zurückgedrängt worden. Dies liegt darin begründet, dass mit dem Subjekt eine neue Dimension in das Verständnis des menschlichen Weltverhältnisses eingeführt wurde: der subjektive Geist. Diese Dimension eröffnet eine neue Möglichkeit, sprachliche Bedeutung zu begreifen. Es lässt sich nun in verständlicher Weise davon sprechen, dass sprachliche Ausdrücke eine eigene Ordnung etablieren, die im subjektiven Geist verwurzelt ist. Dieser nominalistische Gedanke löst die realistische These ab, dass Sprache in der Ordnung des Seins verwurzelt ist.

Die Wende zum Subjekt, die diese Ablösung möglich gemacht hat, ist mit der Philosophie von René Descartes (1596-1650) verbunden. Einerseits hat Descartes' Unterscheidung der geistigen von der körperlichen Substanz (*res cogitans* von *res extensa*) die Basis dafür gelegt, den subjektiven Geist in seinen Besonderheiten zu untersuchen. Andererseits hat er eine Begründung des Wissens auf Basis der Selbstgewissheit des denkenden Subjekts entwickelt. Demnach müssen Erkenntnispraktiken vom Subjekt her gedacht werden. Descartes argumentiert, dass das Subjekt sich in seinen Denkakten gewiss ist: Ich denke, also bin ich. Im Zuge dieser Begründung des Wissens aus dem Subjekt heraus richtet Descartes seinen Blick nicht spezifisch auf Sprache. Er gehört zu den vielen bedeutenden Denkern der abendländischen Tradition, bei denen Sprache nicht in besonderer Weise thematisch wird. Er hat aber eine Neubegründung des Wissens angestoßen, in deren Zuge Sprache in neuer Weise reflektiert worden ist. Dies geschah in der Philosophie eines der wichtigsten Antagonisten von Descartes im Rahmen der Philosophie der Neuzeit: in der Philosophie von John Locke (1632-1704). Auch in der Philosophie Lockes steht das Subjekt im Zentrum und geht es um das Vorhaben, den Geist als Charakteristikum von Subjekten verständlich zu machen. Es geht Locke darum, den Geist ausgehend von den Sinnen zu verstehen. Ein entsprechendes Programm kann man als *Empirismus* bezeichnen.

Im Zuge seiner Explikation der kognitiven geistigen Fähigkeiten auf Basis der Sinne fällt Lockes Blick auch auf Sprache. Lockes Hauptwerk *Versuch über den menschlichen Verstand* (1690) war allerdings anfangs nicht so konzipiert, dass es einen Teil über Sprache beinhaltete. Dies gesteht Locke ganz freimütig: »So muss ich denn gestehen, daß ich, als ich diese Abhandlung über den Verstand begann [...], nicht im geringsten daran gedacht habe, daß irgendeine Betrachtung der Wörter dafür erforderlich sein würde.« (Locke 1690, III, ix, 21) Locke sah sich im Zuge seiner Realisierung eines empiristischen Programms in der Explikation des menschlichen Geistes gezwungen, dezidiert darauf zu reflektieren, wie Sprache funktioniert. Er hat die Konzeption seines Hauptwerks so geändert, dass eines von vier Büchern der Sprache gewidmet ist: das dritte Buch, das den Titel »On words« trägt. Dieses Buch ist ein Gründungstext des neuzeitlichen Nachdenkens über Sprache. Ich werde diesem Text ein paradigmatisch neuzeitliches Verständnis von Sprache entnehmen. Es handelt sich, wie im Folgenden deutlich werden wird, um ein Verständnis, an dem sich viele Diskussionen in der Philosophie des 20. Jahrhunderts abgearbeitet haben.

3.1 Lockes Bestimmung der Sprache

Der Sprachbegriff, den Locke entwickelt, lässt sich besonders gut auf Basis einer längeren Passage aus Lockes Text nachvollziehen. Ich zitiere diese Passage ausführlich, um sie dann zu interpretieren:

»Wenn jemand auch eine Fülle verschiedener Gedanken hegt, Gedanken, die anderen ebenso gut Nutzen und Vergnügen bringen könnten wie ihm selbst, so sind sie doch alle in seiner Brust verschlossen, für andere unsichtbar und verborgen; sie können auch nicht durch sich selbst kundgetan werden. Da nun aber die Annehmlichkeiten und Vorteile der Gemeinschaft ohne eine Mitteilung der Gedanken nicht zu erreichen sind, so musste der Mensch notwendig gewisse äußere Zeichen finden, mit deren Hilfe jene unsichtbaren Ideen, die seine Gedankenwelt ausmachen, andern mitgeteilt werden könnten. Für diesen Zweck war im Hinblick auf Reichhaltigkeit und Schnelligkeit nichts so gut geeignet wie jene artikulierten Laute, die der Mensch mit solcher Leichtigkeit und Mannigfaltigkeit zu erzeugen imstande war. So wird es begreiflich, wie es dazu kam, dass gerade die Wörter, die ja von Natur diesem Zweck so vorzüglich angepaßt waren, von den Menschen als Zeichen für ihre Ideen verwendet wurden. Es geschah nicht wegen eines natürlichen Zusammenhangs, der zwischen einzelnen artikulierten Lauten und gewissen Ideen bestände, denn dann würde es in der ganzen Menschheit nur eine Sprache geben. Vielmehr geschah es vermittels einer willkürlichen Verknüpfung, durch die ein bestimmtes Wort jeweils beliebig zum Kennzeichen einer bestimmten Idee gemacht wurde. Der Zweck der Wörter besteht also darin, sinnlich wahrnehmbare Kennzeichen der Ideen zu sein; die Ideen, für die sie stehen, machen ihre eigentliche und unmittelbare Bedeutung aus.« (Locke 1690, III, ii, 1)

Locke entwickelt hier ein Verständnis von Sprache, das als vertraut gelten kann. Sprache wird von ihm als ein Instrument der Kommunikation verstanden. Mittels sprachlicher Äußerungen können wir demnach Anderen die Gedanken, die wir haben, mitteilen. Ohne das Instrument der Sprache wäre dies nicht möglich. Lockes Bestimmung von Sprache nimmt damit ihren Ausgang vom subjektiven Geist von Sprecherinnen und Sprechern. Wie Sprache funktioniert, wird von ihm also in typischer Weise neuzeitlich verstanden. Dabei kommt Locke zu Bestimmungen, die einerseits ein repräsentationalistisches Verständnis von Sprache und andererseits einen Psychologismus der Bedeutung beinhalten. Beide Theoreme sind entscheidend für die Diskussionen nach Locke. Aus diesem Grund will ich sie zuerst herausarbeiten.

Worin besteht die Bedeutung eines sprachlichen Ausdrucks? Lockes Auskunft in Bezug auf diese Frage ist denkbar deutlich: »die Ideen, für die [sprachliche Ausdrücke] stehen, machen ihre eigentliche und unmittelbare Bedeutung aus«. Der Begriff der »Idee« (*idea*), den Locke hier verwendet, ist erläuterungsbedürftig. Locke gebraucht ihn anders als zum Beispiel Platon oder später Kant. Ideen sind nach seinem Verständnis nicht besondere geistige Entitäten. Unter »Ideen« versteht Locke vielmehr alle Zustände im Geist eines Subjekts: Denkakte, Wahrnehmungen, Wünsche etc. Wir können diesen Begriff vielleicht besser fassen, wenn wir von »Vorstellungen« sprechen (im Sinne eines von Kant eingeführten Vokabulars). So werde ich im Folgenden Lockes Begriff »idea« durchweg mit »Vorstellung« übersetzen. In diesem Vokabular lässt sich nun Lockes Erläuterung sprachlicher Bedeutung folgendermaßen fassen: Vorstellungen im Geist einer Sprecherin sind die Bedeutungen sprachlicher Ausdrücke. Sprachliche Ausdrücke haben dadurch Bedeutung, dass sie für Vorstellungen stehen. Diese Bestimmung erinnert an diejenige, die sich bereits bei Aristoteles gefunden hat. Die Erinnerung kommt nicht von ungefähr. Locke teilt den von Aristoteles vertretenen Repräsentationalismus, wie er insgesamt viele Elemente von Aristoteles' Begriff der Sprache aufgreift, ihnen aber eine charakteristisch neue Ausrichtung gibt. Sprachliche Bedeutung wird auch von ihm auf eine bestimmte Beziehung zurückgeführt, in der sprachliche Ausdrücke stehen. Es handelt sich um die Beziehung »... steht für ...«. Eine repräsentationalistische Erläuterung von Bedeutung habe ich bereits folgendermaßen gefasst:

> *Semantischer Repräsentationalismus*: Sprachliche Ausdrücke haben dadurch Bedeutung, dass sie für etwas anderes stehen.

Der Repräsentationalismus ist die Basis der Erläuterung sprachlicher Bedeutung, die Locke gibt. Zu dieser Erläuterung kommt er, indem er die Frage beantwortet, was sprachliche Ausdrücke repräsentieren. Mit der Antwort auf diese Frage kommen wir zu der spezifischen Ausrichtung, durch die sich Locke von Aristoteles unterscheidet. Nach Locke kann die Repräsentationsbeziehung, in der sprachliche Ausdrücke stehen, nur unter Rekurs auf den subjektiven Geist einer Sprecherin bestimmt werden. Die Bestimmung fällt dann folgendermaßen aus: Sprachliche Ausdrücke repräsentieren Vorstellungen im Geist einer Sprecherin. Anders als Aristoteles kommt Locke damit in der Erläuterung von sprachlicher Bedeutung nicht auf die Ordnung des Seins und auf den Abbildcharakter von Vorstellungen zu sprechen. Er rekurriert vielmehr auf den Geist einer Sprecherin. Damit begründet er eine sprachphilosophische Position, die für das neuzeitliche Denken prägend ist. Ich bezeichne diese Position als *semantischen Psychologismus*. Dessen grundlegende These lautet:

> *Semantischer Psychologismus*: Vorstellungen im Geist einer Sprecherin sind die Bedeutung sprachlicher Ausdrücke.

Von einem Psychologismus spreche ich deshalb, weil der Geist einer Sprecherin im Zentrum der Erläuterung steht. Sprachliche Bedeutung wird, darin liegt ein paradigmatisch neuzeitlicher Gedanke, als eine geistige Größe begriffen. Sprachliche Ausdrücke sind, so sagt Locke, »Zeichen für ... [Vorstellungen]«. Vorstellungen sind ihre Bedeutung. Locke spricht genauer von Vorstellungen als der »eigentliche[n] und unmittelbaren Bedeutung« sprachlicher Ausdrücke. Dies lässt sich wiederum anhand von Erläuterungen verstehen, die bereits bei Aristoteles im Spiel waren. Sprachliche Ausdrücke stehen demnach in einem doppelten Repräsentationsverhältnis. Einerseits stehen sprachliche Ausdrücke für Vorstellungen. Diese Vorstellungen stehen andererseits für Gegenstände in der Welt. Zum Beispiel steht eine Rot-Vorstellung im Geist einer Sprecherin für die Röte eines roten Gegenstands in der Welt, mit dem die Sprecherin konfrontiert ist. Locke fasst die Repräsentationsbeziehung zwischen Vorstellungen und Gegenständen nun nicht primär als eine Abbildbeziehung. Primär muss man sie mit Locke als eine Kausalbeziehung begreifen: Gegenstände verursachen bestimmte Vorstellungen im Geist eines Subjekts. Damit aber steht in Frage, wie sich Vorstellungen zum Sein der Dinge verhalten. Der fraglose Zusammenhang, den eine realistische Auffassung hier gesehen hat, gilt im Rahmen von Lockes subjektivistischer Perspektive nicht mehr.

Das Repräsentationsverhältnis, in dem sprachliche Ausdrücke zu Vorstellungen stehen, wird nun von Locke noch genauer bestimmt. Eine entsprechende Bestimmung hätte sich auch bereits mit Aristoteles geben lassen. Hier bei Locke aber kommt ihr eine größere Bedeutung zu, weshalb ich kurz auf sie zu sprechen komme. Locke vertritt die These, dass die Beziehung von sprachliche Ausdrücken zu Vorstellungen aus einer »willkürliche[n] Verknüpfung« resultiert. Zu dieser These sieht Locke sich (wie bereits Aristoteles) aufgrund der Vielfalt unterschiedlicher Sprachen genötigt. Locke geht (ich komme noch darauf zurück) davon aus, dass Menschen einige Vorstellungen miteinander teilen. Würden sprachliche Ausdrücke nun in einer nichtwillkürlichen Weise für solche Vorstellungen stehen, müssten alle Menschen die gleichen sprachlichen Ausdrücke für diese Vorstellungen haben. Dies ist aber nicht der Fall. Aus diesem Grund muss die Verknüpfung als eine willkürliche bestimmt werden. Man spricht hier in der sprachphilosophischen Diskussion, wie bereits erwähnt, von der *Arbitrarität* sprachlicher Ausdrücke: Ein sprachlicher Ausdruck ist in seiner Gestalt nicht durch seine Bedeutung motiviert. Die Gestalt des Ausdrucks »tree« hat genauso wenig mit seiner Bedeutung zu tun, wie die Gestalt des Ausdrucks »Baum«. Die »willkürliche Verknüpfung«, die hier gegeben ist, kann nach Locke durch Konventionen innerhalb einer Sprechergemeinschaft erklärt werden. Innerhalb einer Sprechergemeinschaft sind die Verknüpfungen von sprachlichen Ausdrücken und Vorstellungen festgelegt, so dass sie trotz ihrer Arbitrarität verbindlich ausfallen.

Die bislang im Rahmen von Lockes Sprachbegriff gewonnenen Erläuterungen müssen allerdings noch verfeinert werden. Die Notwendigkeit dieser Verfeinerung macht Locke sich folgendermaßen klar: Wir haben bislang gesagt, dass sprachliche Ausdrücke für einzelne Vorstellungen stehen. Nun stehen Vorstellungen für Gegenstände. Man kann nun denken, dass mit jeder Wahrnehmung eines Gegenstands eine Vorstellung entsteht, die den Gegenstand anders und damit in neuer Weise gibt. Mit jeder Vorstellung käme so gesehen ein neuer Gegenstand ins Spiel. Damit würde aber ganz unklar, wie man mittels sprachlicher Kommunikation zu Erkenntnis kommen kann. Man müsste ja davon ausgehen, dass jeder sprachliche Ausdruck für einen spezifischen Gegenstand steht und dass es sich bei jeder neuen Vorstellung um einen neuen Gegenstand handelt. Somit aber bliebe unverständlich, wie Individuen Vorstellungen gewinnen können, auf die sie sich mittels sprachlicher Ausdrücke stabil zu beziehen vermögen. Vorstellungen würden sich stets ändern, und Individuen müssten stets neue sprachliche Ausdrücke für ihre neuen Vorstellungen einführen. Sprachliche Kommunikation wäre aus diesem Grund letztlich unmöglich. Locke sieht in diesem Problem eine Erklärung dafür, dass es in der Sprache auch Ausdrücke gibt, die nicht nur für einen Gegenstand, sondern für mehrere Gegenstände stehen. Er kommt damit auf den Unterschied von Individuenausdrücken und Allgemeinausdrücken. Individuenausdrücke sind sprachliche Ausdrücke, die für einen Gegenstand stehen (z.B. »Sokrates«). Allgemeinausdrücke sind sprachliche Ausdrücke, die für mehrere Gegenstände stehen (z.B. »... ist ein Pferd«). Ich werde im Folgenden eine Terminologie verwenden, die man heutzutage vielfach gebraucht. So spreche ich von *singulären Termini* (Individuenausdrücken) im Gegensatz zu *Prädikaten* (Allgemeinausdrücken).

Der Unterschied von singulären Termini und Prädikaten muss nun für Locke von Vorstellungen her verstanden werden. Vorstellungen sind ja nach Lockes Verständnis die Bedeutungen sprachlicher Ausdrücke. So muss er sagen: Manche Vorstellungen einer Sprecherin stehen für einen Einzelgegenstand (so z.B. eine Sokrates-Vorstellung). Andere Vorstellungen hingegen stehen für mehrere Gegenstände (so z.B. eine Pferd-Vorstellung). Wie aber kommen solche allgemeinen Vorstellungen zustande? Locke vertritt die These, dass dies durch Abstraktion geschieht. Allgemeine Vorstellungen entstehen aus Einzelvorstellungen, indem durch Vergleich zwischen unterschiedlichen Einzelvorstellungen von ihren Besonderheiten abstrahiert wird. Allgemeine Vorstellungen sind Produkte von Abstraktionstätigkeiten, die der Geist ausführt (vgl. zur Kritik an dieser Erläuterung bereits Leibniz 1764, III, 3, 5 u.a.). Auf diese Weise können wir verstehen, dass der Geist einer Sprecherin zwei unterschiedliche Typen von Vorstellungen enthält: Einzelvorstellungen und Allgemeinvorstellungen.

Diese Erklärung erlaubt es nun, den Unterschied von singulären Termini und Prädikaten folgendermaßen zu erklären: Ein singulärer Terminus ist ein sprachlicher Ausdruck, der für eine Einzelvorstellung steht. Ein Prädikat ist ein sprachlicher Ausdruck, der für eine Allgemeinvorstellung steht. Diese Erklärung hat nun aber folgende überraschende Konsequenz: Sie besagt, dass singuläre Termini und Prädikate gleich funktionieren. Jeweils stehen sie für Vorstellungen im Geist einer Sprecherin. Ihr Unterschied liegt in den Vorstellungen, die jeweils repräsentiert werden. Lockes Erklärung lässt sich daher dadurch auf den Punkt bringen, dass man einer *Namentheorie der Bedeutung* spricht. Diese lässt sich mit folgender These fassen:

> *Namentheorie der Bedeutung*: Alle sprachlichen Ausdrücke funktionieren nach dem Paradigma von Namen. Sie stehen jeweils für bestimmte Gegenstände.

Gemäß der Erläuterung von Locke stehen sprachliche Ausdrücke für geistige Gegenstände: für Vorstellungen. Unabhängig davon, ob es sich um Einzelvorstellungen oder Allgemeinvorstellungen handelt, sind Vorstellungen dabei jeweils als Einzelgegenstände zu begreifen. Sie stehen isoliert voneinander. So funktionieren sprachliche Ausdrücke alle auf die gleiche Weise, unabhängig davon, ob es sich um singuläre Termini oder um Prädikate handelt. Eine solche Position impliziert damit noch eine weitere grundlegende Festlegung, die ich explizit machen will. Sie impliziert die These, dass sprachliche Ausdrücke unabhängig voneinander Bedeutung haben. Die Bedeutung resultiert daraus, dass sie für eine bestimmte Vorstellung stehen. Jedes Repräsentationsverhältnis, aus dem ein sprachlicher Ausdruck Bedeutung gewinnt, ist unabhängig von den anderen Repräsentationsverhältnissen, in denen andere sprachliche Ausdrücke stehen. Die Bedeutung von sprachlichen Ausdrücken konstituiert sich atomar. So kann man eine Grundidee der Erläuterung sprachlicher Bedeutung, die Lockes Position aufweist, gut als *semantischen Atomismus* bezeichnen:

> *Semantischer Atomismus*: Ein sprachlicher Ausdruck hat unabhängig von anderen sprachlichen Ausdrücken Bedeutung.

Nun kann es aber bei den Bestimmungen, die wir bislang betrachtet haben, nicht bleiben. Wir hatten ja mit Locke gesagt, dass es einer Sprecherin primär darum geht, dass ihre Gedanken anderen zugänglich werden. Erklärt aber ist bislang nur, wie sprachliche Ausdrücke Vorstellungen zugänglich machen können. So gilt es also noch, das Verhältnis zu bestimmen, das zwischen Vorstellungen und Gedanken besteht. Dies ist einfach zu leisten: Vorstellungen sind die Bestandteile, aus denen sich Gedanken zusammensetzen. Ein Gedanke ist für Locke eine Verbindung von Vorstellungen. So kann er eine Analogie herstellen: Wie ein Satz eine Verbindung von Wörtern ist, so ist ein Gedanke eine Verbindung von Vorstellungen. Wörter bezeichnen Vorstellungen – Verbindungen von Wörtern bezeichnen Gedanken. Damit wird es nun möglich zu erklären, wie eine Sprecherin anderen ihre Gedanken zugänglich machen kann. Sie kann Verbindungen von Wörtern äußern, die für Gedanken stehen.

Damit haben wir Lockes Position so weit umrissen, dass wir seine grundlegende Bestimmung nachvollziehen können. Locke bestimmt Sprache folgendermaßen:

> *Sprachphilosophischer Instrumentalismus*: Sprache ist ein Instrument der Kommunikation. Sie ist ein Mittel, Gedanken (Überzeugungen, Wünsche etc.) mitzuteilen.

Sprache funktioniert als ein solches Mittel, da sprachliche Ausdrücke für Vorstellungen stehen. Sprachliche Ausdrücke sind öffentlich wahrnehmbare Gegenstände. Gedanken im Geist einer Sprecherin hingegen sind nicht öffentlich wahrnehmbar. So ist es die instrumentelle Bestimmung von Sprache, etwas Innerliches öffentlich wahrnehmbar zu machen. Dies leisten sprachliche Ausdrücke dadurch, dass sie Vorstellungen repräsentieren. Sie sind, wie Locke sagt, »äußere Zeichen«. Mit ihrer Hilfe kann ein Sprecher »jene unsichtbaren Ideen, die seine Gedankenwelt ausmachen«, anderen zugänglich machen.

3.2 Probleme von Lockes psychologistischem Bedeutungsbegriff

Nun kann man allerdings die Frage stellen, wie plausibel der von Locke entwickelte Sprachbegriff ist. Ist es plausibel, Sprache als Instrument der Kommunikation zu bestimmen? Diese Frage hat zwei Aspekte. Erstens muss geklärt werden, ob Sprache in der Weise als Instrument der Kommunikation bestimmt werden kann, wie es bei Locke geschieht. Und zweitens ist es sinnvoll zu fragen, ob Sprache überhaupt ausschließlich als Instrument der Kommunikation bestimmt werden kann.

Ich beginne mit der ersten Frage. Locke legt, wie gesehen, Folgendes dar: Die Vorstellungen eines Menschen sind privat. Sie sind für andere nicht wahrnehmbar. Um sie also anderen zugänglich zu machen, bedarf es eines Instruments, das für andere wahrnehmbar ist. Ein solches Instrument ist die Sprache. Nun kann man aber argwöhnen, dass hier ein Problem auftritt: Wenn Vorstellungen privat sind und die Bedeutung sprachlicher Ausdrücke eben in genau solchen Vorstellungen besteht: Ist dann nicht auch die Bedeutung sprachlicher Ausdrücke privat? Gehen wir davon aus, dass ich eine bestimmte Vorstellung habe und etwas Sprachliches äußere, um diese Vorstellung anderen zugänglich zu machen. Andere können meine sprachliche Äußerung nur dann verstehen, wenn sie wissen, auf welche Vorstellung sie Bezug nimmt. Die Vorstellung allerdings ist, davon waren wir ausgegangen, für andere nicht zugänglich. Wie kann dann aber sprachliche Kommunikation funktionieren? Wenn die Bedeutung sprachlicher Ausdrücke in Vorstellungen besteht, diese Vorstellungen aber als privat bestimmt werden, scheint Kommunikation unmöglich zu sein. Zwar kann diejenige, die spricht, wissen, was sie mit ihren sprachlichen Äußerungen sagt. Sie hat ja Zugang zu ihren eigenen Vorstellungen. Dieser Zugang aber ist allen anderen verwehrt. Aus diesem Grund ist es allem Anschein nach grundsätzlich unmöglich, die sprachlichen Äußerungen von anderen zu verstehen.

Wäre dies das letzte Wort, so wäre das für Locke ein äußerst missliches Ergebnis. Locke geht ja davon aus, dass es die Funktion von Sprache ist, ein Instrument der Kommunikation zu sein. Nun gewinnt man allerdings den Eindruck, dass dieses Instrument Kommunikation nicht ermöglicht. Damit aber würde es unsinnig, als Funktion von Sprache anzugeben, sie sei ein Instrument der Kommunikation. Als Funktion einer Sache etwas anzugeben, wozu sie keine Eignung hat, ist offensichtlich nicht sonderlich sinnvoll. Entsprechend sollte man überlegen, ob Locke sprachliche Kommunikation nicht doch erläutern kann. Kann Locke dem Vorwurf entgehen, dass er die Bedeutungen sprachlicher Ausdrücke als privat bestimmt und somit Kommunikation durch Sprache bei ihm unerklärlich wird?

Ein Entgegnungsversuch auf diesen Vorwurf mit Locke sieht folgendermaßen aus: Die Bedeutung sprachlicher Ausdrücke sind Vorstellungen im Geist von Sprecherinnen und Sprechern. Diese Vorstellungen sind zwar privat, aber sie sind deshalb nicht unteilbar. Sprecherinnen und Sprecher haben nach Locke zum

Teil dieselben Vorstellungen. Dies liegt darin begründet, dass es einen Grundbestand von Vorstellungen gibt, der sich auf einfache Beschaffenheiten bezieht. Locke spricht hier von einfachen Vorstellungen (*simple ideas*). Unter diesen einfachen Vorstellungen gibt es wiederum eine Teilmenge, die direkt mit den Beschaffenheiten der Welt verbunden ist. Locke bezeichnet sie als einfache Vorstellungen von primären Qualitäten (*primary qualities*). Solche Vorstellungen stehen in einer Abbildbeziehung zu den Beschaffenheiten der Welt, von denen sie verursacht werden. Sie sind entsprechend bei allen Menschen gleich.

Locke sieht sich so in der Lage zu behaupten, dass es einen Grundbestand von Vorstellungen gibt, den Menschen miteinander teilen. Wenn in einer Gemeinschaft sprachliche Ausdrücke für Vorstellungen aus diesem Grundbestand existieren, dann ist es zumindest im Grundsatz möglich, die Vorstellungen zu kennen, auf die andere sich mit ihren sprachlichen Ausdrücken beziehen. Damit es hier tatsächlich zu Kommunikation kommt, muss nur eines gewährleistet sein: Es muss in der Gemeinschaft eine Praxis geben, die bestimmte Wörter mit bestimmten Vorstellungen stabil verbindet. Wenn alle Mitglieder einer Gemeinschaft zum Beispiel das Wort »hart« in derselben Weise verwenden und das Wort »hart« mit einer einfachen Vorstellungen verbunden ist, über die all diese Mitglieder verfügen, dann kann mittels dieses Worts Kommunikation gelingen. Wenn in so einer Gemeinschaft einer zum anderen sagt »Dies ist hart«, dann gilt zwar immer noch, dass der andere nicht die bestimmte Vorstellung wahrnehmen kann, auf die der Sprecher sich mit seiner Äußerung bezieht. Da beide sich allerdings im Rahmen einer von der Gemeinschaft bestimmten Sprachpraxis bewegen, ruft das Wort bei ihm dieselbe Vorstellung hervor. So kann der Hörer in diesem Fall doch wissen, was die Äußerung des Sprechers bedeutet. Wenn gesichert ist, dass Sprecherinnen und Sprecher dieselben Vorstellungen von der Welt haben und wenn es eine Praxis gibt, in der die Verbindung von Wörtern mit bestimmten Vorstellungen festgeschrieben ist, dann ist auch Kommunikation möglich.

Auf diese Weise kann man mit Locke – und in seinem Sinn – das Funktionieren von Sprache als einem Instrument der Kommunikation erklären. Die Vermeidung der kommunikationsskeptischen Konsequenzen, die aus Lockes semantischem Psychologismus zu folgen drohen, ist allerdings mit schweren Hypotheken erkauft: Erstens muss man die Voraussetzung machen, dass Menschen (zumindest in relevanten Teilen) in ihrer Auseinandersetzung mit der Welt dieselben Vorstellungen gewinnen. Dies ist aber nicht sonderlich plausibel. Auch wenn all unsere Vorstellungen von einer Welt handeln, die wir miteinander teilen, so fallen sie doch unterschiedlich aus. Eine solche Unterschiedlichkeit kann man wiederum unterschiedlich stark betonen. Eine Reihe von Ansätzen seit dem 18. Jahrhundert macht geltend, dass Vorstellungen, die wir von der Welt gewinnen, immer durch historische, kulturelle und soziale Faktoren mit bestimmt werden. Sie fallen aus diesem Grund unterschiedlich aus. Es reicht aber schon zu sagen, dass die Vorstellungen, die einzelne Individuen gewinnen, mit unterschiedlichen Assoziationen verbunden sind. Das führt dazu, dass Vorstellungen bei einzelnen Individuen nicht einfach gleich ausfallen. Lockes Rekurs auf Vorstellungen, die Beschaffenheiten der Welt strukturerhaltend abbilden, kann also nicht überzeugen. So bleibt die Voraussetzung, die Locke macht, ohne Erklärung. Und solange man über keine Erklärung verfügt, wird man sie fallen lassen müssen.

Zweitens muss Locke die Voraussetzung machen, dass eine gemeinschaftliche sprachliche Praxis stabile Verbindungen zwischen einzelnen Wörtern und Vorstellungen herzustellen vermag. Wenn gilt, dass Vorstellungen privat sind, ist ganz unklar, wie dies gehen soll. Wie soll es möglich sein, einzelne Sprecherinnen und Sprecher in eine Regel der Verwendung sprachlicher Ausdrücke einzubinden, wenn für andere nicht wahrnehmbar ist, welche Vorstellungen sie mit bestimmten Ausdrücken verbinden? Bedarf es hier nicht eines Bezugs auf öffentlich wahrnehmbare Gegenstände und Sachverhalte? Auch für die zweite Voraussetzung fehlt eine plausible Erklärung. Damit komme ich zu dem Ergebnis, dass der semantische Psychologismus Lockes sein Ziel verfehlt. Er macht nicht verständlich, wie Sprache als Instrument von Kommunikation funktionieren könnte.

Nachdem dies geklärt ist, kann ich zur zweiten Frage kommen. Ist es überhaupt plausibel, als Funktion von Sprache ausschließlich Kommunikation anzugeben? Denken wir an ein Gespräch in einer Bäckerei. Wenn ich mich dort vor die Theke stelle und nichts sage, dann weiß der Verkäufer nicht, was ich will. Mache ich hingegen den Mund auf, ändert sich dies. Sprache hat hier die Funktion, einen Wunsch zu kommunizieren. Stellen wir uns aber eine andere Situation vor: Ich sitze mit einem Mitreisenden in einem Zugabteil. Plötzlich spricht er mich an und sagt: »Heiß hier, nicht?« Funktioniert Sprache hier kommunikativ? Mein Gegenüber teilt mir nichts mit, was ich nicht schon wüsste. Er stellt mir aber auch keine Frage. Wir können vielleicht sagen, dass die Äußerung einen Zusammenhang zwischen uns stiftet. Die Sprache eröffnet eine bestimmte Form des Zusammenseins (vgl. Taylor 1980, 68 ff.). Denken wir an noch einmal etwas anderes: ein Gedicht. Wird Sprache in einem Gedicht verwendet, um irgendwelche Überzeugungen, Wünsche, Fragen etc. zu kommunizieren? All das werden wir nicht sagen wollen. Gedichte dienen in der Regel nicht dazu, dass Lesern irgendetwas mitgeteilt wird. In ihnen entfaltet Sprache eine bestimmte Form von Eigendynamik. Diese kursorisch zusammengetragenen Beispiele sollen nur andeuten, dass Sprache immer wieder unterschiedliche Funktionen erfüllt. Wenn man Sprache allein auf die Funktion der Kommunikation reduziert, wird man ihr nicht gerecht. Aus diesem Grund kann der Grundansatz von Locke in der Bestimmung der Sprache nicht überzeugen.

3.3 Probleme des semantischen Atomismus

Mit den Überlegungen zur möglichen kommunikativen Funktion von Sprache aber haben sich die Probleme noch nicht erledigt. Ein anderes Problem der Locke'schen Position findet sich in seinem semantischen Atomismus. Erinnern wir uns noch einmal kurz daran, wie Lockes Position hier beschaffen ist. Locke vertritt die These, dass die Bedeutung eines Wortes die Vorstellung ist, für die das Wort steht. Jedes einzelne Wort gewinnt so für sich allein – unabhängig von anderen Wörtern – Bedeutung. Dies klingt im ersten Moment wie eine harmlose These. Jedes Wort hat eine Bedeutung. Diese Bedeutung geht in all die Kontexte ein, in denen das Wort verwendet wird. In diesem Sinn kann man nun die Bedeutung von Sätzen so zu erklären suchen, dass man sagt: In einem Satz werden die Bedeutungen unterschiedlicher Wörter zusammengesetzt. Es wird ein Zusammenhang hergestellt.

Wie allerdings kommt es zu diesem Zusammenhang? Einen Satz gewinne ich ja nicht dadurch, dass ich Wörter kombiniere, die für eine Sokrates-Vorstellung, eine Wunsch-Vorstellung und eine Eis-Vorstellung stehen. Das lässt sich schon sprachlich illustrieren. Es ist kein wohlgeformter Satz zu sagen: »Sokrates Wunsch Eis.« Ein entsprechender Satz lautet vielmehr: »Sokrates wünscht ein Eis.« So stellt sich aber die Frage, worin die spezifische Verbindung besteht, die in einem Satz vorliegt. Und es stellt sich die weitere Frage, wie diese Verbindung zustande kommt. Locke sieht sich hier, wie bereits im Falle der Allgemeinvorstellungen, genötigt, eine spezifische geistige Aktivität anzunehmen. Diese Aktivität führt dazu, dass Vorstellungen zu Gedanken zusammengefügt werden. Entsprechend ist in Lockes Text von einer »eigenen Tätigkeit« die Rede, »die sich auf ... [Vorstellungen] bezieht ...« (Locke 1690, III, vii, 1). Es handelt sich um eine Tätigkeit, die eine Verbindung zwischen Vorstellungen herstellt. Diese Tätigkeit wiederum wird auch sprachlich repräsentiert. »[Es] gibt [...] noch sehr viele andere [Wörter], die man verwendet, um die Verbindung zu bezeichnen, die der Geist zwischen verschiedenen [Vorstellungen] oder Sätzen herstellt.« (Ebd.) Klassischerweise hat man Verbformen in der dritten Person (besonders des Verbs »sein«) in dieser Weise interpretiert. Man spricht hier von der »Kopula« (lateinisch für »Band«). In der Aussage »Sokrates ist ein Mensch« fungiert entsprechend das »ist« als Kopula. Es verbindet das Subjekt »Sokrates« mit dem Prädikat »ein Mensch«. Locke spricht auch von Verbindungen zwischen Sätzen. Ein Paradigma für einen sprachlichen Ausdruck, der in diesem Sinn eine Verbindung bezeichnen könnte, ist das »und«. In einer Aussage wie »Sokrates ist ein Mensch und wünscht ein Eis« bringt das »und« demnach eine Verbindung zum Ausdruck. Aber entsprechende Analysen sind nicht sonderlich überzeugend. Erstens gibt es eine Vielzahl von Aussagen, in denen nicht gleichermaßen eine Verbindung ausgedrückt wird, wie zum Beispiel: »Sokrates fliegt.« Inwiefern konstituiert sich hier eine Verbindung? Haben wir diesen Satz doch so zu interpretieren, dass er eine Zusammenstellung von Vorstellungen bezeichnet (als Zusammenstellung einer Sokrates-Vorstellung und einer Vorstellung des Fliegens)? Dann wäre wiederum, oberflächlich betrachtet, unklar, warum er nicht zum Beispiel »Sokrates Fliegen« lautet. Noch größere Probleme liefert eine entsprechende Interpretation, wenn sie das »und« verständlich machen soll. Die Verbindung des

»und« beruht nicht auf einer geistigen Tätigkeit, Gedanken zusammenzustellen. Sie ist logischer Natur. Von der Aussage »Sokrates ist ein Mensch und wünscht ein Eis« wird nicht eine Zusammenstellung zweier Gedanken repräsentiert. Es wird vielmehr das Zugleichbestehen von zwei Sachverhalten behauptet. Besteht einer der beiden Sachverhalte nicht, ist die Aussage falsch. Die Bedeutung des »und« rührt also nicht von einer bestimmten geistigen Aktivität her. Analoges gilt für andere logische Bestandteile der Sprache wie zum Beispiel die Formulierung »wenn ... dann ...«.

Lockes Rekurs auf eine geistige Aktivität, die Vorstellungen zu Gedanken verbindet und wiederum solche Verbindungen in Aussagen zum Ausdruck bringt, erweist sich somit als problematisch: Diese Aktivität ist ihrerseits höchst erklärungsbedürftig. Worin besteht sie? Wodurch sind Menschen in der Lage, sie auszuüben? Locke bemüht einen unerklärten Erklärer, um dieses Problem zu lösen. Das aber ist ein Symptom dafür, dass sein Grundansatz nicht funktioniert. Der semantische Atomismus, den Locke vertritt, führt dazu, dass die Verbindung von Wörtern in Sätzen als Verbindung erklärt werden muss. Damit aber werden die von Sätzen ausgedrückten Gedanken als Zusammenstellungen von Vorstellungen interpretiert. Eine solche Interpretation kann jedoch, wie sich zeigt, nicht überzeugen. Die Struktur von Aussagen (und anderen Sätzen) kann nicht als Zusammenstellung erklärt werden. In Aussagen werden keine Elemente zusammengestellt, die unabhängig voneinander für sich funktionieren. Eine Aussage – und der von ihr ausgedrückte Gedanke – ist vielmehr ein Gesamtzusammenhang. Auf der Basis des von Locke vertretenen semantischen Atomismus scheint es nicht möglich zu sein, die Konstitution eines solchen Gesamtzusammenhangs verständlich zu machen.

4. Frege und die Philosophie der idealen Sprache

Es hat bereits nach Locke eine Vielzahl von Positionen gegeben, die auf Probleme in der psychologistischen Sprachauffassung reagiert haben. Einige dieser Positionen werden später noch zu Wort kommen (vor allem diejenige Herders, vgl. Kap. 7). Hier allerdings will ich den Gang der Überlegungen erst einmal anders fortsetzen. Es ist aus meiner Sicht aufschlussreich, von Lockes Position her die *Wende zur Sprache* (*linguistic turn*) zu begreifen, die sich zu Beginn des 20. Jahrhunderts in der Philosophie ereignet hat. Diese Wende ist besonders mit dem Namen des Philosophen, Logikers und Mathematikers Gottlob Frege (1848-1925) verbunden. Frege hat seine sprachphilosophischen Überlegungen dezidiert in Entgegensetzung zu psychologistischen Positionen entwickelt. Dabei bezieht er sich nicht direkt auf Locke, sondern in erster Linie auf Positionen, die im 19. Jahrhundert vertreten worden sind. Es geht Frege besonders darum, eine psychologistische Interpretation der Denkgesetze zu vermeiden, wie sie in der Logik formuliert und formalisiert werden. Frege will eine objektive Gültigkeit dieser Gesetze begründen. Damit wendet er sich unter anderem gegen John Stuart Mill (1806-1873), der in seinem *System of Logic* (1843) eine dezidiert subjektivistische Interpretation logischer Gesetze entwickelt hat. Wenn aber gilt, dass logische Gesetze nur aufgrund der Psychologie von Subjekten gültig sind, dann lässt sich mittels ihrer nicht die Beschaffenheit der Welt erkunden, wie sie unabhängig von uns besteht. So ist – ein Problem, das schon Kant bewegt hat – Naturwissenschaft im strengen Sinn nicht möglich. Frege will aber genau die Möglichkeit strenger Wissenschaft auf der Basis der Logik begründen. Aus diesem Grund sucht er nach einer Begründung logischer Gesetze, die den Psychologismus ausschließt. Diese Begründung hat nun wichtige Konsequenzen für das Sprachverständnis. Auch hier muss Frege zu einem Verständnis gelangen, das den Psychologismus zurückweist. Mit dieser Zurückweisung wird er zum Begründer der modernen Sprachphilosophie.

In diesem vierten Kapitel soll Freges Position in Bezug auf die grundlegenden Fragen der Sprachphilosophie vorgestellt werden. Es geht mir darum, Freges Anstoß für die klassische analytische Sprachphilosophie zu präsentieren. Unter der klassischen analytischen Sprachphilosophie verstehe ich in erster Linie Philosophien der analytischen Tradition aus der ersten Hälfte des 20. Jahrhunderts. Diese Philosophien zeichnen sich dadurch aus, dass sie den Bedeutungsbegriff psychologistischer Semantiken zurückweisen. Frege hat mit seiner Zurückweisung eine bestimmte Strömung innerhalb der klassischen analytischen Sprachphilosophie mitbegründet: die *Philosophie der idealen Sprache* (*ideal language philosophy*). Es geht in dem folgenden Kapitel aus diesem Grund auch darum, das Programm dieser Strömung in seinen Grundzügen vorzustellen.

4.1 Kontext- und Kompositionalitätsprinzip

Erinnern wir uns noch einmal an Lockes grundlegende Bestimmung der Bedeutung sprachlicher Ausdrücke. Sprachliche Ausdrücke haben dadurch Bedeutung, dass sie für Vorstellungen im Geist von Sprecherinnen und Sprechern stehen. Ich habe dargelegt, dass damit ein semantischer Atomismus in folgendem Sinn gegeben ist: Ein einzelner sprachlicher Ausdruck steht für eine Vorstellung, sei diese nun singulär (Vorstellung von einem bestimmten Gegenstand) oder allgemein (Vorstellung von einer Klasse von Gegenständen). Frege zufolge lässt sich diese psychologistische Bestimmung sprachlicher Bedeutung dadurch zurückweisen, dass man fragt, welche sprachlichen Einheiten für die Frage nach der sprachlichen Bedeutung paradigmatisch sind. Locke setzt voraus, dass es sich um einzelne Wörter handelt wie »Sokrates« oder »Pferd«. Stellen wir uns aber vor, ich stehe vor einem Gegenüber und sage »Sokrates«. Er wird mich dann wohl verdutzt ansehen und fragen: »Was, Sokrates ...?« Oder stellen wir uns vor, ich sage »Pferd«. Solange ich dabei nicht auf irgendeinen Gegenstand zeige und zum Beispiel Teil einer sprachlichen Lehr-Lern-Situation bin, wird mein Gegenüber aller Voraussicht nach auch fragen: »Was, Pferd ...?« Wir sehen an diesen Beispielen, dass wir sprachliche Ausdrücke zumeist nicht isoliert gebrauchen können. Wir müssen sie in irgendeinen Zusammenhang bringen, um irgendetwas Sinnvolles mit ihnen zu sagen. Wir müssen mit sprachlichen Ausdrücken, wie dies nicht zuletzt schon Aristoteles gewusst hat, etwas aussagen. Zum Beispiel: »Sokrates fliegt«. Oder: »Hoppel ist ein Pferd«. Frege hat genau diesen Grundzug der Sprache für die Bedeutungstheorie fruchtbar gemacht. Man kann ihn in folgender These festhalten:

> *Kontextprinzip*: Nur im Kontext eines Satzes haben sprachliche Ausdrücke Bedeutung.

Ich habe das Kontexptprinzip erst einmal so formuliert, dass es unterschiedliche Formen von Sätzen umfasst. Wir können sprachliche Ausdrücke in Aussagesätzen genauso sinnvoll gebrauchen wie in Fragesätzen, Befehlssätzen oder Wunschsätzen. Dennoch wird das Prinzip oft dadurch eingeschränkt, dass man von Aussagesätzen ausgeht. Eine entsprechende Einschränkung wiederum kann man so formulieren: Sprachliche Ausdrücke haben nur insofern Bedeutung, wie sie im Kontext von Aussagesätzen sinnvolle Beiträge leisten können. Unabhängig davon, wie eng oder weit man es fasst: Mit dem Kontextprinzip gibt man den semantischen Atomismus auf. Man geht nicht mehr davon aus, dass sprachliche Ausdrücke unabhängig voneinander Bedeutung haben. Vielmehr, so die These, haben sprachliche Ausdrücke nur im Kontext bestimmter anderer sprachlicher Ausdrücke Bedeutung. Insofern wendet sich Frege mit dem Kontextprinzip gegen einen zentralen Aspekt von Lockes Erläuterung sprachlicher Bedeutung.

Dies ist aber nicht alles. Frege erhebt auch den Anspruch, mit dem Kontextprinzip einen wichtigen Beitrag zur Vermeidung des Psychologismus zu leisten: »Wenn man den zweiten Grundsatz [das Kontextprinzip – GWB] unbeachtet lässt, ist man fast genötigt, als Bedeutung der Wörter innere Bilder oder Taten der einzelnen Seele zu nehmen und damit auch gegen den ersten [den Grundsatz des Antipsychologismus – GWB] zu verstoßen.« (Frege 1884, 23) Wir sollten uns fragen, ob Frege diese Wirkung des Kontextprinzips richtig einschätzt. Wenn man sprachliche Ausdrücke für sich betrachtet, liegt es möglicherweise nahe, Vorstellungsinhalte mit ihnen zu verbinden. Allerdings ist es genauso möglich, mit ihnen Gegenstände in der Welt zu verbinden. Ein semantischer Atomist kann auch sagen, dass einzelne sprachliche Ausdrücke dadurch Bedeutung haben, dass sie für bestimmte Gegenstände stehen. Auf diese Weise könnte man den Psychologismus umgehen, ohne den Atomismus aufzugeben. Und mehr noch: Auch wenn man ihn aufgibt, kann man weiterhin Psychologist bleiben. Es ist möglich zu sagen: Ein Aussagesatz steht für einen Gedanken, den der Sprecher durch ihn zum Ausdruck bringt. Auch hier wird die Bedeutung sprachlicher Ausdrücke durch den Bezug auf eine Größe im Geist einer Sprecherin erläutert. Es handelt sich dabei um eine psychologistische Bestimmung sprachlicher Bedeutung. Und auch in Bezug auf Aussagesätze ist eine andere Bestimmung möglich. Man kann sagen, dass ein Aussagesatz sich auf einen Sachverhalt bezieht, der in der Welt besteht oder nicht besteht. Ein solcher Sachverhalt ist nichts Psychisches. Auf diese Weise kann man auf der Basis des Kontextprinzips den Psychologismus aufgeben. Man ist dazu allerdings nicht genötigt. Frege hat in Bezug auf die antipsychologistische Wirkung des Kontextprinzips nicht recht: Mit diesem Prinzip ist der Psychologismus noch nicht überwunden. Mit ihm ist allerdings ein wichtiger Schritt in der Erläuterung sprachlicher Bedeutung gelungen. Es gilt demnach zu verstehen, inwiefern sprachliche Ausdrücke nur in einem Zusammenspiel mit anderen sprachlichen Ausdrücken Bedeutung haben.

Um dies zu verstehen, gilt es aber wiederum ein anderes Prinzip zu beachten. Zur Formulierung dieses Prinzips kann man durch folgende Überlegung gelangen. Gehen wir davon aus, dass »Sokrates fliegt« ein Aussagesatz ist, der Bedeutung hat. Und gehen wir weiter davon aus, dass auch »Aristoteles fliegt« ein Aussagesatz ist, der Bedeutung hat. Auch wenn wir sagen, dass diese Aussagesätze nicht dieselbe Bedeutung haben, so werden wir doch nicht sagen wollen, dass ihre Bedeutung ganz unabhängig voneinander zu verstehen ist. Zwischen ihnen besteht ein Zusammenhang. Dieser Zusammenhang liegt in dem Bestandteil »fliegt« begründet. Die Bedeutung beider Aussagesätze ist davon geprägt, dass in ihnen dieser Bestandteil auftritt. Diese Beobachtung können wir verallgemeinern, indem wir ein Prinzip formulieren, das man als Kompositionalitätsprinzip bezeichnet. Dieses besagt:

> *Kompositionalitätsprinzip*: Die Bedeutung eines Satzes ist eine Funktion der Bedeutung der einzelnen sprachlichen Ausdrücke, aus denen er zusammengesetzt ist, und der Form ihrer Zusammensetzung.

Nun mag es den Anschein haben, dass das Kontextprinzip und das Kompositionalitätsprinzip einander widersprechen. Was gilt nun? Haben sprachliche Ausdrücke nur innerhalb eines Satzes Bedeutung? Oder setzen Sätze sich aus den Bedeutungen einzelner sprachlicher Ausdrücke zusammen? Es ist wichtig zu begreifen, dass hier keine Alternative besteht. Beide Prinzipien lassen sich als zwei Seiten ein und derselben Medaille begreifen. Dazu allerdings ist es erforderlich, das Kompositionalitätsprinzip richtig zu verstehen. Dieses Prinzip besagt nicht, dass sprachliche Ausdrücke als solche Bedeutung haben und dass diese Bedeutung in die Sätze eingeht, in denen die sprachlichen Ausdrücke zu stehen kommen. Es besagt vielmehr: Sprachliche Ausdrücke haben als solche Bedeutung, die eine systematische Wirkung in den Sätzen ausüben, in denen sie zu stehen kommen. Das heißt nichts anderes als: Sprachliche Ausdrücke leisten einen unterschiedlichen Beitrag zur Bedeutung von Sätzen. Wer die Bedeutung von Sätzen verstehen will, muss die unterschiedlichen Beiträge verstehen, die sprachliche Ausdrücke in ihnen erbringen.

Kontextprinzip und Kompositionalitätsprinzip sind also miteinander vereinbar. Und mehr noch: Durch ihren Zusammenhang ist ein wichtiger Teil der neueren sprachphilosophischen Bedeutungstheorie eröffnet worden. Es gilt nämlich nun, die systematischen Unterschiede bezüglich der Wirkungen sprachlicher Ausdrücke in Sätzen zu verstehen. Im Lichte dieser Frage gelingt unter anderem eine neue Systematisierung des Unterschieds, der die Tradition immer wieder bewegt hat und auf den wir bereits bei Locke gestoßen sind (und auch bereits bei Aristoteles hätten stoßen können): des Unterschieds zwischen sprachlichen Ausdrücken, die sich auf einzelne Gegenstände beziehen, und sprachlichen Ausdrücken, die mehrere Gegenstände umfassen. Die Neufassung dieses Unterschieds ist für die moderne Sprachphilosophie und philosophische Logik zentral.

Frege bezeichnet Ausdrücke, die sich auf einzelne Gegenstände beziehen, als Namen (bzw. Eigennamen). Beispiele für solche Ausdrücke sind: »Julius Caesar«, »Berlin« und »Morgenstern«. Allerdings ist auch »Der Lehrer von Alexander dem Großen« ein Ausdruck, mittels dessen wir uns auf einen einzelnen Gegenstand beziehen können. Das ist allerdings kein Ausdruck, den wir landläufig als Namen bezeichnen würden. Frege unterscheidet hier terminologisch nicht in klarer Weise. Ich will bei der Terminologie bleiben, die ich im letzten Kapitel eingeführt habe, und bezeichne so all die sprachlichen Ausdrücke, mittels deren man sich auf einzelne Gegenstände bezieht, als *singuläre Termini*. Frege begreift nicht nur Namen im engeren Sinn, sondern auch definite Kennzeichnungen (wie »Der letzte Kaiser von China« oder »Der Lehrer von Alexander dem Großen«) und Pronomen (zum Beispiel in Aussagen wie »Er ist müde« oder »Dies ist ein Osterhase«) als singuläre Termini.

Die eigentliche Neuentwicklung allerdings findet sich im Verständnis von *Prädikaten* (Allgemeinausdrücken). Frege schlägt vor, sie als unvollständige Sätze zu analysieren. Mit Prädikaten sagen wir demnach etwas über Gegenstände. Wir bringen Gegenstände unter bestimmte Begriffe, indem wir ihnen etwas zu- oder absprechen. Ein Prädikat verlangt so immer eine Ergänzung durch mindestens einen gegenstandsbezogenen Ausdruck. Durch eine solche Ergänzung entsteht ein vollständiger Satz. So kann zum Beispiel das Prädikat »fliegt« durch den Ausdruck »Sokrates« ergänzt werden. Dadurch entsteht der Satz: »Sokrates fliegt«.

Ausdrücke, die in dieser Weise unvollständig sind, bezeichnet Frege in Anlehnung an mathematische Sprechweisen auch als Funktionen. Eine Funktion in diesem Sinn ist zum Beispiel »x + 2«. Wenn man diese Funktion vervollständigt, erhält man einen bestimmten Wert (zum Beispiel für die Vervollständigung mit »4« den Wert »6«). Analoges gilt für »fliegt«. Auch hier wartet der Ausdruck auf eine Einsetzung und kann insofern als Funktion begriffen werden. Freges Terminologie hat sich allerdings nicht durchgesetzt. Man spricht heute zumeist von Prädikaten oder von generellen Termini. Ein Prädikat ist ein sprachlicher Ausdruck, der durch Ergänzung – im einfachsten Fall: durch einen singulären Terminus – einen vollständigen Satz ergibt. Prädikate sollten aus diesem Grund der Anschaulichkeit halber so formuliert werden, dass man ihre Ergänzungsbedürftigkeit deutlich macht. Entsprechend sind Prädikate: »x ist ein Pferd«, »x fliegt« und auch »x liebt y« (auf den Unterschied zwischen Prädikaten, die an einer Stelle zu ergänzen sind, und solchen, die an mehreren Stellen zu ergänzen sind, gehe ich hier nicht ein; vgl. hierzu und zur sprachanalytischen Begrifflichkeit insgesamt Tugendhat/Wolf 1983).

Mit seinen Analysen hat Frege einen wichtigen Schritt in der Erläuterung sprachlicher Bedeutung getan. Er entwickelt ein begriffliches Instrumentarium, mit dem sich klären lässt, inwiefern singuläre Termini und Prädikate in Sätzen unterschiedliche Beiträge leisten. So wird begreiflicher, was das Kompositionalitätsprinzip besagt: Sätze setzen sich aus Elementen zusammen, die systematisch unterschiedliche Beiträge zu den Satzzusammenhängen erbringen. Damit verabschiedet Frege eine Namenstheorie der Bedeutung. Er macht verständlich, dass sprachliche Ausdrücke nicht in der gleichen Weise Bedeutung haben. Prädikate haben nicht dadurch Bedeutung, dass sie für etwas stehen. Sie haben dadurch Bedeutung, dass sich mittels ihrer etwas über

Gegenstände aussagen lässt. Auch wenn sich Elemente einer entsprechenden Analyse von Sprache bereits bei Aristoteles ausmachen lassen, kann man doch sagen, dass Frege mit seinen Überlegungen eine besondere Klärung des Verständnisses von Sätzen erbracht hat: Sätze sind keine Zusammenstellungen von Wörtern, die jeweils für etwas stehen. Sätze sind vielmehr spezifisch geformte Zusammensetzungen von Bestandteilen, die in diesen Zusammenhängen systematisch unterschiedliche semantische Beiträge leisten. Nur in Sätzen können diese Bestandteile diese systematisch unterschiedlichen semantischen Beiträge erbringen.

Die Analyse unterschiedlicher systematischer Wirkungen der Bestandteile von Sätzen ist in der analytischen Tradition der Philosophie des 20. Jahrhunderts zu einem zentralen Aufgabenbereich der Sprachphilosophie geworden. Es gibt sogar Autoren, die die These vertreten, dass hierin die Aufgabe der Sprachphilosophie insgesamt bestehe: Sprachphilosophie hat demnach die Beiträge zu analysieren, die unterschiedliche Bestandteile zur Bedeutung von Sätzen erbringen (vgl. etwa Morris 2006). Sie hat in diesem Sinn Sprachanalyse zu betreiben. Nach Frege ist eine solche Analyse unter anderem von Bertrand Russell (1872-1970) fortgeführt worden, der beispielsweise dafür argumentiert hat, dass der semantische Beitrag von Ausdrücken wie »der gegenwärtige König von Frankreich« (einer definiten Kennzeichnung) anders analysiert werden muss, als Frege dachte. Die bei Frege angelegten Analysen haben in ähnlicher Weise unter anderem Rudolf Carnap (1891-1970), Willard Van Orman Quine (1908-2000), Keith Donellan (*1931) und Saul Kripke (*1940) weiterentwickelt. In besonderer Weise ist das Projekt einer Analyse unterschiedlicher semantischer Beiträge zu (Aussage-)Sätzen durch die Sprachphilosophie Donald Davidsons (vgl. Kap. 8) belebt worden. Bei diesem Projekt handelt es sich aus meiner Sicht um eine spezifische Art und Weise, die grundlegende Frage der Sprachphilosophie (die Frage, was es heißt, dass sprachliche Ausdrücke Bedeutung haben) anzugehen. Sprachphilosophie erschöpft sich aber nicht darin zu analysieren, worin die Bedeutung unterschiedlicher sprachlicher Bestandteile als Beiträge zu Sätzen besteht. Aus diesem Grund werde ich die entsprechende Tradition nicht als solche weiter verfolgen, sondern mich weiter den Unterschieden von sprachphilosophischen Positionen und Fragen in einer weiteren Perspektive widmen.

4.2 Sinn und Bedeutung

Wie gesehen reichen das Kontextprinzip und damit die Kritik am semantischen Atomismus nicht aus, um den semantischen Psychologismus zu verabschieden. Frege leistet eine solche Verabschiedung allerdings mit einer anderen Überlegung. Diese ist denkbar einfach. Frege will sagen, dass die Bedeutung sprachlicher Ausdrücke nicht in einer Vorstellung im Geist einer Sprecherin besteht. So verfällt er auf eine nahe liegende Alternative: Die Bedeutung eines sprachlichen Ausdrucks ist, so die These, der Gegenstand, auf den sich der sprachliche Ausdruck bezieht. So ist die Bedeutung von »Aristoteles« ein Mensch, der 384 v. Chr. in Stagira geboren wurde und der 322 v. Chr. in Chalkis starb. Frege schlägt damit eine Erläuterung von Bedeutung vor, deren negative Stoßrichtung man knapp mit einem Wort von Putnam charakterisieren kann: *»Bedeutungen sind einfach nicht im Kopf!«* (*»Meanings just ain't in the head!«*; Putnam 1979, 37) Positiv gewendet heißt dies für Frege: Bedeutungen sind in der Welt. Die Bedeutungen sprachlicher Ausdrücke sind die Gegenstände, auf die diese Ausdrücke zutreffen. Ich spreche hier allgemein von einem *weltorientierten Verständnis sprachlicher Bedeutung*. Mittels dieses Verständnisses will Frege den Psychologismus überwinden. Der psychologistischen Auffassung, die Bedeutungen seien im Kopf, wird die Auffassung entgegengesetzt, Bedeutungen seien in der Welt. Die These eines weltorientierten Verständnisses sprachlicher Bedeutung lässt sich sehr allgemein (und nicht sonderlich präzise) folgendermaßen fassen:

> *Weltorientiertes Verständnis sprachlicher Bedeutung*: Die Gegenstände, auf die sprachliche Ausdrücke zutreffen, sind die Bedeutung dieser Ausdrücke.

Diese These kann man für singuläre Termini und Prädikate vorläufig so weiter differenzieren: Bei einem singulären Terminus, paradigmatisch einem Namen, ist die Bedeutung der Gegenstand, auf den der singuläre Terminus referiert. So ist die Bedeutung des Namens »Aristoteles« der besagte Mensch, der in spätklassischer Zeit lebte. Bei einem Prädikat besteht die Bedeutung in all den Gegenständen, die unter das Prädikat fallen. So bilden alle Pferde die Bedeutung des Prädikats »... ist ein Pferd«. Eine in dieser Weise ausgeführte Erläuterung sprachlicher Bedeutung auf Basis des Weltbezugs sprachlicher Ausdrücke könnte noch viel weiter getrieben werden. Wir können es aber erst einmal bei diesem Stand belassen und uns Freges weitergehenden Überlegungen widmen.

Ein weltorientiertes Verständnis sprachlicher Bedeutung ist, wie Frege sich klar macht, mit mehreren Problemen konfrontiert. Ein erstes entscheidendes Problem lässt sich fassen, indem wir mit Frege zwei sprachliche Ausdrücke betrachten: den Ausdruck »Morgenstern« und den Ausdruck »Abendstern«. Diese beiden Ausdrücke beziehen sich auf den gleichen Gegenstand: auf den Planeten Venus. Nach dem weltorientierten Verständnis sprachlicher Bedeutung, das ich gerade vorgestellt habe, müsste man also sagen: Sie haben die gleiche Bedeutung. Es sind beides

Namen und diese referieren auf ein und denselben Gegenstand. Also haben sie die gleiche Bedeutung. Ist das aber tatsächlich so? Wir werden doch, so auch Frege, sagen wollen: Auch wenn man mit den beiden Ausdrücken auf den gleichen Gegenstand verweist, so sagt man mit ihnen etwas, das in gewisser Hinsicht unterschiedlich ist. Wer davon nicht überzeugt ist, kann sich ein anderes Beispiel vor Augen führen und zwar die beiden Ausdrücke »Willy Brandt« und »der Begründer der neuen Ostpolitik der Bundesrepublik Deutschland«. Auch hier ist es so, dass beide Ausdrücke sich auf den gleichen Gegenstand beziehen. Dennoch sagt man mit ihnen etwas Unterschiedliches. Was zeigen uns diese Beispiele? Sie zeigen uns, dass ein weltorientiertes Verständnis sprachlicher Bedeutung einer Gefahr ausgesetzt ist: Es ist der Gefahr ausgesetzt, nicht verständlich machen zu können, inwiefern sprachliche Ausdrücke sich in einem gewissen Sinn in ihrer Bedeutung unterscheiden. Wir können uns mit unterschiedlichen Ausdrücken auf ein und denselben Gegenstand beziehen und mit ihnen dennoch etwas Unterschiedliches sagen.

Frege sieht sich aus diesem Grund genötigt, sein weltorientiertes Verständnis der Bedeutung sprachlicher Ausdrücke weiter auszuarbeiten. Er führt dafür eine Unterscheidung ein, und zwar diejenige von »Sinn« und »Bedeutung«.

Bevor wir uns dieser Unterscheidung widmen, ist es wichtig, eine Bemerkung zur Terminologie zu machen. Frege verwendet die Wörter »Sinn« und »Bedeutung« in einer exzentrischen Art und Weise. Ich werde aus diesem Grund in den weiteren Ausführungen in diesem Kapitel den Index »$_F$« hinzufügen, wenn ich diese Ausdrücke in Freges Weise gebrauche. Aufgrund seiner grundlegenden antipsychologistischen Weichenstellung begreift Frege Bedeutung$_F$ (will man hier eine üblichere Terminologie wählen, kann man von »Referenz« sprechen) in weltorientierter Weise: Die Bedeutung$_F$ eines sprachlichen Ausdrucks ist der Gegenstand, auf den der Ausdruck sich bezieht. Mit dieser Erläuterung lassen sich erst einmal singuläre Termini in ihrer $Bedeutung_F$ fassen. Sprachliche Ausdrücke gehen aber nicht in ihrer $Bedeutung_F$ auf. Sie haben Frege zufolge auch einen $Sinn_F$ (will man hier eine üblichere Terminologie wählen, muss man wohl – das macht die terminologische Situation etwas misslich – von »Bedeutung« sprechen). Diesen erläutert Frege mit der Formulierung, es handle sich um die »Art der Gegebenheitsweise« des Bezeichneten (Frege 1892, 41). Der $Sinn_F$ ist die Art und Weise, in der ein sprachlicher Ausdruck sich auf einen Gegenstand bezieht. Dies kann man an Freges berühmtem Beispiel erläutern: Der Ausdruck »Morgenstern« bezieht sich auf eine andere Art und Weise auf den Gegenstand, auf den er sich bezieht, als der Ausdruck »Abendstern«. Dabei beziehen sich beide Ausdrücke auf den gleichen Gegenstand. Sie geben diesen Gegenstand allerdings in unterschiedlicher Weise.

Bevor wir weiter danach fragen können, wie wir die Unterscheidung von $Sinn_F$ und $Bedeutung_F$ verstehen können, sollten wir erst noch überlegen, wie es mit anderen sprachlichen Ausdrücken steht. Wie wir gesehen haben, begreift Frege Prädikate als unvollständige Sätze. Aus diesem Grund ist es erforderlich, erst $Bedeutung_F$ und $Sinn_F$ von Sätzen zu bestimmen, bevor man sich Prädikaten zuwendet. In Bezug auf die $Bedeutung_F$ von Sätzen kommt nun eine für die analytische Sprachphilosophie des 20. Jahrhunderts wichtige Festlegung zum Tragen, die ich bereits im Zusammenhang mit dem Kontextprinzip angesprochen habe und die sich, wie gesehen, bis zu Aristoteles zurückverfolgen lässt. Frege geht davon aus, dass man sich primär an Aussagesätzen orientieren muss. Dies liegt darin begründet, dass Aussagesätze wahr oder falsch sein können. Genau in seiner Wahrheit oder Falschheit besteht nach Frege die $Bedeutung_F$ eines Aussagesatzes. Diese Bestimmung von Satzbedeutung gilt Frege dabei als primär. Sprachliche Ausdrücke haben demnach insofern Bedeutung$_F$, als mit ihnen in Aussagesätzen etwas Wahres oder etwas Falsches gesagt werden kann. Für Ausdrücke, die in dieser Weise Bedeutung$_F$ haben, gilt dann, dass mit ihnen auch in Fragesätzen etwas gefragt, in Befehlssätzen etwas befohlen, etc. werden kann. Frege erläutert nun die Bedeutung$_F$ von Aussagesätzen in einer etwas überraschenden Weise, indem er sagt: Die Bedeutung$_F$ eines Aussagesatzes ist entweder »das Wahre« oder »das Falsche« (Frege 1892, 48). Daraus folgt: Nach Freges Verständnis haben die Sätze »Schnee ist weiß« und »Gras ist grün« die gleiche Bedeutung$_F$. Das ist erst einmal ein wenig kontraintuitiv. Wir wollen doch sagen, dass diese Sätze etwas Unterschiedliches bedeuten. Genau dies sucht Frege nun über den Begriff des Sinns$_F$ einzuholen. Der Sinn$_F$ eines Satzes ist, so Frege, ein Gedanke. Das Wahre oder das Falsche wird also von Aussagesätzen in je unterschiedlicher Weise gegeben, und zwar in je unterschiedlichen Gedanken. Gedanken sind somit für Frege Aussagegehalte. Er versteht sie nicht als Zustände im Geist einer Sprecherin. Er versteht sie als Entitäten, die weder an Gegenstände der äußeren Welt noch an Zustände im Geist einer Sprecherin gebunden sind (vgl. Frege 1918, 43 f.). Alle Gedanken bestehen demnach unabhängig davon, ob sie sprachlich ausgedrückt werden oder nicht. Gedanken haben ein eigenes Sein – jenseits der gegenständlichen Welt und jenseits des subjektiven Geistes. Mit dieser Bestimmung von Gedanken will Frege einen Rückfall in den Psychologismus vermeiden. So hat er einen anderen Begriff des Gedankens als wir im alltäglichen Deutschen. Es handelt sich um einen Begriff für unabhängig bestehende Gehalte, die von Sprecherinnen und Sprechern aktualisiert werden, sobald sie Sätze äußern.

Es bleibt noch etwas zu Bedeutung$_F$ und Sinn$_F$ von Prädikaten zu sagen (und damit auch meine vorläufige Erläuterung von oben in Freges Sinn zu präzisieren). Hier können wir es kurz machen. Prädikate werden ja von Frege als unvollständige Sätze analysiert. Die Bedeutung_F eines Prädikats ist demnach sein Beitrag zur Wahrheit oder Falschheit eines Aussagesatzes. Und der Sinn_F eines Prädikats ist sein Beitrag zu einem Gedanken.

Auch wenn Freges exzentrische Terminologie sich nicht durchgesetzt hat: Die Unterscheidung von Sinn_F und Bedeutung_F ist maßgeblich für die weitere Entwicklung der analytischen Sprachphilosophie im 20. Jahrhundert gewesen. Freges Unterscheidung reagiert auf ein Grundproblem, das sich vor dem Hintergrund einer antipsychologistischen Strategie ergibt. Dieses Grundproblem lässt sich mit der folgenden Fragestellung erläutern:

> *Grundproblem eines weltorientierten Verständnisses*: Wie lassen sich sprachliche Ausdrücke, die sich auf die gleichen Gegenstände beziehen, aber etwas Unterschiedliches zum Ausdruck bringen, in ihrer Bedeutung voneinander unterscheiden?

Wie kann man einerseits sagen, dass die Bedeutung sprachlicher Ausdrücke weltorientiert zu begreifen ist, und andererseits vermeiden, dass man zum Beispiel von zwei Ausdrücken, die sich auf den gleichen Gegenstand beziehen, sagt, diese bedeuteten das Gleiche? Wir wissen nur zu gut, dass Ausdrücke ein und denselben Gegenstand bezeichnen können, ohne das Gleiche zu sagen. Freges Unterscheidung von Sinn_F und Bedeutung_F soll uns ermöglichen, dies zu erläutern. Ausdrücke mit der gleichen Bedeutung_F können demnach einen unterschiedlichen Sinn_F haben. Dass sie einen Gegenstand in unterschiedlicher Weise geben, macht ihren unterschiedlichen Sinn_F aus.

Nun kann man allerdings fragen, ob Freges Erläuterungen das Grundproblem eines weltorientierten Verständnisses tatsächlich lösen. Ich will drei Aspekte andeuten, die an Freges Erläuterungen nicht vollständig überzeugen. Der erste Aspekt betrifft die Bedeutung$_F$ von Aussagesätzen. Es ist natürlich zu sagen, dass Aussagesätze im Normalfall entweder wahr oder falsch sein können. Dennoch klingt es künstlich zu sagen, dass sie sich entweder auf das Wahre oder das Falsche beziehen. Es ist weitaus natürlicher zu sagen: Aussagesätze artikulieren etwas, das in der Welt der Fall ist oder nicht. In einer etwas technischen Redeweise kann man sagen: Aussagesätze beziehen sich auf Sachverhalte, die sie zum Ausdruck bringen. Der Satz »Schnee ist weiß« bezieht sich auf den Sachverhalt, dass Schnee weiß ist. Der Satz »Vor mir steht jetzt ein Notebook« bezieht sich auf den Sachverhalt, dass zu dem Zeitpunkt, an dem ich diese Wörter tippe, vor mir ein Notebook steht. Das ist einerseits eine plausible Sprechweise und erfüllt andererseits ein Grundanliegen Freges: Es macht deutlich, wie wir die Bedeutung von Sätzen weltorientiert verstehen können. So nimmt es nicht wunder, dass nach Frege die Bedeutung von Sätzen in dieser Weise gefasst worden ist. Vor allem Wittgenstein hat in seinem *Tractatus logico-philosophicus* eine entsprechende Auffassung vertreten. Man spricht hier üblicherweise von einer Wahrheitsbedingungen-Semantik. Wittgenstein formuliert sie mit folgender These:

> *Wahrheitsbedingungen-Semantik*: »Einen Satz verstehen, heißt, wissen was der Fall ist, wenn er wahr ist.« (Wittgenstein 1921, Satz 4.024)

Die Bedeutung eines Satzes ist demnach der Sachverhalt, den er zum Ausdruck bringt. Wenn der Sachverhalt besteht, ist der Satz wahr. Besteht er nicht, dann ist der Satz falsch. Man geht also davon aus, dass es das Bestehen oder Nichtbestehen von Sachverhalten ist, was Sätze wahr oder falsch macht. Auf diese Weise kann man die Bedeutung von Sätzen angeben, ohne auf

Größen wie das Wahre oder das Falsche zu rekurrieren. Allerdings setzt eine solche Erläuterung voraus, dass man in verständlicher und unproblematischer Weise von Sachverhalten sprechen kann.

Der zweite Aspekt betrifft den $Sinn_F$ von Sätzen. Es scheint seltsam zu sagen: Der $Sinn_F$ eines Satzes ist ein Gedanke, von dem gilt, dass er unabhängig davon besteht, ob dieser Gedanke jemals ausgesagt wird oder nicht. Freges These ist hier damit verbunden, dass er die Welt mit Entitäten bevölkert, die ihrerseits äußerst erklärungsbedürftig und so als unerklärte Erklärer zu begreifen sind. Wie können wir von Gedanken sprechen, wenn wir damit nicht Zustände im Geist einer Sprecherin meinen? Wo und inwiefern liegen solche Gedanken vor? Der bereits angedeutete Weg, die Bezugnahme von Aussagesätzen anders zu verstehen, könnte auch hier weiterhelfen: Wenn man Aussagesätze als auf Sachverhalte bezogen begreift, dann kann man sagen: Je nach Sachverhalt, den sie zum Ausdruck bringt, hat eine Aussage eine bestimmte Bedeutung. Dann muss man nicht mehr auf Gedanken als unerklärte Größen rekurrieren, sondern kann von bestimmten bestehenden oder nichtbestehenden Beschaffenheiten der Welt her Unterschiede der Bedeutung zu begreifen suchen. Allerdings läuft man auf diese Weise Gefahr, die Welt wiederum mit seltsamen Entitäten zu bevölkern: mit Sachverhalten. Ganz unabhängig davon, ob diese in der Erläuterung der Bedeutung von Aussagen leisten, was man sich möglicherweise von ihnen verspricht, muss man eine plausible Erklärung davon haben, worauf man sich hier bezieht.

Es bleibt ein dritter Aspekt: Frege fasst den $Sinn_F$ als die »Art des Gegebenseins« des Bezeichneten. Wie ist diese Bestimmung zu verstehen? Impliziert sie nicht, dass sprachliche Ausdrücke eine bestimmte Perspektive auf Gegenstände zum Ausdruck bringen? Und ist eine solche Perspektive nicht doch als subjektive geistige Perspektive zu verstehen? Ein Gegenstand wie ein Pkw kann jemandem in einer bestimmten Weise gegeben sein. Eine sieht ihn von vorne, ein anderer von hinten. So ist der Gegenstand in unterschiedlicher Art und Weise gegeben. Wenn man die Art des Gegebenseins in dieser Weise erläutert, gewinnt man leicht den Eindruck, dass Frege das, was er vermeiden will, durch die Hintertür wieder zurückholt: ein psychologistisches Verständnis von Bedeutung. In bestimmter Weise ist ein Gegenstand einem erkennenden Subjekt gegeben. Nun unterscheidet Frege dezidiert zwischen »Vorstellung« und »Sinn« (vgl. Frege 1892). Eine Vorstellung ist ihm zufolge ein Zustand im Geist einer Sprecherin. Der $Sinn_F$ ist nach Frege unabhängig vom Geist zu verstehen. Es ist aber fraglich, ob Frege diese behauptete Unabhängigkeit tatsächlich erläutert oder ob seine Erläuterungen letztlich doch auf eine subjektive geistige Perspektive rekurrieren müssen, um zu funktionieren. Frege könnte die gesuchte Unabhängigkeit zum Beispiel dadurch gewinnen, dass er sagt: Es handelt sich bei der Art des Gegebenseins um eine bestimmte sprachliche Artikulation. Der Gegenstand ist in einer bestimmten sprachlichen Artikulation gegeben. Auf diese Weise würde möglicherweise der Rekurs auf Gedanken überflüssig und Frege würde damit dem Vorwurf entgehen, mit der Rede von einer »Art des Gegebenseins« doch wieder eine latent psychologistische Erklärung zu geben. Allerdings fehlte auch hier nach wie vor eine Erklärung: Es steht ja gerade in Frage, worin die Bedeutung einer bestimmten sprachlichen Artikulation besteht. So hilft es nun nicht zu sagen, die Bedeutung sei die bestimmte sprachliche Artikulation. Es muss sich erst noch zeigen, wie man die Dimension, die Frege als $Sinn_F$ ausweist, plausibel fassen kann. Freges Begriff ist eher ein Name für das Grundproblem eines weltorientierten Verständnisses sprachlicher Bedeutung, als dass er schon dessen Lösung präsentierte.

4.3 Sprachkritik und die Philosophie der idealen Sprache

Freges Sprachphilosophie hat der philosophischen Nachwelt nicht nur ein antipsychologistisches Verständnis sprachlicher Bedeutung hinterlassen. Mit diesem Verständnis verbindet sich auch ein Programm der philosophischen Sprachkritik. Um dieses Programm zu verstehen, ist eine Erinnerung an das Kompositionalitätsprinzip hilfreich. Wie dargelegt unterscheidet Frege sprachliche Ausdrücke unter anderem dahingehend, ob sie als singuläre Termini oder als Prädikate zu Sätzen beitragen. Prädikate entfalten andere Wirkungen in Sätzen als singuläre Termini. Nun stellt sich die einfache Frage, ob sich in unseren Sprachen, oberflächlich betrachtet, singuläre Termini eindeutig von Prädikaten unterscheiden lassen. Die Antwort auf diese Frage ist genauso einfach wie die Frage: Sie unterscheiden sich nicht eindeutig. Denken wir an den Ausdruck »Mein Pferd«. Dieser Ausdruck kann als singulärer Terminus auftreten. Setzen wir aber ein »ist« dazu, kommen wir zu dem Ausdruck »... ist mein Pferd« und damit zu einem Prädikat. Ein solches Beispiel zeigt ein grundsätzliches Problem natürlicher Sprachen. Natürliche Sprachen sind die Sprachen, die in Sprachgemeinschaften wie derjenigen des Deutschen, des Französischen oder des Chinesischen konstituiert sind und weitergegeben werden (sofern wir davon ausgehen, dass wir diese Sprachgemeinschaften als irgendwie homogene Größen begreifen können). Das Problem dieser Sprachen ist ihre mangelnde Eindeutigkeit. Dieser Mangel lässt sich besser artikulieren, wenn man einen Unterschied explizit macht, der in den zurückliegenden Erläuterungen schon vielfach im Spiel war: den Unterschied zwischen Syntax und Semantik.

Semantik: Semantik ist die Lehre von der Bedeutung sprachlicher Ausdrücke.

Syntax: Syntax ist die Lehre von der Formung und der Kombination sprachlicher Ausdrücke.

Auf der Basis dieser Unterscheidung lässt sich die mangelnde Eindeutigkeit natürlicher Sprachen so artikulieren: Ihre syntaktische Struktur ist nicht auf ihre semantische Struktur hin transparent. Es lässt sich an der syntaktischen Form sprachlicher Ausdrücke oft nicht erkennen, welchen semantischen Beitrag sie in Sätzen erbringen. Die nicht vorhandene Transparenz kann man dadurch zum Ausdruck bringen, dass man die Oberflächenstruktur sprachlicher Ausdrücke von ihrer Tiefenstruktur unterscheidet. Demnach gilt: Sprachliche Ausdrücke natürlicher Sprachen haben immer wieder eine irreführende Oberflächenstruktur. Man muss durch diese hindurch zu ihrer Tiefenstruktur vordringen, um ihre semantische Struktur zu erfassen. Erst anhand der Tiefenstruktur zeigen sich die wahren semantischen Verhältnisse. Wenn man diese These vertritt, liegt es nun nahe, Sprache so einrichten zu wollen, dass sich ihre Tiefenstruktur an der Oberfläche zeigt. Kann Sprache nicht so beschaffen sein, dass ihre Syntax auf ihre Semantik hin transparent ist? Wer im Sinne Freges eine semantische Tiefenstruktur von Sprachen auszumachen sucht, kann das Programm verfolgen, eine solchermaßen transparente Sprache zu formulieren. Damit ist man bei dem Programm, das man später mit dem Titel »Philosophie der idealen Sprache« charakterisiert hat. Der Philosophie der idealen Sprache geht es so gesehen darum, eine ideale Sprache zu gewinnen, die die Tiefenstruktur natürlicher Sprachen transparent macht. Die ideale Sprache soll so gefasst sein, dass in ihr syntaktische Unterschiede und semantische Unterschiede genau korrelieren. Philosophien der idealen Sprache haben aus diesem Grund Formalisierungen der natürlichen Sprachen erheblich weiterentwickelt. Auch in diesem Punkt haben Arbeiten Freges wegweisend gewirkt.

Frege hat selbst umfassend an einer Formalisierung gearbeitet, die er als »Begriffsschrift« bezeichnet. Diese Begriffsschrift ist das Paradigma einer idealen Sprache. Das oben bereits umrissene Programm einer Analyse der unterschiedlichen semantischen Beiträge sprachlicher Ausdrücke in Sätzen ist deshalb vielfach mit Formalisierungen verbunden, wie sie unter anderem von Bertrand Russell (1872-1970), Ludwig Wittgenstein (1889-1951), Rudolf Carnap (1891-1970) und Alfred J. Ayer (1910-1989) entwickelt worden sind. Damit ist eine der klassischen Traditionen der analytischen Philosophie umrissen: die Philosophie der idealen Sprache.

Die sprachkritischen Voraussetzungen allerdings, die das Projekt der Analyse und Formalisierung in dieser Tradition leiten, sind nicht unproblematisch. Abschließend soll nur kurz angedeutet werden, worin Probleme liegen – Probleme, auf die unter anderem spätere analytische Philosophien reagiert haben. Erstens ist unklar, ob man tatsächlich von einer fehlenden Eindeutigkeit natürlicher Sprachen ausgehen kann. In den meisten Kontexten, in denen wir uns in natürlichen Sprachen bewegen, kann man von einer solchen fehlenden Eindeutigkeit nicht sprechen. So stellt sich die Frage, wie man zu der Diagnose kommt, die die Philosophien der idealen Sprache leitet. Eine mögliche Antwort lautet, dass diese Diagnose auf einer falschen Hypostasierung von Sprache beruht. Wenn man sprachliche Äußerungen isoliert von ihren Gebrauchskontexten betrachtet, mögen sie uneindeutig zu sein scheinen. Dies allerdings könnte der Tatsache geschuldet sein, dass in der philosophischen Sprachanalyse mit Äußerungen anders umgegangen wird, als dies im alltäglichen Sprachgebrauch der Fall ist. So könnte die fehlende Eindeutigkeit einer spezifischen Betrachtungsweise geschuldet sein. Entsprechend wäre auch die Tiefenstruktur, auf die die Sprachanalyse zielt, nicht als die eigentliche Struktur natürlicher Sprachen zu verstehen, sondern als eine Struktur, die durch eine spezifische Betrachtungsweise von Sprachen konstituiert wird.

Zweitens ist das Programm der Kritik natürlicher Sprachen insofern problematisch, als es mit einer Verkürzung von Sprache verbunden ist. In Sprache formulieren wir nicht nur einfache Aussagesätze des Typs: »Die Milch ist im Kühlschrank.« Wir formulieren in ihr auch Gedichte und wirken in Diskussionen rhetorisch aufeinander ein. Die Sprachkritik ist aber darauf gegründet, dass rhetorische und poetische Aspekte der Sprache zum Beispiel als »Beleuchtung« (Frege 1918, 37) charakterisiert werden. Sie werden aus der Analyse und damit auch aus der Explikation sprachlicher Bedeutung ausgeschlossen. Dies aber stellt eine erhebliche Verkürzung von Sprache dar. Auch wenn eine solche Verkürzung möglicherweise produktiv ist, lässt sie sich doch nicht aus einer Explikation der Bedeutung natürlicher Sprachen heraus begründen.

5. Wittgenstein und die Philosophie der Alltagssprache

In der analytischen Philosophie ist nicht nur das Programm einer philosophischen Sprachkritik entwickelt worden. Immer schon ist diese Tradition auch mit einem gewissermaßen gegenläufigen Programm verbunden gewesen. Es handelt sich um das Programm einer Philosophiekritik unter Rekurs auf Sprache. Der Grundgedanke dieses zweiten Programms lautet: Bestimmte philosophische Fragen sind nur durch Überdehnungen der Sprache entstanden.

Eine entsprechende Philosophiekritik ist nicht nur unter Bezug auf eine ideale Sprache entwickelt worden (vgl. dazu paradigmatisch die Kritik Carnaps an Heidegger: Carnap 1928). Auch unter Berufung auf die Alltagssprache ist es zu einer Kritik an einem überstiegenen Sprachgebrauch in der Philosophie gekommen. Damit kommen wir zu einer zweiten Richtung der klassischen analytischen Philosophie, die sich auch als Reaktion auf die Kritik an der Philosophie der idealen Sprache verstehen lässt (vgl. dazu das Ende des letzten Kapitels): zur *Philosophie der Alltagssprache* (*ordinary language philosophy*). Will man diese Richtung verstehen, muss erst einmal ihr zentraler Begriff erklärt werden: der Begriff der Alltagssprache. Bei der Alltagssprache handelt es sich um all die unterschiedlichen Formen des Sprechens, die sich alltäglich auf den Straßen, in Cafés und Kneipen, in Verkaufsgesprächen und bei der Begegnung im Supermarkt finden. Es handelt sich um Formen des Sprechens, die in unterschiedlichen natürlichen Sprachen wie dem Deutschen, dem Französischen, dem Italienischen etc. etabliert sind. Die Philosophie der Alltagssprache rekurriert in ihrer Philosophiekritik auf genau solche Formen des Sprechens. Wenn es zum Beispiel darum geht, den Begriff des Wissens zu klären, dann betrachten Philosophien der Alltagssprache vordringlich, wie man alltäglich das Wort »Wissen« bzw. Formen des Verbs »wissen« verwendet. Sie sammeln entsprechende Sprechweisen und dies mit dem Ziel, auf Basis der Sprechweisen zu klären, was zum Beispiel unter Wissen zu verstehen ist. Solche Ansätze sind besonders in Oxford entwickelt worden. Philosophen wie John L. Austin (1911-1960), Gilbert Ryle (1900-1976) und Peter Strawson (1919-2006) haben an und mit ihnen gearbeitet.

Ein prominenter Vertreter der Philosophie der Alltagssprache ist aber auch Ludwig Wittgenstein (1889-1951). In seinem zweiten Hauptwerk, den *Philosophischen Untersuchungen* (posthum 1953 erschienen), hat Wittgenstein in einer besonders schillernden Art und Weise eine Variante der Philosophie der Alltagssprache entfaltet. In diesem fünften Kapitel stelle ich Grundzüge von Wittgensteins *Philosophischen Untersuchungen* (PU) dar. Dabei geht es mir primär darum, Wittgensteins Position als ein Beispiel für die Philosophie der Alltagssprache zu präsentieren. Unter den vielfältigen Themen und Überlegungen, die sich in den PU finden, wähle ich solche aus, die dafür geeignet sind: die Philosophie der Sprachspiele samt den kritischen Perspektiven, die diese motiviert, und Wittgensteins Überlegungen zum Regelfolgen.

5.1 Die kritische Stoßrichtung der PU

Wie bereits angesprochen, hat Wittgenstein seine philosophische Arbeit damit begonnen, dass er eine markante Position im Rahmen der Philosophie der idealen Sprache entwickelt hat. Sein *Tractatus logico-philosophicus* verfolgt das Ziel, die Struktur der Sprache so klar wie möglich zu artikulieren. »Was sich überhaupt sagen lässt, lässt sich klar sagen«, heißt es entsprechend (Wittgenstein 1921, Vorwort). Wittgenstein wird dieser methodischen Maxime im *Tractatus* mit einer Position gerecht, die man unter anderem als Bildtheorie des Satzes bezeichnet. Er geht davon aus, dass Sätze Sachverhalte abbilden. Daraus ergibt sich für Wittgenstein ein Sinnkriterium: Nur Sätze, die sich von entsprechenden Abbildbeziehungen her begreifen lassen, sind sinnvolle Sätze. Das sinnvolle Sprechen lässt sich damit in radikaler Weise eingrenzen, so dass zum Beispiel auch Wittgensteins eigener Text von ihm als unsinnig ausgewiesen wird. Er charakterisiert ihn als eine Leiter, die es wegzuwerfen gilt, wenn man sie erklommen hat (vgl. Wittgenstein 1921, Satz 6.54). Solche Thesen bringen einen Optimismus zum Ausdruck, die Oberflächenstruktur sprachlicher Aussagen auf eine verbindliche Tiefenstruktur durchdringen zu können. Hat man diese Tiefenstruktur erst einmal analysiert, ist geklärt, was sich mit Sprache sagen lässt und was nicht. Der Optimismus, der hier zum Ausdruck kommt, ist Wittgenstein in seinen späteren sprachphilosophischen Überlegungen zunehmend verloren gegangen. Nach seiner Rückkehr zur Philosophie in den späten 1920er Jahren hat Wittgenstein deshalb die im *Tractatus* vertretene Position zunehmend revidiert (vgl. bes. PU, § 23).

Die Revision, die Wittgenstein in Bezug auf seine sprachphilosophischen Überzeugungen vornimmt, ist allerdings keine Revision ums Ganze. Es gibt erhebliche Kontinuitäten zwischen der Position des Frühwerks und derjenigen, die in den nachgelassenen PU vertreten wird. Aufgrund dieser Kontinuitäten eignet sich Wittgenstein besonders gut, um Zusammenhänge zwischen der Philosophie der idealen Sprache und der Philosophie der Alltagssprache darzustellen. Bei aller Unterschiedlichkeit teilen diese Hauptströmungen der klassischen analytischen Sprachphilosophie wesentliche Orientierungen miteinander. In den PU zeigt sich die Verwandtschaft besonders an zwei kritischen Stoßrichtungen, die Wittgenstein verfolgt und auf die wir auch bereits bei Frege gestoßen sind: Er begründet seine Position erstens durch eine Kritik am semantischen Atomismus und zweitens durch eine Kritik am semantischen Psychologismus.

Beide Kritiken werden gleich zu Anfang von Wittgensteins Text entfaltet. Wittgenstein orientiert sich dabei nicht an Aristoteles oder an Locke, sondern an Augustinus (354-430). Mit einem längeren Zitat aus dessen *Confessiones* setzt der § 1 der PU ein. In diesem Zitat wird eine Position artikuliert, die im Grundsatz mit denjenigen von Aristoteles und Locke verwandt ist. Es handelt sich um eine Position, die wir bislang vor allem als *Namentheorie der Bedeutung*, *semantischen Atomismus* und *sprachphilosophischen Instrumentalismus* charakterisiert haben (vgl. Kap. 3). Wittgenstein fasst sie folgendermaßen zusammen: »Jedes Wort hat eine Bedeutung. Diese Bedeutung ist dem Wort zugeordnet. Sie ist der Gegenstand, für welchen das Wort steht.« (PU, § 1) In dieser Darstellung lassen sich unschwer die Grundmotive der besagten *Namentheorie der Bedeutung* ausmachen: Die Bedeutung sprachlicher Ausdrücke ist demnach nach dem Paradigma von Namen zu begreifen. Ein Wort hat demnach dadurch Bedeutung, dass es wie ein Name für seinen Träger steht.

Um die Unhaltbarkeit der Namentheorie der Bedeutung (und damit auch des semantischen Atomismus sowie des entsprechend angelegten Instrumentalismus) zu zeigen, führt Wittgenstein ein Gedankenexperiment durch. Er entwirft eine sprachliche Praxis, in Bezug auf die die Namentheorie der Bedeutung eine angemessene Theorie ist: eine Sprache, mittels deren Bauende sich auf einem Bau im Hinblick auf Gegenstände verständigen. Die Sprache besteht nur »aus den Wörtern: ›Würfel‹, ›Säule‹, ›Platte‹, ›Balken‹« (PU, § 2). Einer ruft die Wörter aus, woraufhin ein anderer die so gekennzeichneten Gegenstände bringt. Wittgenstein will mit dem Gedankenexperiment zeigen, wie sehr sich eine solche Sprache von unserer Sprache unterscheidet. Damit soll verdeutlicht werden, dass natürliche Sprachen wie das Deutsche viel komplexer sind, als die Namentheorie der Bedeutung behauptet. Es handelt sich um eine Theorie für eine »primitive Sprache« (§ 2). Diese primitive Sprache bildet nur einen extrem kleinen Ausschnitt einer natürlichen Sprache.

Wittgenstein verbindet mit dem Verweis auf die Komplexität natürlicher Sprachen eine methodische Überlegung. Diese besagt: Es ist problematisch, das Funktionieren von Sprache mit einem einzigen Begriff wie dem der »Bedeutung« erläutern zu wollen. Der »allgemeine Begriff der Bedeutung der Worte« suggeriere, es gebe etwas, das Worten gemeinsam ist, und umgibt in diesem Sinn »das Funktionieren der Sprache mit einem Dunst« (PU, § 5). Es gilt also nach Wittgenstein, die natürliche Sprache in ihrer Komplexität zu analysieren und aus diesem Grund allen Begriffen gegenüber, die in einer Analyse mit Monopolanspruch auftreten, skeptisch zu sein.

Die zweite kritische Stoßrichtung, die Wittgenstein verfolgt, richtet sich gegen den semantischen Psychologismus. Wittgenstein allerdings kritisiert nicht primär wie Frege den unzureichenden Bedeutungsbegriff psychologistischer Positionen. Er kritisiert deren Deutung des Zusammenhangs von Geist und Welt. Psychologistischen Positionen zufolge steht der Geist zur Welt in einem Repräsentationsverhältnis: Vorstellungen stehen für Gegenstände in der Welt. Genau diese Deutung ist nach Wittgenstein falsch. Der Geist repräsentiert die Welt nicht, er ist vielmehr in die Welt involviert. Dieses Involviertsein hängt dabei aus Wittgensteins Perspektive irreduzibel mit einer sprachlichen Praxis zusammen. Das geistige Weltverhältnis des Menschen konstituiert sich demnach in öffentlichen sprachlichen Praktiken in der Welt. Wittgenstein hat diese Kritik am Psychologismus immer wieder dadurch artikuliert, dass er den Rekurs auf ein geistiges »Meinen«, das der sprachlichen Bedeutung vorausgeht, zurückweist (vgl. bes. PU, §§ 503 ff.). Ein entsprechendes Meinen setze eine öffentliche sprachliche Praxis bereits voraus. So sagt Wittgenstein über die von Augustinus gegebene Erläuterung des Sprachlernens:

> »Augustinus beschreibe das Lernen der menschlichen Sprache so, als käme das Kind in ein fremdes Land und verstehe die Sprache des Landes nicht; das heißt: so als habe es bereits eine Sprache, nur nicht diese. Oder auch: als könne das Kind schon denken, nur noch nicht sprechen. Und ›denken‹ hieße hier etwas, wie: zu sich selber reden.« (PU, § 32)

Wenn das Denken beziehungsweise Meinen unter anderem auf öffentlichen sprachlichen Praktiken basiert und in diesem Sinn in die Welt involviert ist, dann kann es einer Erläuterung von Sprache nicht zugrunde gelegt werden. Das Meinen kann nicht aus einer innerlichen Perspektive, sondern muss aus einer öffentlichen Praxis heraus erklärt werden. Wittgenstein zieht daraus den Schluss, dass man in der Erläuterung sprachlicher Bedeutung nicht auf geistige Zustände wie solche des Meinens rekurrieren sollte. Nur wenn man darauf verzichtet, kann es gelingen, dem Involviertsein des Geistes in der Welt in der Sprachphilosophie Rechnung zu tragen.

5.2 Die Philosophie der Sprachspiele

Der positive Gegenentwurf, den Wittgenstein gegen die kritisierten Auffassungen entfaltet, lässt sich primär durch zwei Thesen charakterisieren. Die erste These bezeichne ich als These von der sprachlichen Vielfalt. Sie lautet:

> *These von der sprachlichen Vielfalt*: In der Sprache gibt es eine Vielzahl von Satzarten. Diese Vielzahl ist prinzipiell unbegrenzt, da sich Sprache stets weiterentwickelt und so kein definitiver Bestand von Satzarten festgemacht werden kann.

Besonders deutlich ist diese These in § 23 formuliert. Dort heißt es: »Wieviele Arten der Sätze gibt es aber? Etwa Behauptung, Frage und Befehl? – Es gibt unzählige solcher Arten: unzählige verschiedene Arten der Verwendung alles dessen, was wir ›Zeichen‹, ›Worte‹, ›Sätze‹, nennen. Und diese Mannigfaltigkeit ist nichts Festes, ein für allemal Gegebenes; ...« (PU, § 23) Ich verstehe Wittgensteins These von der sprachlichen Vielfalt so, dass sie sich gegen die Idee richtet, man könne einen einheitlichen Bedeutungsbegriff für sprachliche Ausdrücke gewinnen. Sprachliche Ausdrücke funktionieren in sehr unterschiedlicher Weise und sie funktionieren in sehr unterschiedlichen Äußerungsarten. Was jeweils ihre Bedeutung ausmacht, muss unterschiedlich erläutert werden.

Die zweite These, die Wittgenstein vertritt, bezeichne ich als Sprachspiel-These. Diese lautet:

> *Sprachspiel-These*: Bedeutung haben sprachliche Ausdrücke in Sprachspielen. Sprachspiele sind Zusammenhänge von sprachlichen und nichtsprachlichen Tätigkeitsformen.

Die Sprachspiel-These stellt aus meiner Sicht die primäre Herausforderung der PU dar. Sie macht geltend, dass sprachliche Ausdrücke nur im Zusammenhang mit nichtsprachlichen Aspekten des Weltverhältnisses Bedeutung gewinnen. Es ist sicher hilfreich, Wittgensteins These an Beispielen zu verdeutlichen. Ein Weg-Erklärung-Geben ist ein Beispiel für ein Sprachspiel. Wenn ich dieses Sprachspiel spiele, muss ich mit jemandem in bestimmter Weise konfrontiert sein. Ich stehe zum Beispiel mit jemandem, der mich gefragt hat, an einer Straßenecke und gebe einige Beschreibungen, während ich zugleich in unterschiedlicher Weise Zeigegesten vollführe. Wittgensteins These ist nun: Das, was ich in einer solchen Situation sage, gewinnt erst im Zusammenhang mit vielen anderen Aspekten dieser Situation Bedeutung. Ein anderes Beispiel für ein Sprachspiel ist: Jemanden-Begrüßen. Man kann sich vorstellen, dass ich eine Gruppe von Leuten treffe. Ich kann in unbestimmter Weise »Hallo« sagen und damit alle begrüßen. Ich kann aber auch zum Beispiel »Hallo, Karl« sagen. Das aber setzt voraus, dass unter denen, die ich treffe, jemand ist, der Karl heißt, und außerdem, dass ich in bestimmter Weise blicke (normalerweise würden wir wohl erwarten, dass ich denjenigen, den ich anspreche, anblicke). Wiederum zeigt ein solches Beispiel für Wittgenstein: Sprachliche Ausdrücke haben nur im Kontext eines Sprachspiels Bedeutung. Zu einem Sprachspiel gehören sprachliche Tätigkeitsformen (das Hervorbringen bestimmter Äußerungstypen) und nichtsprachliche Tätigkeitsformen (das Vollziehen bestimmter nichtsprachlicher Tätigkeitstypen).

Wittgensteins Sprachspiel-These lässt sich in unserem Zusammenhang so verstehen, dass sie ein neues Verständnis für den Zusammenhang von Sprache und Welt vorschlägt: Dieser Zusammenhang ist Wittgenstein zufolge nicht repräsentationalistisch zu fassen. Er beruht nicht darauf, dass sprachliche Ausdrücke für Gegenstände stehen oder – als Prädikate – etwas Bestimmtes über sie sagen. Der Zusammenhang von Sprache und Welt beruht nach Wittgensteins Verständnis in den PU vielmehr darauf, dass sprachliche Ausdrücke in Sprachspiele eingebettet sind. In Sprachspielen sind sprachliche Tätigkeitsformen mit nichtsprachlichen Tätigkeitsformen konstitutiv verbunden.

Wittgenstein formuliert damit eine antipsychologistische Position, die sich von derjenigen Freges unterscheidet. Vertritt Frege die These, dass sprachliche Ausdrücke nur aufgrund ihres Gegenstandsbezugs und ihres gedanklichen Gehalts Bedeutung haben, so ist Wittgensteins These nun: Sprachliche Ausdrücke haben nur als Elemente einer »Lebensform« (PU § 23) Bedeutung. Sprachliche Ausdrücke sind in komplexer Weise in die Welt eingebettet. Diese Einbettung resultiert daraus, dass sie nur in Sprachspielen funktionieren. Sprachspiele allerdings, dies gilt es nun zu ergänzen, funktionieren nicht isoliert. Sie hängen in komplexer Art und Weise zusammen. Aus diesem Grund muss man die Einbettung der Sprache in Zusammenhänge der Welt in einer umfassenden Weise erläutern: Sie ergibt sich im Rahmen einer Lebensform. Wer sprachliche Ausdrücke versteht, versteht entsprechend eine Lebensform. Er versteht Sprache aus einem komplexen Zusammenhang nichtsprachlicher und sprachlicher Tätigkeitsformen heraus.

Auf der Basis der bisherigen Überlegungen lässt sich nun die Frage beantworten, welchen Status Wittgensteins Überlegungen zur sprachlichen Bedeutung haben. Entwickelt Wittgenstein einen bestimmten Begriff sprachlicher Bedeutung? Immer wieder hat man Wittgenstein eine solche Position zugeschrieben. Man spricht von einer *Gebrauchstheorie der Bedeutung*. Dabei stützt man sich in besonderer Weise auf den § 43 der PU. Dort heißt es:

»Man kann für eine *große* Klasse von Fällen der Benützung des Wortes ›Bedeutung‹ – wenn auch nicht für *alle* Fälle seiner Benützung – dieses Wort so erklären: Die Bedeutung eines Wortes ist sein Gebrauch in der Sprache.« (PU, § 43)

Es ist verlockend, Wittgenstein hier so zu verstehen, dass er die Formel »Bedeutung = Gebrauch« (*meaning is use*) vertritt. Wittgenstein würde damit in den PU einen alltagssprachlichen Begriff sprachlicher Bedeutung entwickeln. Dieser ließe sich gut als »Gebrauchstheorie der Bedeutung« charakterisieren. Allerdings sind Zweifel angebracht. Wittgenstein spricht in dem zitierten Paragraphen nicht direkt von der Bedeutung eines Wortes. Er spricht vielmehr – ganz im Sinne des methodischen Programms der Philosophie der Alltagssprache (s.o.) – von »der Benützung des Wortes ›Bedeutung‹«. Wittgenstein kommentiert ein bestimmtes Sprachspiel: das Sprachspiel, das wir als Von-der-Bedeutung-eines-Wortes-Sprechen bezeichnen können. In Bezug auf dieses Sprachspiel ist seine These: Hier wird der Ausdruck »Bedeutung« in vielen Fällen so gebraucht, dass der Gebrauch von Wörtern in der Sprache erläutert wird. Wenn das Wort »Bedeutung« in Sprachspielen verwendet wird, so Wittgensteins These, dann wird oft vom Gebrauch von Wörtern gesprochen. Dies ist keine These über alle Sprachspiele und darüber, was die Bedeutung sprachlicher Ausdrücke insgesamt ausmacht. Es ist vielmehr eine These über ein bestimmtes Sprachspiel. Entsprechend kann man Wittgensteins Ausführungen hier auch keine Position in Bezug auf die Grundfrage der Sprachphilosophie entnehmen.

Dass Wittgenstein keinen dezidierten Begriff sprachlicher Bedeutung vertritt, ist aus meiner Sicht konsequent, wenn man seine Position in Bezug auf Erläuterungen von Sprache betrachtet. Wie oben dargelegt, gilt Wittgenstein die Vielfalt sprachlicher

Äußerungsarten als irreduzibel. Aus diesem Grund kann es für ihn kein letztes Wort darüber geben, wie Sprache funktioniert. Aus der Vielfalt sprachlicher Äußerungsarten schließt Wittgenstein aber nun nicht, dass alle Erklärungen des Funktionierens sprachlicher Äußerungsarten nur einen lokalen Status haben. Er vertritt vielmehr die These, dass Erklärungen einen besonderen Status haben. Sie begründen besondere Sprachspiele. Diese Sprachspiele fasst Wittgenstein mit dem allgemeinen Begriff der Grammatik (vgl. dazu u.a. PU, §§ 371, 496 f.). Dabei versteht Wittgenstein Grammatik in einer ungewöhnlichen Weise: Grammatisches Reden ist Reden über Sprache. Wer Wortarten unterscheidet, redet nach diesem Verständnis genauso grammatisch wie jemand, der den Gebrauch eines Wortes erklärt. Der Begriff der Grammatik wird somit von Wittgenstein viel weiter gefasst als im normalen Sprachgebrauch. Nun ist aber die Frage entscheidend, worauf sich grammatische Sprachspiele stützen beziehungsweise worin ihr Spielraum besteht. Einen Anhaltspunkt dafür, wie diese Frage zu beantworten sein könnte, finden wir in § 17. Dort heißt es:

»Wie wir aber die Worte nach Arten zusammenfassen, wird vom Zweck der Einteilung abhängen, – und von unserer Neigung.« (PU, § 17)

Aus dieser knappen Darlegung können wir Folgendes herauslesen: Das Reden über Sprache ist praktisch orientiert. Einteilungen, die wir in Bezug auf sprachliche Formen und Strukturen vornehmen, Erklärungen in Bezug auf den Gebrauch sprachlicher Ausdrücke, usf.: all dieses grammatische Reden über Sprache ist primär daran orientiert, was wir mit ihm bezwecken. Das Reden über Sprache orientiert sich nicht, wie die Philosophien der idealen Sprache meinen, an bestehenden Strukturen in der Sprache. Es orientiert sich an bestimmten praktischen Zielsetzungen. Wenn man das Reden über Sprache in dieser Weise begreift, kann man nicht sinnvollerweise eine bestimmte bedeutungstheoretische Position vertreten. Man muss es vielmehr für plausibel halten, dass unterschiedliche bedeutungstheoretische Positionen bezogen werden können. Welche dies sind, hängt davon ab, welche praktischen Zielsetzungen man mit entsprechenden Positionen verfolgt.

5.3 Das Problem des Regelfolgens

Wittgensteins Sprachspiel-These hat eine Konsequenz, die von großer Bedeutung ist. Sie hat die Konsequenz, dass seine antipsychologistische Position droht, die Objektivität sprachlicher Ausdrücke nicht mehr erklären zu können. Erinnern wir uns noch einmal: Bei Frege ist der Antipsychologismus von der Sorge getrieben, dass sprachliche Ausdrücke einen allein subjektiven Gehalt haben. Wäre dies der Fall, so könnten wir nicht sagen, dass wir uns mittels ihrer eine objektive Welt erschließen. Frege vertritt aus diesem Grund die These, dass sprachliche Bedeutung weltorientiert verstanden werden muss. Wie gesehen, geht Wittgenstein in den PU davon aus, dass Freges Begriff der Weltorientierung nicht funktioniert, da er es nicht erlaubt, der Vielfalt sprachlicher Äußerungsarten Rechnung zu tragen. Wittgenstein vertritt daher die These, dass sprachliche Ausdrücke in Sprachspielen Bedeutung haben. Und er vertritt die These, dass Sprachspiele sich stets verändern können. Heißt dies aber nicht, dass die Objektivität sprachlichen Gehalts nicht verständlich wird? Muss Wittgenstein nicht sagen, dass sprachliche Ausdrücke allein subjektiv funktionieren? Kann er erklären, dass sprachliche Ausdrücke eine Welt erschließen, die viele Sprecherinnen und Sprecher miteinander teilen?

Wittgenstein beantwortet Fragen dieser Art, indem er Sprachspiele als normative Praktiken verständlich macht. Die Objektivität sprachlichen Gehalts wird von ihm nicht dadurch gesichert, dass er Zusammenhänge zwischen sprachlichen Ausdrücken und Gegenständen beziehungsweise als objektiv verstandenen Gedanken verständlich macht. Vielmehr ist es seine Strategie, den normativen Charakter von Sprachspielen zu fassen. Sprachspiele unterliegen Normen. Jemandem-den-Weg-erklären oder Einen-Unfallhergang-Erzählen: Für all solche Sprachspiele gibt es Normen. Diese Normen kann man dadurch charakterisieren, dass man *präskriptive* und *konstitutive* Normen voneinander unterscheidet (vgl. Searle 1969, 54 ff.). Präskriptiv sind zum Beispiel Benimmregeln: In ihrem Fall bestehen die bestimmten Tätigkeitstypen unabhängig von den Regeln. Die Regeln schreiben die Ausführung bestimmter Tätigkeitstypen vor. Sie können aus diesem Grund verletzt werden. Im Falle konstitutiver Normen ist dies anders. Konstitutive Normen sind zum Beispiel Spielregeln. Für Spielregeln wie die Schachregeln gilt, dass sie bestimmte Tätigkeitstypen überhaupt erst hervorbringen: Mit einem König kann ich auf dem Schachbrett nur aufgrund der entsprechenden Schachregeln ziehen. Solche Regeln kann man nicht verletzen. Wenn man nicht im Einklang mit ihnen handelt, spielt man ein anderes oder gar kein Spiel. Die Normen, denen Sprachspiele unterliegen, sind nun in Wittgensteins Sinn als konstitutive Normen zu begreifen: Die Zusammenhänge sprachlicher und nichtsprachlicher Tätigkeitsformen gibt es nur aufgrund entsprechender konstitutiver Normen. Aus diesem Grund können Sprachspiele nicht einfach subjektiv geprägt werden (genauso wenig, wie dies mit einem Schachspiel möglich ist). Sie liegen, bildlich gesprochen, außerhalb dessen, was Subjekte einfach für sich hervorbringen können, und gewinnen dadurch eine objektive Dimension.

Nun stellt sich allerdings die Frage, wie die konstitutiven Normen von Sprachspielen etabliert werden. Woraus resultieren diese Normen und auf welche Weise liegen sie vor? In Bezug auf diese Frage verfolgt Wittgenstein in längeren Überlegungen ein bestimmtes Beispiel. Er fragt sich, woran wir erkennen können, ob und welches Sprachspiel ein Schüler fortführt, wenn wir ihm ein bestimmtes Sprachspiel aufgeben. Wittgensteins Beispiel bezieht sich auf die Addition von Zahlen. Stellen wir uns vor, dass ein Schüler die Aufgabe bekommen hat, zu bestimmten Zahlen 2 zu addieren. Er soll eine Zahlenreihe des Typs »2, 4, 6, 8, etc.« bilden. Wittgenstein imaginiert folgende Entwicklung der Situation: »Wir lassen nun den Schüler einmal eine Reihe (etwas ›+ 2‹) über 1000 hinaus fortsetzen, – da schreibt er: 1000, 1004, 1008, 1012.« (PU, § 185) Wir können in einer solchen Situation nicht direkt sagen, der Schüler habe die Aufgabe falsch befolgt. Möglicherweise hat er sie anders verstanden und zwar so: »›Addiere bis 1000 immer 2, bis 2000 4, bis 3000 6, etc.‹« (Ebd.) Wie können wir erkennen, welcher Regel der Schüler folgt? In dieser Frage lässt sich gut die Ausgangsfrage erkennen, die uns zu Wittgensteins Beispiel gebracht hat: Wie können wir ausschließen, dass Sprachspiele nur subjektiv realisiert werden? Wie können mehrere einer Sprachspiel-Regel als einer solchen folgen, die sie miteinander teilen?

Um diese Fragen zu beantworten, muss geklärt werden, worin eine Sprachspiel-Regel besteht. In Bezug auf diese Frage gilt es im Sinne von Wittgensteins Überlegungen, zwei mögliche Auffassungen auszuschließen. Die erste Auffassung besagt: Die Regel ist eine Größe, die Regelanwendungen bestimmt. Mit dieser Auffassung gerät man in einen Regress, den wir als *Regress der Regelanwendung* bezeichnen können. Dieser Regress lässt sich folgendermaßen erläutern. Wenn eine Anwendung nur dadurch regelfolgend sein kann, dass sie von einer Regel bestimmt wird, dann muss auch die Regel, die bestimmend wirken soll, angewendet werden. Alle Anwendung aber, so besagt die Auffassung, bedarf einer Regel, um regelfolgend zu sein (ich bezeichne die Regeln jetzt mit Indizes, also diese zweite Regel als $Regel_2$). Aus diesem Grund bedarf es einer $Regel_2$ für die Anwendung der $Regel_1$ und wiederum für die Anwendung der $Regel_2$ einer $Regel_3$ etc.pp. Es ist leicht zu sehen, dass man hier in einen Regress gerät. Ein Regress liegt genau dann vor, wenn eine Erklärung ihrerseits eine Erklärung desselben Typs braucht, Letztere wiederum eine solche Erklärung, und so fort. Der Regress der Regelanwendung zeigt: Eine Regel kann nicht als eine Größe verstanden werden, die einzelne Anwendungen bestimmt, sofern diese Anwendungen als regelfolgend zu begreifen sein sollen.

Die zweite Antwort, die man erwägen kann, hat ähnliche Konsequenzen: Es handelt sich um die Auffassung, der zufolge eine Regel nur dort im Spiel ist, wo jemand über eine Deutung für diese Regel verfügt. Aber auch dies führt zu Problemen. Die Deutung einer Regel darf nicht willkürlich sein. Sie muss die Regel in verbindlicher Art und Weise fassen. Aus diesem Grund bedarf jede Deutung ihrerseits der Bestätigung durch eine weitere Deutung und diese wiederum durch eine weitere Deutung. Wieder geraten wir in einen Regress. Wittgenstein kommentiert einen solchen *Regress der Regeldeutung* unter anderem folgendermaßen:

> »Daß hier ein Missverständnis ist, zeigt sich schon darin, daß wir in diesem Gedankengang Deutung hinter Deutung setzen; als beruhige uns eine jede wenigstens für einen Augenblick, bis wir an eine Deutung denken, die wieder hinter dieser liegt.« (PU, § 201)

Wittgenstein kommt somit zu der Auffassung, dass die beiden skizzierten Auffassungen des Regelfolgens nicht funktionieren.

Beide beruhen, wie er kommentiert, auf einem Missverständnis. Ein Symptom dieses Missverständnisses ist, dass sie in einen Regress führen.

Mit dieser Diagnose steht man nun vor der Frage, wie sich Regelfolgen in einer gelingenden Weise erklären lässt. Es scheint deutlich, dass Wittgenstein eine entsprechende Erklärung geben will. Die Frage ist nur, worin sie genau besteht. Einige Stichworte aus verschiedenen Paragraphen der PU lassen sich rasch zusammentragen:

»Darum ist ›der Regel folgen‹ eine Praxis.« (PU, § 202)
»Ich folge der Regel blind.« (PU, § 219)

Wittgenstein spricht auch von »Gepflogenheiten (Gebräuche[n], Institutionen)«, und davon, »eine Technik [zu] beherrschen« (PU, § 199). Es gilt nun, diese Äußerungen im Rahmen eines möglichst plausiblen Gesamtbilds zu interpretieren. Zwei Stichworte lassen sich aufgreifen: Das Regelfolgen wird als eine Praxis bestimmt, und diese Praxis wird als Institution spezifiziert. Wittgenstein vertritt somit in meinen Augen zwei Thesen:

Praxis-These: Regeln von Sprachspielen sind in einer Praxis konstituiert.
Institutions-These: Eine Praxis, in der Regeln von Sprachspielen konstituiert sind, hat die Form einer Institution. Etwas hat genau dann die Form einer Institution, wenn es von vielen Individuen geteilt wird, dabei von einzelnen Individuen unabhängig ist und wenn es viele Individuen in ihrem Verhalten bindet.

Wenn man Wittgenstein in dieser Weise interpretiert, dann schreibt man ihm einen konstruktiven Vorschlag in Bezug auf die Erklärung des Regelfolgens zu. Es ist in der Forschung umstritten, ob man dies tun sollte (vgl. zu einer Interpretations-Kontroverse u.a. Kripke 1982 und McDowell 1984). Allerdings spricht aus meiner Sicht für eine solche Interpretation, dass verständlich wird, warum Wittgenstein Überlegungen zu den beiden drohenden Regressen – dem Regress der Anwendung und dem Regress der Deutung – anstellt. Der konstruktive Vorschlag, den ich mit der Praxis-These und mit der Institutions-These umrissen habe, vermeidet genau die beiden Ansätze, auf deren Basis sich die Regresse ergeben. Einerseits wird mit der Praxis-These behauptet, dass Regeln nicht von ihren Anwendungen unterschieden werden können: Eine Regel ist genau in der Praxis konstituiert, in der sie befolgt wird: Die Konstitution der Regel und ihre Anwendung fallen zusammen. Andererseits wird mit der Institutions-These behauptet, dass eine Regel in der Praxis bestimmt ist, ohne dass es zu ihrer Bestimmung besonderer Deutungen bedürfte. Als Institution legt die Praxis fest, wie ein bestimmtes Sprachspiel funktioniert. Eine solche Festlegung wird nicht durch eine Deutung erbracht.

Diese Erläuterung des Regelfolgens kann so verstanden werden, dass sie wieder zum Begriff der Lebensform zurückführt. Sprachspiele sind als unterschiedliche Zusammenhänge von sprachlichen und nichtsprachlichen Tätigkeitsformen im Rahmen einer Lebensform konstituiert. Im Rahmen einer solchen Lebensform sind sie als Institution zu begreifen: Als ein komplexer Zusammenhang unterschiedlicher Tätigkeitsformen, die von vielen Individuen ausgeführt werden, die nicht an einzelne Individuen gebunden sind und die viele Individuen in ihrem Verhalten binden. Eine Lebensform stellt so gesehen den Rahmen dar, innerhalb dessen Sprachspiele normativ bindend sind. Innerhalb dieses Rahmens gewinnen sie ihre objektive Kraft.

5.4 Zur Kritik Wittgensteins und der Philosophie der Alltagssprache

Die Position, die Wittgenstein in den PU ausarbeitet, bleibt schillernd. In vielen Punkten erlaubt Wittgensteins in kurzen Gedankensplittern gefasster Text sehr unterschiedliche Deutungen. Damit bleiben sowohl die Interpretation Wittgensteins als auch mögliche Kritiken seiner Position problematisch. Interpretationen und Kritiken drohen gleichermaßen, Wittgensteins Position nicht in all ihren Facetten gerecht zu werden. Dies gilt erst recht für eine kurze Kritik, wie sie im Rahmen einer solchen Einführung erfolgen kann. Es ist also nicht mein Anspruch, mit den jetzt folgenden kritischen Bemerkungen etwas Abschließendes zu Wittgensteins Position zu sagen. Es geht mir nur darum anzudeuten, wo Probleme dieser Position liegen könnten.

Eine im Sinne dieser Vorbemerkung zu verstehende Kritik will ich dadurch ansetzen, dass ich noch einmal danach frage, was diese Position leisten soll. Sie soll uns eine Antwort auf die grundlegende Frage der Sprachphilosophie geben, die den semantischen Psychologismus genauso wie den semantischen Atomismus verabschiedet. Was es heißt, dass sprachliche Ausdrücke Bedeutung haben, erklärt Wittgenstein unter Rekurs auf Sprachspiele. Innerhalb einer Lebensform sind Sprachspiele nach Wittgensteins Verständnis normativ etabliert. Diese Antwort Wittgensteins aber ist einerseits sehr pauschal und andererseits in gewisser Hinsicht verkürzend. Pauschal ist sie aus dem Grund, dass sie zum Beispiel nicht recht verständlich macht, wie der Atomismus vermieden wird. Wittgenstein vertritt eine Position, die man als *praktischen Holismus* bezeichnen kann. Um dessen Grundthese zu erläutern, müssen wir erst einmal kurz etwas dazu sagen, was der Begriff des Holismus als Gegenbegriff zu dem des Atomismus besagt. Wer in Bezug auf einen Gegenstandsbereich oder bestimmte Eigenschaften von Gegenständen eine holistische Position vertritt, behauptet:

> *Holismus*: Es gibt einen Gegenstand einer bestimmten Art beziehungsweise eine bestimmte Eigenschaft eines solchen Gegenstands nur, wenn es zugleich viele andere Gegenstände dieser Art beziehungsweise viele andere Gegenstände, die auch diese Eigenschaft haben, gibt.

Nun kann ich vor diesem Hintergrund den praktischen Holismus, den ich Wittgenstein zugeschrieben habe, folgendermaßen erläutern:

> *Praktischer Holismus*: Innerhalb der Praxis einer Lebensform ist eine Tätigkeitsform nur im Zusammenhang mit vielen anderen Tätigkeitsformen konstituiert.

Wittgenstein sagt aber weder genauer, worin die Zusammenhänge zwischen Tätigkeitsformen bestehen. Noch gibt er darüber Auskunft, inwiefern sprachliche Tätigkeitsformen innerhalb unterschiedlicher Sprachspiele konstitutiv zusammenhängen. Aus diesem Grund kann man sagen: Wittgenstein deutet mehr die Richtung einer Überwindung des Atomismus an, als dass er sie konkret ausbuchstabiert.

Verkürzend ist Wittgensteins Position, weil bei ihm ein geistiges Moment von Sprache aus dem Blick fällt. Charakteristisch für die Position der PU ist, dass sich ihr das Grundproblem eines weltorientierten Verständnisses sprachlicher Bedeutung in gewisser Weise nicht stellt: Das Problem, wie sich sprachliche Ausdrücke in ihrer Bedeutung unterscheiden können, wenn sie sich auf denselben Gegenstand beziehen (»Abendstern«, »Morgenstern« etc.). Nun behauptet Wittgenstein, dass das Verhältnis von Sprache und Welt grundsätzlich anders verstanden werden muss. So ist es nur konsequent, dass er nicht vor dem Problem steht, welches Frege zur Unterscheidung von »Sinn« und »Bedeutung« bringt. Dennoch bleibt damit ein Aspekt außen vor, den man folgendermaßen fassen kann: Es droht unverständlich zu bleiben, wie Sprache individuell geprägt zu sein vermag. Wir sprechen nicht nur, wie alle um uns herum sprechen (im Sinne der in einer gemeinschaftlichen Praxis etablierten Regeln). Wir sprechen immer wieder auch individuell, sagen zum Beispiel Dinge wie: »Ich halte es aber für wichtig, das jetzt anders auszudrücken, als man es gewöhnlich ausdrückt, nämlich so und so.« Zur Sprache gehören auch Äußerungen, in denen eine individuelle Perspektive etabliert und verteidigt wird. Eine solche individuelle Perspektive ist aber nicht nur eine sprachliche Perspektive. Sie hat eine geistige Komponente: Individuen bringen ihre spezifischen Überzeugungen zur Geltung (vgl. hierzu auch Kap. 10).

In Wittgensteins Überlegungen kommen so meines Erachtens zwei Aspekte mindestens zu kurz: Erstens macht er das geistige Moment an Sprache nicht in ausreichendem Maße verständlich (dies bestätigt sich z.B. auch in den an Wittgenstein orientierten Erläuterungen von Finkelstein 2003). Freges Begriff des Sinns lässt sich durchaus so verstehen, dass dieser Begriff, wenn auch auf eigentümliche und unklare Weise, ein geistiges Moment an Sprache artikuliert. Aus diesem Grund liegt in der Unterscheidung ein wichtiges Moment für die Erklärung sprachlicher Bedeutung. Wittgenstein aber verfehlt dieses Moment in gewisser Weise. In dem Maße, in dem er den Geist von Sprecherinnen und Sprechern an öffentliche, mit Sprache verbundene Praktiken bindet, geht ihm ein Verständnis für ein geistiges Moment an Sprache ab, das sich nicht in solchen öffentlichen Praktiken erschöpft.

Zweitens geht Wittgenstein über individuelle Momente der Entwicklung von Sprache hinweg. Seine Position weist eine problematische Tendenz auf: eine Tendenz zum *Kollektivismus.* Als kollektivistisch verstehe ich die These, dass sprachliche Regeln in einer Gemeinschaft von Sprecherinnen und Sprechern etabliert werden und dass alle Mitglieder der Gemeinschaft durch die in ihr etablierten Regeln gebunden sind. Wittgenstein muss zwar nicht ausschließen, dass sich die sprachlichen Regeln durch das Sprechen einzelner Individuen verändern. Aber eine solche Veränderung hat in seinem Modell immer den Charakter, dass Individuen eine Verschiebung der in der Gemeinschaft geteilten Regeln anstoßen müssen. Sie können keine eigene sprachliche Perspektive etablieren. Und sie können sich nicht kritisch-reflektierend zu Sprachspielen verhalten (zumindest wird dies nicht erläutert). In diesem Punkt ist der bereits gestreifte Begriff der Grammatik aufschlussreich: Grammatische Aussagen explizieren Formen und Zusammenhänge gegebener sprachlicher Ausdrücke. Sie können nicht in begründeter Weise eine Veränderung der Sprache herbeiführen. Um es knapp zu sagen: In der Sprachspiel-Konzeption Wittgensteins geht sprachliche Bedeutung allzu sehr in den Zusammenhängen von Sprache und Welt auf, die in kollektiv etablierten Tätigkeitsformen realisiert werden.

Ich habe Wittgensteins PU als eine Position der Philosophie der Alltagssprache präsentiert: Die Kritik an Wittgensteins Position ist auch in Bezug auf diese Strömung in der klassischen analytischen Sprachphilosophie insgesamt aufschlussreich. Das Programm der Philosophie der Alltagssprache basiert, wie oben angedeutet, auf dem Gedanken, dass die philosophische Analyse sich an den bestimmten Gebrauchsweisen von sprachlichen Ausdrücken orientieren kann, die in einer Gemeinschaft etabliert sind. Auch dieser Gedanke ist mit dem besagten Kollektivismus verbunden und führt dazu, dass der geistigen Dimension von Sprache nicht in besonderem Maße Rechnung getragen wird. Gebrauchsweisen sprachlicher Ausdrücke werden als solche verstanden, die in einer Gemeinschaft etabliert sind. Es wird aber nicht klar, wie sie sich weiterentwickeln können und inwiefern es Individuen möglich ist, sich kritisch reflektierend mit ihnen auseinanderzusetzen. Diese kurzen Bemerkungen sind selbstverständlich nicht mit dem Anspruch verbunden, den unterschiedlichen Positionen der Philosophie der Alltagssprache und deren Details gerecht zu werden. Sie wollen nur eine Richtung skizzieren, in der eine Kritik an diesen Positionen formuliert werden kann. Diese Kritik will ich abschließend noch einmal folgendermaßen knapp zusammenfassen: Sprache, Welt und gemeinschaftliche Praxis werden hier zu eng aneinander gebunden.

6. Die Sprechakttheorie und der bedeutungstheoretische Intentionalismus

Die Philosophie der idealen Sprache und die Philosophie der Alltagssprache sind die beiden Hauptströmungen der klassichen analytischen Sprachphilosophie. Wie dargestellt, haben diese beiden Strömungen zwei unterschiedliche Weisen ausgearbeitet, um den neuzeitlichen semantischen Psychologismus zu überwinden. Innerhalb der im weitesten Sinn klassischen analytischen Sprachphilosophie findet sich allerdings noch eine weitere Strömung. In dieser Strömung verschwinden subjektive Überzeugungen und Absichten nicht aus der Erklärung sprachlicher Bedeutung. Sie werden allerdings anders ins Spiel gebracht als von den bislang betrachteten psychologistischen Positionen. Zwei Positionen sind aus meiner Sicht in Bezug auf die Strömung, von der ich spreche, von besonderem Interesse: einerseits die Sprechakttheorie, die John L. Austin (1911-1960) begründet hat und die nach Austin von John Searle (*1932) weiter ausgearbeitet worden ist; andererseits der von H. Paul Grice (1913-1988) ausgearbeitete semantische Intentionalismus.

Die Motivation eines weiteren Paradigmas neben den beiden Hauptströmungen der klassischen analytischen Sprachphilosophie lässt sich folgendermaßen erläutern: Die bislang betrachtete Strategie in der Überwindung des Psychologismus bestand in erster Linie darin, sprachliche Bedeutung unter Rekurs auf Zusammenhänge zwischen Sprache und Welt zu erläutern. Nun zeigt sich aber im Zuge solcher Erläuterungen, dass auf Basis der Zusammenhänge zwischen Sprache und Welt Bedeutungsunterschiede sprachlicher Ausdrücke nicht in zufriedenstellender Weise erklärt werden können. Frege versucht das Problem zu lösen, indem er die Unterscheidung zwischen Bedeutung als Referenz und Bedeutung als Sinn einführt. Wittgenstein nimmt im Rahmen seiner Sprachspiel-Konzeption nicht Stellung zu dem Problem und dies unter anderem um den Preis, dass seine Position eine problematische kollektivistische Tendenz gewinnt. Diese Beobachtungen können die Diagnose motivieren, dass die Überwindung des Psychologismus nicht (allein) unter Rekurs auf Zusammenhänge von Sprache und Welt erfolgen kann. Bei entsprechenden Erklärungen wird nicht verständlich, wie sprachliche Bedeutung mit dem Geist von Sprechenden verbunden ist. Es wird nicht verständlich, inwiefern Individuen in ihrem Sprechen spezifische geistige Perspektiven auf die Welt zum Ausdruck bringen können. Man kann hier von einem allgemeinen Problem sprechen, das ich das Problem der geistigen Dimension sprachlicher Bedeutung nenne:

> *Problem der geistigen Dimension sprachlicher Bedeutung*: Sprachliche Bedeutung ist nicht in zureichender Weise erklärt, solange die geistige Dimension sprachlicher Bedeutung nicht verständlich geworden ist. Es muss verständlich werden, inwiefern es für Sprache konstitutiv ist, die geistige Perspektive von Sprechenden zu artikulieren.

Das Problem der geistigen Dimension sprachlicher Bedeutung kann eine ganz andere Reaktion auf den Psychologismus motivieren: Diese Reaktion besteht darin, Bedeutung unter Rekurs auf die Wirksamkeit des Geistes in der Welt zu erklären. Bedeutung haben sprachliche Ausdrücke demnach nicht dadurch, dass sie Vorstellungen im Geist einer Sprecherin repräsentieren. Bedeutung haben sie vielmehr dadurch, dass eine Sprecherin mittels ihrer in der Welt etwas Bestimmtes bewirkt. Dies ist die These, die sowohl in der Sprechakttheorie als auch in der intentionalistischen Theorie von Grice in unterschiedlicher Weise ausgearbeitet worden ist. Sie lässt sich als Basis eines Antipsychologismus begreifen, der das Problem der geistigen Dimension im Blick hat. Dieser Antipsychologismus stellt eine dritte Strömung klassischer analytischer Sprachphilosophien dar. Dieses sechste Kapitel skizziert anhand der Sprachphilosophien von John Austin und Paul Grice diese dritte Strömung und legt dar, warum sie dem Problem der geistigen Dimension doch nicht gerecht wird.

6.1 Austin: Auf dem Weg zur Sprechakttheorie

John Austin begründet seinen Ansatz in der Erläuterung sprachlicher Bedeutung mit einer einfachen Feststellung (vgl. zum Folgenden insgesamt Austin 1956): Es gibt sprachliche Äußerungen, die an der Oberfläche aussehen wie Behauptungen, aber dennoch nicht als Behauptungen interpretiert werden können. Ein Beispiel für eine solche Äußerung ist: »Ich komme morgen.« In vielen Situationen werden wir eine solche Äußerung nicht als eine Prognose, sondern als ein Versprechen verstehen. Handelt es sich um eine Prognose, dann können wir fragen: Ist die Äußerung wahr oder falsch? Wir werden warten, bis sich zeigt, ob die Prognose sich erfüllt hat oder nicht. Danach können wir zum Beispiel sagen: »Was du gesagt hast, hat sich erfüllt.« Oder: »Was du gesagt hast, hat sich nicht erfüllt.« Wenn es sich hingegen um ein Versprechen handelt, dann verstehen wir die Äußerung in anderer Weise. Bei einem Versprechen fragen wir nicht danach, ob es sich erfüllt oder nicht. Wir fragen danach, ob es gehalten wird oder nicht. Den Unterschied können wir erst einmal so fassen, dass wir sagen: Ein Versprechen kann nicht wahr oder falsch werden. Wenn es gegeben ist, ist es gegeben. Dann stellt sich nur die Frage, ob es gehalten wird oder nicht. Auch wenn es nicht gehalten wird, ist das Versprechen gegeben worden.

Bevor wir mit Austins Überlegungen zu diesen Beobachtungen fortfahren, gilt es einen wichtigen Unterschied festzuhalten: Im Zentrum der sprachphilosophischen Überlegungen Freges standen Aussagesätze. Aussagesätze werden dabei als Satztypen betrachtet, die vielfach realisiert werden können. Ein Aussagesatz wie »Sokrates ist ein Mensch« kann von unterschiedlichen Sprecherinnen und Sprechern zu unterschiedlichen Zeitpunkten und an unterschiedlichen Orten geäußert werden. Freges Analyse gilt damit nicht einem einzelnen Aussagen-Vorkommnis, sondern dem allgemeinen Typus. Unter Rekurs auf eine Terminologie von Charles Sanders Peirce (1839-1914) unterscheidet man einen allgemeinen »Typus« (bzw. englisch »Type«) von einem einzelnen »Token« (vgl. Peirce 1906, 83). Ein Token ist ein einzelnes Vorkommnis eines sprachlichen Ausdrucks, in diesem Fall eines Aussagesatzes. Ein allgemeiner Typus fasst viele einzelne Vorkommnisse zusammen, die ihn realisieren. Bislang standen Typen von Aussagesätzen im Zentrum der Analyse. Dies ändert sich mit Austin: Er orientiert seine Analyse an einzelnen Vorkommnissen von Sätzen. Für ihn gilt es, sprachliche Bedeutung auf Basis einzelner Aussagen-Vorkommnisse zu begreifen. Aus diesem Grund ist hier und im Folgenden auch von »Äußerungen« die Rede.

Nachdem diese wichtige Unterscheidung getroffen ist, können wir uns nun Austins Folgerungen aus den bislang zusammengetragenen Beobachtungen widmen: Austin folgert, dass wir ein Versprechen wie »Ich komme morgen« nicht unter Rekurs auf Wahrheitsbedingungen verstehen können. Auch wenn eine solche Äußerung an der Oberfläche so aussieht, als könne sie »wahr« oder »falsch« werden, trügt dieser Anschein. Es muss also danach gefragt werden, wie eine entsprechende Äußerung funktioniert. Austin beantwortet diese Frage in zwei Schritten. Der erste Schritt besteht darin, den Bezug entsprechender Äußerungen zur Welt zu bestimmen. Eine Äußerung wie ein Versprechen gibt nicht bestimmte Sachverhalte in der Welt wieder. Sie stellt vielmehr bestimmte Sachverhalte in der Welt her. Mit einem Versprechen verändert man die Welt. Man führt etwas in der Welt aus und schafft damit einen neuen Sachverhalt. Diese Charakteristik bringt Austin dazu, eine neue Bezeichnung für die von ihm analysierten Äußerungen einzuführen. Er bezeichnet sie als *performative Äußerungen.* Performative Äußerungen sind Äußerungen, mit denen man etwas in der Welt verändert. Beispiele für performative Äußerungen sind:

- jemanden oder etwas taufen (»Hiermit taufe ich dich auf den Namen Fridolin.«),
- einen Fluch aussprechen (»Ich verfluche dich.«),
- ein Versprechen geben (»Ich verspreche dir, morgen da zu sein.«).

Performative Äußerungen lassen sich in ihrer Spezifik profilieren, indem man sie von konstativen Äußerungen unterscheidet. Konstative Äußerungen haben die Form von Aussagesätzen. Wie betrachtet, stehen sie im Zentrum der sprachphilosophischen Überlegungen Freges. Konstativen Äußerungen lassen sich im Unterschied zu performativen Äußerungen Wahrheitswerte (»wahr« oder »falsch«) zuordnen. Sie beziehen sich auf Sachverhalte, die bestehen oder nicht bestehen. Vielleicht ist es hilfreich, noch einmal einige Beispiele für solche Äußerungen zu nennen:

»Sokrates ist ein Mensch.«

»Am 23. Juli tippe ich um 22:30 Uhr in einer Wohnung in Berlin-Kreuzberg auf einer Notebook-Tastatur.«

Der zweite Schritt von Austins Analyse besteht darin zu fragen, inwiefern sich performative Äußerungen von konstativen Äußerungen unterscheiden. Einen ersten Unterschied entnimmt Austin der grundlegenden Bestimmung von performativen und konstativen Äußerungen. Konstative Äußerungen können wahr oder falsch sein. Für performative Äußerungen gilt dies nicht. Da sie in die Welt eingreifen, gilt für sie vielmehr: Sie können gelingen oder misslingen. Die Veränderung der Welt, die mittels ihrer herbeigeführt werden soll, kann eintreten oder nicht. So stehen konstative Äußerungen in der Alternative, wahr oder falsch zu sein, performative Äußerungen in derjenigen, gelingen oder misslingen zu können.

Dieser Unterschied ist zwar möglicherweise aufschlussreich, aber er schlägt sich nicht direkt in der sprachlichen Form von Äußerungen nieder. Aus diesem Grund stellt Austin die Frage, ob es grammatische oder lexikalische Charakteristika gibt, an denen sich performative Äußerungen identifizieren lassen. Betrachten wir noch einmal ein Beispiel:

»Hiermit verspreche ich dir, morgen da zu sein.«

Dieses Beispiel lässt sich so analysieren, dass man ihm eine charakteristische Konstruktion zuspricht. Es verwendet ein Verb in der Ersten Person Singular Präsens. Dieses ist so konstruiert: »Hiermit ϕe ich, ...« Die Analyse kann auch ein lexikalisches Spezifikum zutage fördern: Das Verb, das in der Ersten Person Präsens auftritt, kann man als performatives Verb bezeichnen. »Versprechen«, »verfluchen«, »taufen« sind performative Verben.

Diese Analyse führt jedoch nicht weiter. Das liegt erstens darin begründet, dass es auch performative Äußerungen gibt, die keines der grammatikalischen oder lexikalischen Merkmale aufweisen. So kann man anstelle von »Hiermit verspreche ich dir, morgen da zu sein.« auch sagen: »Ich bin morgen da.« Außerdem kann man auch konstative Äußerungen mit den entsprechenden Merkmalen vorbringen. So kann man zum Beispiel sagen: »Hiermit stelle ich fest, dass Sokrates ein Mensch ist.« Es zeigt sich, dass es weder grammatikalische noch lexikalische Merkmale gibt, an denen sich eine Äußerung als eine performative Äußerung identifizieren lässt.

6.2 Grundzüge der Sprechakttheorie

Das negative Ergebnis des Versuchs, konstative von performativen Äußerungen grammatikalisch oder lexikalisch zu unterscheiden, ist für Austin ein Anlass, in eine andere Richtung weiterzudenken. Er gibt die Trennung von konstativen und performativen Äußerungen auf und verfolgt stattdessen die These, dass alle Äußerungen eine performative Komponente haben. Man kann Austin so verstehen, dass seine Überlegungen zu grammatikalischen und/oder lexikalischen Unterschieden zwischen konstativen und performativen Äußerungen ihn auf diesen Gedanken gebracht haben: Es hat sich im Zuge dieser Überlegungen gezeigt, dass auch konstative Äußerungen sich performativ konstruieren lassen (»Hiermit stelle ich fest, dass Sokrates ein Mensch ist.«). So behauptet Austin nun, dass auch Äußerungen wie »Sokrates ist ein Mensch« performativ funktionieren. Ihre performative Komponente kann man folgendermaßen erläutern: Äußerungen wie diese verändern die Welt dadurch, dass sie eine bestimmte Behauptung in die Welt bringen. Derjenige, der die Äußerung tätigt, wird durch die Äußerung jemand, der sich auf eine bestimmte Behauptung festgelegt hat. Wenn man eine solche Äußerung in dieser Weise erläutert, gewinnt man auch einen Hinweis darauf, inwiefern auch sie gelingen oder misslingen kann. Zum Beispiel kann man die Äußerung tätigen und niemand hört zu. Dann ist man genauso wenig durch sie festgelegt wie in dem Fall, in dem man etwas sagt wie: »Sokrates ist ein Mensch, aber ich glaube es nicht.« In diesem Fall tätigt man keine Äußerung, mit der man sich in bestimmter Weise festlegt.

Austins Neuansatz zufolge gilt genauso umgekehrt, dass performative Äußerungen immer eine konstative Komponente haben. Wenn eine Standesbeamtin sagt »Hiermit erkläre ich Sie zu Mann und Frau«, dann ist damit implizit behauptet, dass vor ihr ein Mann und eine Frau sitzen. Ist dies nicht der Fall, sagt die Standesbeamtin mit ihrer Äußerung etwas Falsches. Etwas übereilt kann man diese Beobachtungen zu folgendem Zwischenstand zusammenfassen: In allen Äußerungen gibt es konstative und performative Komponenten (vgl. Austin 1956, 324 ff.).

Vor dem Hintergrund dieses Zwischenstands bringt Austin seinen Neuansatz auf einen Begriff. Es handelt sich um den Begriff des Sprechakts, mit dem eine Position begründet ist, die man als Sprechakttheorie bezeichnet. Deren grundlegende These lautet:

Grundthese Sprechakttheorie: Alle Äußerungen sind Sprechakte.

Austin analysiert Sprechakte so, dass sie immer zugleich einen dreifachen Aktcharakter aufweisen (vgl. hierzu Austin 1962, 8. Vorlesung). Betrachten wir einen beliebigen Sprechakt: »Der Wannsee ist schön.« Der dreifache Aktcharakter einer solchen Äußerung lässt sich folgendermaßen erläutern: (a) Wer eine solche Äußerung tätigt, sagt etwas Bestimmtes. Er tätigt eine Äußerung mit einem bestimmten Gehalt. Austin spricht hier von einem lokutionären Akt, von einem Akt, der darin besteht, etwas Bestimmtes zu sagen. (b) Mit einer Äußerung wie »Der Wannsee ist schön« vollzieht man zugleich eine bestimmte sprachliche Handlung. Man legt sich zum Beispiel in Bezug auf die eigenen Überzeugungen anderen gegenüber in bestimmter Weise fest. Dadurch verändert man die Welt in der Weise, dass es nach der Handlung eine Welt ist, in der eine bestimmte Festlegung getätigt wurde. Austin spricht hier von einem illokutionären Akt, von einem Akt, der darin besteht, eine bestimmte Veränderung in der Welt hervorzubringen. (c) Mit der besagten Äußerung wirkt man zugleich in bestimmter Weise auf Andere ein. Man überredet Andere zum Beispiel zu einer bestimmten Überzeugung. Oder man droht ihnen indirekt damit, dass der gemeinsame Sonntagsausflug an den Wannsee gehen könnte. Austin spricht hier von einem perlokutionären Akt, also von einem Akt, in bestimmter Weise sprechend auf Andere einzuwirken. Der Grundbegriff des Sprechakts wird damit von Austin folgendermaßen spezifiziert: Sprechakte sind zugleich lokutionäre, illokutionäre und perlokutionäre Akte. In jedem Sprechakt greifen drei Akte ineinander.

Über die Details und diskussionswürdigen Aspekte der Sprechakttheorie wäre noch viel mehr zu sagen. Dies soll allerdings im Rahmen dieser Einführung nicht geschehen. Hier soll es vielmehr darum gehen, den Grundansatz der Sprechakttheorie als Antwort auf die Grundfrage der Sprachphilosophie zu würdigen. Wie beantwortet die Sprechakttheorie die Frage, was es heißt, dass sprachliche Ausdrücke Bedeutung haben? Die Antwort lautet im Grundzug: Sprachliche Ausdrücke haben als Elemente bestimmter Handlungstypen Bedeutung. Sprachliche Ausdrücke haben dadurch Bedeutung, dass man mittels ihrer irgendetwas in der Welt tun kann. Der Vorschlag der Sprechakttheorie lautet damit, sprachliche Bedeutung auf Basis des Grundbegriffs der Handlung zu begreifen. Im Rahmen der Sprechakttheorie muss also der Begriff der Handlung weiter erläutert werden, will man sprachliche Bedeutung begreifen. Austin zieht im Sinne einer solchen Erläuterung zwei weitere Begriffe heran: erstens den Begriff der Intention und zweitens den Begriff der Konvention.

Der erste Begriff ist besonders entscheidend. Wir können etwas nur dann als eine Handlung verstehen, wenn wir derjenigen, die handelt, bestimmte Intentionen (Absichten) zuschreiben. Lucys Betätigung des Lichtschalters ist zum Beispiel dadurch eine Handlung, dass Lucy die Intention hat, Licht zu machen. Das Lichtmachen begreifen wir als eine Handlung (und nicht bloß einen fremden Einsatz von Lucys Arm zum Einwirken auf den Lichtschalter), die wir als Ausdruck der Intention verstehen. Wenn Sprechakte als Handlungen verstanden werden, gilt Analoges auch für sie. Auch für ihre Bestimmung sind Intentionen fundamental. So hat Karl möglicherweise die Intention, Kurt von einer seiner Auffassungen zu überzeugen, wenn er etwas sagt. Denken wir noch einmal an die typischen performativen Äußerungen, bei denen Austin seine Analyse ansetzt. Wenn Karl ein Versprechen gibt, ist es erforderlich, dass er die Intention hat, seinem Gegenüber etwas zu versprechen. Fehlt die Intention, würden wir nicht von einem Versprechen reden. An diesem Beispiel wird aber zugleich ein anderer Aspekt deutlich. Ein Versprechen kann ich nicht nur dadurch geben, dass ich die Absicht habe, eines zu geben. Andere müssen das Versprechen auch als ein solches auffassen. Hier kommen nach Austins Auffassung Konventionen ins Spiel. Wenn man ein Versprechen geben will, muss man sich demnach an bestimmte Konventionen halten. So ist es im Normalfall erforderlich, dass ein Gegenüber zuhört und dass es signalisiert, das Versprechen als solches verstanden zu haben. Kommt es nicht zu einem entsprechenden Signal, kommt im Normalfall kein Versprechen zustande. Dies zeigt sich daran, dass diejenige, die das Versprechen geben will, geneigt sein dürfte, ihre Äußerung so lange zu wiederholen, bis sie Anzeichen dafür gewinnt, dass diese in ihrem Sinn aufgefasst worden ist. Nach Austins Analyse müssen wir solche Praktiken so verstehen, dass sie sich an Konventionen orientieren, die innerhalb einer Gemeinschaft für entsprechende Handlungen gelten.

Austins Analyse lässt sich dadurch schärfen, dass man sie von derjenigen Wittgensteins unterscheidet. Wie dargelegt argumentiert Wittgenstein, dass einzelne Sprachspiele innerhalb einer Gemeinschaft normativ gebunden sind. Der objektive Weltbezug von Sprache wird dadurch gesichert, dass die Mitglieder innerhalb einer Sprachgemeinschaft sich wechselseitig normativ binden. Austin begreift die Funktion der Gemeinschaft in anderer Weise. Die Konventionen innerhalb einer Gemeinschaft sichern nicht den objektiven Weltbezug von Sprache. Dies leisten die Intentionen einer Sprecherin beziehungsweise eines Sprechers. Austin setzt voraus, dass eine Sprecherin sich geistig in objektiver Weise auf die Welt bezieht. Im Begriff der Intention ist dieser Bezug bereits mitgedacht. Die Gemeinschaft sichert in seinem Bild etwas anderes: Sie sichert die Bestimmtheit von Sprechakten. Welcher Akt in welcher Weise zu vollziehen ist, wird demnach durch Konventionen innerhalb einer Gemeinschaft festgelegt.

6.3 Der semantische Intentionalismus von Paul Grice

Man kann allerdings denken, dass Austins Rekurs auf Konventionen inkonsequent ist. Betrachten wir einen einfachen Sprechakt wie zum Beispiel: »Das Seminar beginnt heute eine Viertelstunde später!« Mit Austin können wir sagen, dass hier erstens der lokutionäre Akt vorliegt zu sagen, dass das Seminar an dem

Tag, an dem der Sprechakt getätigt wird, eine Viertelstunde später beginnt. Zweitens handelt es sich um den illukotionären Akt, eine bestimmte Information zu geben, und drittens mag auch der Akt im Spiel sein, dem Gegenüber zu suggerieren, dass noch Zeit für einen kurzen Gang in die Mensa bleibt. Wenn wir diese unterschiedlichen Akte betrachten, so ist unklar, inwiefern sie auf Konventionen beruhen. Inwiefern gibt es eine bestimmte Konvention, mit einer Äußerung wie »Das Seminar beginnt heute eine Viertelstunde später!« etwas Bestimmtes zu sagen? Worin besteht die Konvention, mit einer solchen Äußerung eine bestimmte Information zu geben? Man kann den Eindruck gewinnen, dass der Begriff der Konvention in Fällen wie diesen wenig erklärt. Es reicht, der Sprecherin bestimmte Intentionen zuzuschreiben. Austin hält sich in seinen Analysen immer wieder an Beispiele aus Institutionen. Die paradigmatischen performativen Akte wie das Vollziehen einer Taufe oder das Verheiraten eines Paares sind durch Konventionen bestimmt. Es gibt konventionelle Bestimmungen, wie solche Akte zu vollziehen sind. Dies liegt aber möglicherweise darin begründet, dass es sich um institutionell bestimmte Kontexte handelt. Für Sprechakte, die außerhalb institutioneller Zusammenhänge zustande kommen, kann man nicht gleichermaßen Konventionen geltend machen. So kann es interessant sein zu überlegen, ob man nicht generell auf den Begriff der Konvention verzichten kann. Eine entsprechende Überlegung lässt sich mithilfe der Position vollziehen, die Paul Grice entwickelt hat. Grice hat in der Explikation von Bedeutung ein Programm entwickelt, das diese konsequent auf die Intentionen einer Sprecherin zurückführt. Ich bezeichne dieses Programm als *semantischen Intentionalismus.* Um einen Intentionalismus handelt es sich, weil der Begriff der Intention als alleiniger Grundbegriff zur Erläuterung sprachlicher Bedeutung herangezogen wird. Zugleich ist das Programm von Grice reduktionistisch ausgerichtet: Sprachliche Bedeutung soll auf Intentionen zurückgeführt werden.

Die Basis der reduktionistischen Erläuterungen von Grice bilden zwei begriffliche Unterscheidungen. Die erste Unterscheidung ist diejenige zwischen *natürlicher* und *nichtnatürlicher* Bedeutung (vgl. hierzu Grice 1957, 2 ff.; eine ähnliche Unterscheidung hat vor Grice bereits Peirce formuliert). Diese Unterscheidung lässt sich dadurch nachvollziehen, dass man sagt: Wir reden in zwei unterschiedlichen Weisen davon, dass irgendein Vorkommnis etwas bedeutet. Zum einen sagen wir Dinge wie: »Dieser Rauch bedeutet, dass da ein Feuer ist.« Zum anderen treffen wir immer wieder Aussagen wie: »Ihr Stirnrunzeln bedeutet, dass sie nicht einverstanden ist.« Im ersten Fall artikulieren wir eine natürliche Bedeutung, im zweiten Fall eine nichtnatürliche Bedeutung. Die beiden Typen von Bedeutung können wir dadurch unterscheiden, dass wir sagen: Im Falle von natürlicher Bedeutung ist es erstens unmöglich, dass Zeichen etwas Falsches sagen, und wird zweitens mittels der jeweiligen Zeichen nichts gemeint. Wenn Rauch aufsteigt, kann der Rauch nichts Falsches sagen. Wo Rauch ist, ist ein Feuer. Zudem meint der Rauch nicht, dass da Feuer ist, sondern ist schlicht ein Anzeichen für das Feuer. Im Falle nichtnatürlicher Bedeutung ist dies anders. Das Stirnrunzeln kann etwas Falsches signalisieren. Es kann sein, dass mein Gegenüber es gezielt einsetzt, um mich zu täuschen. Sie will mich glauben machen, sie sei nicht einverstanden. Aus diesem Grund runzelt sie die Stirn, auch wenn sie in Wahrheit einverstanden ist (sie will mich ärgern oder was sonst immer). Und zugleich ist mit dem Stirnrunzeln etwas gemeint: Wer die Stirn runzelt, will damit etwas sagen.

Auf der Basis seiner ersten Unterscheidung kann Grice nun sagen: Sprachliche Bedeutung ist ein Fall nichtnatürlicher Bedeutung. Vor diesem Hintergrund wiederum wird eine zweite

Unterscheidung aufschlussreich: die Unterscheidung von Ausdrucks-Bedeutung und Sprecher-Bedeutung (vgl. hierzu Grice 1968). Diese Unterscheidung klärt, dass wir von der nichtnatürlichen Bedeutung sprachlicher Ausdrücke unter anderem auf zwei Weisen sprechen können. Einerseits können wir sagen: »›Sokrates ist ein Mensch‹ bedeutet, dass Sokrates ein Mensch ist.« Andererseits lässt sich die Bedeutung einer Äußerung auch so artikulieren: »Mit ›Sokrates ist ein Mensch‹ meint Sprecher S, dass Sokrates ein Mensch ist.« Mit Grice können wir sagen, dass die erste Sprechweise von einer Ausdrucks-Bedeutung handelt, die zweite hingegen von einer Sprecher-Bedeutung. Die Angabe einer Sprecher-Bedeutung ist aus der Sicht von Grice in der folgenden Weise vielversprechend: Sie führt die Bedeutung eines sprachlichen Ausdrucks auf etwas anderes zurück: auf das Meinen eines Sprechers. Die Angabe einer Ausdrucks-Bedeutung leistet dies nicht: Mit ihr wird sprachliche Bedeutung auf nichts anderes zurückgeführt. So macht die Unterscheidung von Ausdrucks-Bedeutung und Sprecher-Bedeutung klar, was Grice leisten muss: Er muss Ausdrucks-Bedeutung auf Sprecher-Bedeutung zurückführen. Sein intentionalistisches Programm ist erfolgreich, wenn er sagen kann: »›Sokrates ist ein Mensch‹ bedeutet genau dann, dass Sokrates ein Mensch ist, wenn Sprecher mit ›Sokrates ist ein Mensch‹ meinen, dass Sokrates ein Mensch ist.« Wenn dies verständlich gemacht ist, ist sprachliche Bedeutung als ein spezifischer Fall nichtnatürlicher Bedeutung erklärt: als konstitutiv mit dem Meinen von Sprecherinnen und Sprechern verbunden.

Es gilt also für Grice, sich der Analyse von Sprecher-Bedeutung zu widmen. Grice hat dies in immer neuen Anläufen intensiv getan. Er hat die Analyse von Sprecher-Bedeutung immer weiter zu verfeinern versucht. Da es hier nicht um Details seiner Position geht, können die einzelnen Schritte seiner Analyse und weitere Verfeinerungen außer Acht bleiben. Es reicht, die Analyse in einer kanonischen Form zu präsentieren und sie kurz im vorliegenden Zusammenhang zu erläutern. Der Grundgedanke von Grice lautet: Ein Sprecher meint etwas mit der Äußerung A, wenn A »nicht nur mit der Absicht geäußert wurde, eine gewisse Überzeugung hervorzurufen, der Sprecher vielmehr auch beabsichtigte, dass ein ›Hörer‹ die Absicht hinter seiner Äußerung erkennt« (Grice 1957, 7). Jemand meint dann etwas mit einer Äußerung, wenn er die Absicht, mit der er die Äußerung hervorbringt, seinem Gegenüber zu erkennen gibt. Dieser Grundgedanke lässt sich mit Grice folgendermaßen präzisieren: Ein Sprecher S meint mit der Äußerung A, dass p, genau dann, wenn der Sprecher die Äußerung mit der Absicht äußert,

(1) dass der Hörer zu der Überzeugung gelangt, dass p,
(2) dass der Hörer die Absicht (1) erkennt und
(3) dass der Hörer deshalb zu der Überzeugung gelangt, dass p, weil er erkennt, dass der Sprecher genau dies beabsichtigt.

(1) gibt an, worauf die Absicht des Sprechers zielt: Ein Hörer soll eine bestimmte Überzeugung erwerben (z.B., dass Sokrates ein Mensch ist). Dies allerdings geschieht, wie (2) sagt, nicht so, dass der Sprecher irgendwie den Überzeugungserwerb beim Hörer bewirkt, sondern dass er dem Hörer offen zu erkennen gibt, dass er ihn zu einer bestimmten Überzeugung bringen will. (3) wiederum stellt klar, dass der Sprecher seine Absicht nicht nur offenlegt, sondern dies so tut, dass die offengelegte Absicht der Grund für den Überzeugungserwerb des Hörers ist.

Der Kern der Analyse von Grice zeichnet sich nun klarer ab: Die Bedeutung sprachlicher Ausdrücke resultiert aus offen gezeigten Absichten eines Sprechers, bestimmte Überzeugungen hervorzurufen. Solche Absichten sind primär. Die relevanten Absichten sind solche, die sich auf die Überzeugungen Anderer und auf die Interaktion mit ihnen beziehen. Die Absichten beziehen sich nicht auf sprachliche Ausdrücke und ihre Bedeutung. So zeigt sich, dass Grice mit der Zurückführung sprachlicher Bedeutung auf Intentionen (von Ausdrucks-Bedeutung auf Sprecher-Bedeutung) ernst macht: Er unternimmt einen Versuch, sprachliche Bedeutung unter Rekurs auf Absichten zu erklären, die wir als nichtsprachlich bezeichnen können. Nichtsprachlich sind die Absichten insofern, als sie etwas anderes als Sprache zum Gegenstand haben. Der semantische Intentionalismus fußt so auf einem Begriff der Intention, der nicht bereits mit Sprache verbunden ist.

6.4 Zur Kritik des semantischen Intentionalismus

Sowohl die Sprechakttheorie Austins als auch der auf die Spitze getriebene semantische Intentionalismus von Grice basieren auf einer problematischen Voraussetzung: Es handelt sich um die Voraussetzung, dass wir in verständlicher Weise von den Intentionen sprechen können, von denen in der Theorie die Rede ist. Die Intention zum Beispiel, jemand anderen zu einer bestimmten Überzeugung zu bringen, muss als solche erklärt werden. Um zu einer solchen Erklärung zu kommen, liegt ein Weg nahe, den zumindest Grice (anders als Austin) auch geht: Die besagten Intentionen müssen als natürliche Zustände einer Sprecherin verstanden werden. Ihre kausalen Interaktionen mit der Welt führen zu diesen Zuständen, die als neuronale Zustände (im Gehirn) der Sprecherin zu erklären sind. Aus diesem Grund kommt Grice auch ohne das Moment der Konvention aus, das in Austins Ansatz eine entscheidende Rolle spielt. Grice stützt sich auf Zusammenhänge, die er als bloß natürliche Zusammenhänge begreift. Es ist allerdings, zumindest zur Zeit, nicht absehbar, wie eine solche naturalistische Erklärung von Intentionen aussehen kann. Zu unklar ist, wie die Betrachtung und Analyse neuronaler Zustände Intentionen verständlich macht. Es ist hier nicht der Ort, weiter auf diese Frage einzugehen.

Ich will vielmehr auf zwei andere problematische Aspekte der von mir benannten Voraussetzung hinweisen: Erstens setzen intentionalistische Positionen voraus, dass wir einem Wesen die erforderlichen Intentionen zuschreiben können, ohne dass dieses Wesen über Sprache verfügt. Woran aber zeigt sich für uns, dass jemand die Intention hat, einen anderen zu einer bestimmten Überzeugung zu bringen? Betrachten wir zwei Fälle: (a) A will B zu der Überzeugung bringen, dass es bald regnen wird. (b) A will B zu der Überzeugung bringen, dass es keine größte Primzahl gibt. Im Fall von (a) können wir uns vielleicht einige pantomimische Gesten vorstellen, die A ausführen kann, um seine Intention in die Tat umzusetzen. Er kann auch sprechen, aber, sofern hinreichend deutliche Gesten zur Verfügung stehen, ist dies nicht erforderlich. Im Falle von (b) hingegen muss A sprechen. Intentionen in Bezug auf Primzahlen zeigen sich nur daran, dass man über Primzahlen spricht. Wenn dies allerdings zutrifft, lässt sich eine entsprechende Intention nicht zuschreiben, ohne dass der Sprecher, dem wir die Intention zuschreiben, spricht. Solche Intentionen sind, wie unter anderem Donald Davidson geltend gemacht hat (vgl. Kap. 8), an Sprache gebunden. Man kann sich zudem fragen, ob jemand Überzeugungen in Bezug auf Regen zu haben vermag, ohne über Sprache zu verfügen. Wir können uns, wie in (a) imaginiert, Situationen vorstellen, in denen eine Kommunikation solcher Überzeugungen ohne Sprache gelingt. Daraus folgt aber nicht, dass man solche Überzeugungen auch tatsächlich ohne Sprache haben kann. Diese Überlegungen lassen sich hier durchaus so verstehen, dass sich ein grundlegender Zusammenhang von Intentionen und Sprache zeigt. Sofern dieser Zusammenhang Bestand hat, verhindert er die Zurückführung sprachlicher Bedeutung auf Intentionen. Damit scheitert das intentionalistische Programm.

Zweitens stellt sich dem intentionalistischen Programm ein Problem, dem wir bereits bei Locke begegnet sind. Wer sprachliche Bedeutung auf Intentionen zurückführt, muss sich fragen lassen, ob er Bedeutung nicht allein subjektiv bestimmt. Intentionen werden ja als Zustände eines Subjekts begriffen. Hier droht, wie bereits bei Locke, ein semantischer Subjektivismus, dem zufolge sprachliche Ausdrücke bei jeder Sprecherin und jedem Sprecher etwas anderes bedeuten. Die Intentionalisten sind deshalb auch gezwungen, den Weltbezug der Sprache auf einen vorausgesetzten Weltbezug des Geistes zurückzuführen. Sie müssen auf die eine oder andere Weise dafür argumentieren, dass geistige Zustände die Welt objektiv erfassen. Wie in der Auseinandersetzung mit der Position von Locke gesehen, kommen im Rahmen einer solchen Argumentation weitere problematische Voraussetzungen ins Spiel. Aus diesem Grund werde ich die Diskussion eines intentionalistischen Programms in der Sprachphilosophie nicht weiter fortsetzen, sondern mich nun einem Weg widmen, der über die klassischen Positionen der analytischen Sprachphilosophie hinausführt.

7. Die hermeneutische Wende in der Sprachphilosophie: Herder und Heidegger

Das Nachdenken über die Sprache ist so alt wie die Philosophie. Es wäre verwunderlich, wenn dieses Nachdenken geradlinig verlaufen wäre, wenn also in Bezug auf die Erläuterung sprachlicher Bedeutung eine einheitliche Entwicklungslinie von der Antike bis zur Moderne gezeichnet werden könnte. Bis zu diesem Kapitel hat diese Einführung suggeriert, es ließe sich grundsätzlich eine solche einheitliche Linie zeichnen. Es ist nun höchste Zeit, diese Suggestion aufzugeben. Auch wenn es hier nicht möglich ist, die komplexen Entwicklungen des abendländischen Sprachdenkens als solche zu würdigen, soll doch zumindest die bislang gezeichnete Linie in einem Punkt aufgebrochen werden. Dafür gehen wir ins 18. Jahrhundert zurück und widmen uns einer Position, in der sich eine andere Entwicklung der Sprachphilosophie der Neuzeit manifestiert. Es handelt sich um die Sprachphilosophie Johann Gottfried Herders (1744-1803), der sich als ein Exponent einer Wende im Nachdenken über Sprache begreifen lässt, die ich als *hermeneutische Wende* bezeichne. Diese Bezeichnung wähle ich aus zwei Gründen: Erstens werden wichtige Positionen, die hier ins Spiel kommen, gängigerweise als hermeneutisch bezeichnet. Zweitens bringen die Positionen ein Motiv zum Tragen, das als charakteristisch für hermeneutische Positionen gelten kann: Ihnen gilt das Weltverstehen des Menschen als ein unhintergehbarer Ausgangspunkt.

Für die hermeneutische Wende sind aus meiner Sicht zwei Dinge charakteristisch. Erstens ist diese Wende genauso wie die bislang betrachteten klassischen analytischen Positionen antipsychologistisch motiviert. Zweitens allerdings fällt der Antipsychologismus hier anders aus. Er zielt nicht auf ein weltorientiertes Verständnis sprachlicher Bedeutung. Vielmehr geht es hier um das Verhältnis zwischen Sprache und Geist. Der hermeneutische Antipsychologismus kritisiert die von psychologistischen Positionen getroffene Voraussetzung, der Geist sei unabhängig von Sprache konstituiert. Es ist seine These, dass zwischen Sprache und Geist ein grundsätzlicher Zusammenhang besteht. Sprache und Geist seien zwei Seiten ein und derselben Medaille. Den Grund, aus dem Hermeneutiker den semantischen Psychologismus kritisieren, kann man folgendermaßen auf den Punkt bringen: Wenn Vorstellungen nur als sprachlich verfasst gedacht werden können, dann können sie kein unabhängiges Merkmal darstellen, um die Bedeutung sprachlicher Ausdrücke zu bestimmen.

Die hermeneutische Wende in der Sprachphilosophie ist an dieser Stelle der Überlegungen zur Frage nach der sprachlichen Bedeutung interessant, weil sie Grundmotive verständlich macht, die in der zweiten Hälfte der Sprachphilosophie des 20. Jahrhunderts wieder verstärkt zutage getreten sind. Die Entwicklung, die im 20. Jahrhundert nach den klassischen analytischen Positionen stattgefunden hat, lässt sich in ihrer systematischen Neuausrichtung besonders gut begreifen, wenn man sie als Fortsetzung der hermeneutischen Wende in der Sprachphilosophie begreift. Aus diesem Grund gehe ich an diesem Punkt anachronistisch vor. Dies geschieht in der Hoffnung, dass die systematischen Optionen in der Explikation sprachlicher Bedeutung deutlicher zutage treten.

Dieses siebte Kapitel hat die Aufgabe, die hermeneutische Sprachphilosophie in zwei Etappen nachzuzeichnen. Zuerst kommt mit Herder eine Position zu Wort, die wichtige Anstöße zur Entwicklung einer hermeneutischen Sprachphilosophie gegeben hat. Dabei gilt das Augenmerk besonders der Frage, inwiefern Herder einen spezifisch neu ausgerichteten Antipsychologismus im Nachdenken über Sprache formuliert hat. In einem zweiten Schritt betrachten wir Heideggers Weiterentwicklung des hermeneutischen Sprachdenkens im 20. Jahrhundert. Dies soll es erlauben, genauer zu verstehen, welche Fragen von hermeneutischen Positionen zwar aufgeworfen, aber nicht in zufriedenstellender Weise beantwortet werden.

7.1 Herder und die Begründung eines hermeneutischen Antipsychologismus

Die Kritik am neuzeitlichen, subjektivistischen Sprachdenken, das sich paradigmatisch bei Locke artikuliert findet, haben wir bislang folgendermaßen formuliert: Als problematisch wird die Auffassung zurückgewiesen, Vorstellungen im Geist einer Sprecherin machten die Bedeutung der von ihr geäußerten sprachlichen Ausdrücke aus. Erinnert sei nochmals an die These, die für den klassischen Antipsychologismus charakteristisch ist:

> *Klassischer Antipsychologismus*: Vorstellungen im Geist einer Sprecherin sind nicht die Bedeutung sprachlicher Ausdrücke.

In seiner *Abhandlung über den Ursprung der Sprache* setzt Herder sich 1772 bereits mit psychologistischen Positionen kritisch auseinander. Er orientiert sich dabei besonders an der Position von Etienne Bonnot de Condillac (1714-1780). Condillac hat in seinem *Essai über den Ursprung der menschlichen Erkenntnisse* (*Essai sur l'origine des connaissances humaines*; 1746) die Position von

John Locke weiterentwickelt. Im vorliegenden Zusammenhang ist es dabei unerheblich, worin mögliche Unterschiede zwischen Locke und Condillac bestehen. Von Interesse ist vielmehr, wie Herder eine entsprechende Position (und dabei vor allem ihren sprachphilosophischen Instrumentalismus) kritisiert. Herders Kritik lautet im Kern: Condillac setzt voraus, was er erklären will. Er setzt Sprache voraus. Herder ist der Meinung, dass ein solcher Fehler vorliegt: »Kurz, es entstanden Worte, weil Worte dawaren, ehe sie dawaren –« (Herder 1772, 18) Wir können Herders Vorwurf folgendermaßen analysieren: Condillac vertritt die These, dass Sprache von Wesen entwickelt wird, die sich in eigenständig geistiger Weise auf die Welt beziehen können. Auf die Welt kann sich aber nur ein Wesen in eigenständig geistiger Weise beziehen, das über Sprache verfügt.

Auf eine verwandte Kritik sind wir schon in der Auseinandersetzung mit Wittgenstein gestoßen. Wittgenstein wirft Augustinus in einer ähnlichen Weise wie Herder Condillac vor, Sprache vorauszusetzen (vgl. nochmals PU, § 32). Es ist aus meiner Sicht daher aufschlussreich zu überlegen, ob und inwiefern die beiden Vorwürfe sich unterscheiden. Die antipsychologistische Stoßrichtung Wittgensteins haben wir oben folgendermaßen umrissen: Die Bedeutung sprachlicher Ausdrücke soll nicht unter Rekurs auf Vorstellungen im Geist einer Sprecherin bestimmt werden. Sie soll so bestimmt werden, dass sie im Rahmen einer öffentlichen und intersubjektiv geteilten Praxis konstituiert ist. Die antipsychologistische Stoßrichtung Herders (gegen Condillac) ist anders orientiert: Die Vorstellungen im Geist einer Sprecherin müssen im Zusammenhang mit Sprache verstanden werden. Sie müssen konsequent so verstanden werden, dass sie mit Sprache verbunden sind, so dass gilt: Sprachliche Ausdrücke haben nur durch ihre Verknüpfung mit geistigen Vorstellungen Bedeutung, und geistige Vorstellungen haben nur durch ihre Verbindung mit sprachlichen Ausdrücken einen bestimmten Gehalt. Bei Herder lässt sich damit ein anders ausgerichteter Antipsychologismus ausmachen, den man folgendermaßen umreißen kann:

> *Hermeneutischer Antipsychologismus*: Vorstellungen sind nicht die Bedeutungen sprachlicher Ausdrücke, weil der Gehalt geistiger Zustände in einem irreduziblen Zusammenhang mit der Bedeutung sprachlicher Ausdrücke konstituiert ist. Sprache und Geist sind konstitutiv miteinander verbunden.

Herders Verteidigung eines hermeneutischen Antipsychologismus ist in einer Diskussion des 18. Jahrhunderts begründet. Herder wendet sich nicht nur gegen die Position Condillacs, sondern auch gegen andere Positionen der zweiten Hälfte des 18. Jahrhunderts. Dabei spitzt er die Diskussionen, auf die er antwortet, zu, indem er sie auf eine einfache Alternative bringt: Er sieht sich von Positionen wie denjenigen von Condillac, von Jean-Jacques Rousseau (1712-1778), Pierre Louis Moreau de Maupertius (1698-1759) und Johann Peter Süßmilch (1707-1767) vor die Alternative gestellt, der Sprache entweder einen natürlichen oder einen göttlichen Ursprung zuzuschreiben. Sprache sei entweder aus der tierischen Natur des Menschen heraus zu erklären oder als eine göttliche Dreingabe des Menschen. Herder macht nun geltend, dass diese Alternative unvollständig ist. Als weitere Option müsse in Betracht gezogen werden, dass die Sprache eines genuin menschlichen Ursprungs sei. Was heißt das? Herders These ist, dass Sprache den Menschen als geistiges Wesen ausmacht und dass die spezifische Geistigkeit des Menschen Sprache ausmacht. Hier ist der hermeneutische Antipsychologismus zu erkennen, wie wir ihn bereits allgemein charakterisiert haben. Herders These, Sprache sei eines genuin menschlichen Ursprungs, besagt, dass die spezifisch geistige Auseinandersetzung des Menschen mit der Welt konstitutiv mit Sprache verknüpft ist und umgekehrt.

7.2 Herders Erläuterung des Zusammenhangs von Geist und Sprache

Um diese These zu verteidigen, widmet sich Herder in einem ersten Schritt anthropologischen Fragen. Er zeichnet dabei eine wichtige Position moderner Anthropologie vor, indem er den Menschen als »exzentrisches« Wesen charakterisiert. Der Mensch unterscheide sich, so Herder, grundsätzlich von Tieren. Für diese sei es wesentlich, in ihrem Wirkungskreis bestimmt zu sein. Die sinnlichen Kräfte von Tieren seien in einer Weise eingerichtet, dass sie sich in vorgezeichneten Bahnen bewegen. Sie haben vielfach überaus besondere Fähigkeiten, sind aber durch diese auch auf besondere Lebenszusammenhänge eingeschränkt. Davon unterscheide sich der Mensch. Dieser lebe ohne Kreis. Er sei nicht auf einen besonderen Lebenszusammenhang hin eingerichtet. Herder erläutert die »exzentrische Positionalität« (Plessner 1928, 360 ff.) des Menschen in erster Linie unter Rekurs auf die menschliche Sinnlichkeit. Dass der Mensch ohne Kreis lebt, heißt in Begriffen der Sinnlichkeit: Die Sinne des Menschen sind nicht in besonderer Weise ausgestattet. Menschen müssen vielmehr ihre sinnlichen Kräfte so einrichten, dass sie in jeweils neuen Lebenszusammenhängen Orientierung gewinnen. Herders These ist nun: Eine spezifisch menschliche Anlage der Sinne entsteht dadurch, dass sich beim Menschen ein Zusammenhang seiner Sinne ausbildet. Herder bezeichnet die spezifische Einrichtung der Sinne, die beim Menschen entsteht, mit dem vieldeutigen Ausdruck der »Besonnenheit«. »Besonnenheit« ist Herders Ausdruck für »Vernunft«. Der Ausdruck markiert unter anderem, dass Vernunft im Zusammenhang mit der Einrichtung der Sinnlichkeit des Menschen zu begreifen ist. Herder spricht von Besonnenheit auch als von einer »seiner [des Menschen] Gattung eigne Richtung aller Kräfte« (Herder 1772, 29). Diese charakterisiert er auch als eine spezifisch sinnlich realisierte Reflexion. Er erläutert sie folgendermaßen:

»Der Mensch beweiset Reflexion, wenn [...] er aus dem ganzen schwebenden Traum der Bilder, die seine Sinne vorbeistreichen, sich in ein Moment des Wachens sammlen, auf *einem* Bilde freiwillig verweilen, es in helle ruhigere Obacht nehmen und sich Merkmale absondern kann, daß dies der Gegenstand und kein andrer sei.« (Herder 1772, 32)

Aus diesen Ausführungen lassen sich drei Aspekte herauslesen. Erstens sind die Sinne des Menschen so entwickelt, dass er sich sinnlich-distanziert auf Gegenstände beziehen kann. Der Mensch ist in seinen Sinnen nicht an die direkte Gegenwart vorbeiziehender Eindrücke gebunden. Er kann Eindrücke als solche festhalten. Dies allerdings bringt ihn nicht in ein Verhältnis zu sinnlichen Eindrücken, sondern zu den Gegenständen, von denen die Eindrücke hervorgerufen werden. Diese Gegenstände werden zweitens von menschlichen Sinnen klar abgegrenzt wahrgenommen. Die Sinnlichkeit des Menschen ist so eingerichtet, dass er einzelne Eindrücke von anderen unterscheiden kann. Dadurch ist der Mensch drittens in der Lage, Gegenstände zu identifizieren. Wie gleich deutlich werden wird, ist diese spezifische Einrichtung menschlicher Sinne damit verbunden, dass der Mensch Eindrücke, die er zu unterschiedlichen Zeitpunkten hat, als Eindrücke ein und desselben Gegenstands zu identifizieren vermag. Die spezifisch menschliche Sinnlichkeit ist damit verbunden, dass gegenwärtige Eindrücke mit vergangenen in Verbindung gebracht werden.

Herder charakterisiert Besonnenheit somit in dreifacher Weise: Im Zustand der Besonnenheit sind Sinne so eingerichtet, dass sie Distanz, klare Abgrenzungen und den Bezug auf Vergangenes realisieren. Auf der Basis dieser Charakterisierung kann Herder einen zweiten Schritt machen. Er kann argumentieren, dass der Erwerb von Besonnenheit systematisch mit dem Erwerb von Sprache zusammenhängt. Herders These lautet: Dort, wo Besonnenheit ein- bzw. ausgeübt wird, entsteht zwangsläufig Sprache. Mit der sinnlich-geistigen Orientierung des Menschen ist konstitutiv Sprache verbunden. Herder erläutert diesen Zusammenhang in einer spekulativen Sprachursprungsgeschichte. Die Protagonisten dieser Geschichte sind ein einzelner Mensch, der Sprache erwirbt, und ein Schaf (wollte man den theologischen Hintergrund von Herders Darlegungen deutlicher hervorheben, könnte man auch sagen: ein Lamm). Um Herder in seinem spezifischen Stil zu würdigen, zitiere ich Herders Sprachursprungsmythos etwas ausführlicher:

»Sobald [der Mensch] in die Bedürfnis kommt, das Schaf kennenzulernen, so störet ihn kein Instinkt, so reißt ihn kein Sinn auf dasselbe zu nahe hin oder davon ab: es steht da, ganz wie es sich seinen Sinnen äußert. Weiß, sanft, wollicht – seine besonnen sich übende Seele sucht ein Merkmal – das Schaf *blöket*! sie hat ein Merkmal gefunden. Der innere Sinn würket. Dies Blöken, das ihr am stärksten Eindruck macht, das sich von allen andern Eigenschaften des Beschauens und Betrachtens losriß, hervorsprang, am tiefsten eindrang, bleibt ihr. Das Schaf kommt wieder. Weiß, sanft, wollicht – sie sieht, tastet, besinnet sich, sucht Merkmal – es blökt und nun erkennt sies wieder! ›Ha! du bist das Blökende!‹ fühlt sie innerlich, sie hat es menschlich erkannt, da sies deutlich, das ist mit einem Merkmal, erkennt und nennt. Und was war das anders als ein innerliches Merkwort? Der Schall des Blökens, von einer menschlichen Seele als Kennzeichen des Schafs wahrgenommen, ward, kraft dieser Besinnung, *Name* des Schafs, und wenn ihn nie seine Zunge zu stammeln versucht hätte. Er erkannte das Schaf am Blöken: es war gefaßtes Zeichen, bei welchem sich die Seele an eine Idee deutlich besann – was ist das anders als Wort? Und was ist die ganze menschliche Sprache als eine Sammlung solcher Worte?« (Herder 1772, 33)

Herder argumentiert, dass ein sinnliches Merkmal, das die drei Merkmale der Besonnenheit aufweist, als »innerliches Merkwort« begriffen werden muss. Für das sinnliche Merkmal des Blökens gilt: Es kann erstens distanziert aufgegriffen werden. Zweitens ist es klar von anderen sinnlichen Eindrücken unterschieden. Drittens kann es in Wiederholungen identifiziert werden. So gilt für Herder: Ein »innerliches Merkwort« ist bereits sprachlich verfasst. Denn sprachlich verfasst ist ein Merkmal genau dann, wenn es eine Identifizierung von Gegenständen aus der Distanz, in klarer Abgrenzung von anderen Gegenständen und unter Bezug auf Abwesendes ermöglicht. Mit besonnenen Wahrnehmungen entwickelt der Mensch Sprache. Er greift sinnliche Merkmale der ihn umgebenden Welt in einer Weise auf, dass er mit diesen Merkmalen sprachliche Eindrücke gewinnt.

Herder begreift Sprache damit als eine Sammlung von Merkmalen. Es handelt sich um Merkmale, mittels deren der Mensch Gegenstände der ihn umgebenden Welt zu identifizieren vermag. Die Elemente einer Sprache in diesem Sinn weisen eine begriffliche Struktur auf: Eine Sprache in Herders Sinn besteht so primär aus Prädikaten (Allgemeinausdrücken). Diese werden geistig erworben, wobei sich zugleich mit diesem Erwerb die spezifisch sinnliche Geistigkeit des Menschen ausbildet. Die geistig erworbenen Merkwörter bilden nach Herders Verständnis die Basis für die Entwicklung äußerer Sprache. Mit dieser Entwicklung aber kommt, so Herder weiter, nichts Neues in Bezug auf den Begriff der Sprache hinzu.

Auch wenn Herders Geschichte einen durch und durch spekulativen Charakter hat: Sie zeigt doch an, wie Herder die Einlösung eines hermeneutischen Antipsychologismus konzipiert. Entscheidend an Herders Erläuterung scheint mir der folgende Gedanke: Was spezifisch ist für den menschlichen Geist, lässt sich nur begreifen, wenn man zugleich die Konstitution von Sprache nachvollzieht. Spezifisch für den menschlichen Geist ist eine besondere Art des Weltbezugs: eine Erschließung der gegenständlichen Welt mittels eines Zusammenhangs aller Sinne. Ein solcher Weltbezug ist in sich sprachlich konstituiert. So kann man Herder folgenden Begriff der Sprache zuschreiben: Sprache ist ein *Medium der Welterschließung*. Die Grundthese eines solchen Sprachbegriffs lautet:

> *Sprache als Medium der Welterschließung*: Sprache ist in dem Sinn ein Medium des spezifisch geistigen Weltverhältnisses des Menschen, dass dieses Weltverhältnis sich in konstitutiver Verbindung mit sprachlichen Artikulationen ausbildet.

In der These, Sprache sei als Medium der Welterschließung zu begreifen, unterscheidet sich Herders Antipsychologismus von demjenigen Wittgensteins in den PU. Herder geht dezidiert davon aus, dass der Mensch ein spezifisch geistiges Weltverhältnis aufweist und dass dieses für die Explikation sprachlicher Bedeutung relevant ist. Wenn er kritisiert, Condillac setze voraus, was er erklären will, dann geht es ihm nicht darum, den menschlichen Geist (z.B. das Denken und Meinen) in der Explikation sprachlicher Bedeutung erst einmal aus dem Bild zu nehmen. Es geht ihm vielmehr darum, ihn in der richtigen Weise ins Bild zu bringen. Menschliche »Besonnenheit« als die für den Menschen spezifische sinnliche Vernünftigkeit begreift Herder als irreduzibel im Zusammenhang mit Sprache konstituiert.

So lässt sich auch eine der zentralen Kontroversen verstehen, in denen Herder im 18. Jahrhundert stand und die ihn gewissermaßen die Mitgliedschaft in der philosophischen Tradition gekostet hat: die Kontroverse mit Immanuel Kant (1724-1804). Zusammen mit Johann Georg Hamann (1730-1788) kritisierte Herder Kants *Kritik der reinen Vernunft* (1781) dafür, dass dort Sprache in der Explikation der Vernunft keine Berücksichtigung finde. Wie gesehen versteht Herder dabei Sprache nicht als Grundlage des Geistes überhaupt, sondern als ein irreduzibles Moment seiner Konstitution. Diese umfasst gleichermaßen eine spezifische Entwicklung der Sinnlichkeit. In diesem Sinn vertritt Herder die These, dass der Ursprung der Sprache spezifisch menschlich ist.

Auch wenn Herder mit seinen Erläuterungen wegweisend ist für ein hermeneutisches Sprachverständnis und für die Formulierung eines spezifisch hermeneutischen Antipsychologismus, so kann seine Position insgesamt nicht überzeugen. Dies liegt unter anderem an vier Aspekten. Erstens zeichnet Herder ein seltsames Bild von der geistigen Dimension der Sprache. Die Erläuterung von Sprache unter Rekurs auf sogenannte »innerliche Merkwörter« suggeriert, Sprache entstehe aufgrund eines privaten geistigen Vorgangs. Worin aber liegen die Voraussetzungen für einen solchen geistigen Vorgang? Bedarf es nicht einer öffentlichen und intersubjektiv geteilten sprachlichen Praxis in Auseinandersetzung mit einer geteilten Welt, damit sich Merkwörter formen? Auch wenn Herder betont, dass Geist und Sprache im menschlichen Weltverhältnis konstitutiv zusammenspielen: Er hält in seinen Erläuterungen an einem eigentümlich innerlichen Verständnis des menschlichen Geistes fest und bewahrt damit gegen seine eigenen Intentionen doch noch ein zumindest quasi-psychologistisches Moment. Zweitens lässt er mit dieser Erläuterung die soziale Dimension der Sprache außer Acht. Um Sprache als Medium der Welterschließung verständlich zu machen, vertritt Herder die abwegige These, dass Sprache von Individuen solitär erworben wird. Drittens sagt Herder nichts zur Struktur der Sprache. Weder der Zusammenhang sprachlicher Ausdrücke im Satz noch die unterschiedliche Form sprachlicher Ausdrücke im Rahmen dieses Zusammenhangs werden bei ihm thematisiert. Und viertens bietet Herder eine seltsam naturalistische Erklärung für das Entstehen von Wörtern: Bestimmte sinnliche Eindrücke (Eindrücke des akustischen Sinns als des »mittleren Sinns«; vgl. Herder 1772, 57ff.) seien bereits Wörter. Eine solche Erläuterung taugt aber höchstens für die sogenannten onomatopoietischen Ausdrücke, für Ausdrücke also, die wir bestimmten Klängen nachformen. Aber wenn man zum Beispiel berücksichtigt, dass schon einfache Tierlaute in vielen Sprachen sehr unterschiedlich wiedergegeben werden, dann sind auch hier Zweifel angebracht. Herders Rekurs auf die natürliche Struktur des akustischen Sinns muss so als ein Symptom dafür begriffen werden, dass hier noch eine Erklärung aussteht: eine Erklärung dafür, wie Wörter in die Welt kommen.

7.3 Heideggers Weiterentwicklung des hermeneutischen Sprachbegriffs

Auch wenn Herders Position in den Sprachphilosophien des 18. Jahrhunderts keine Sonderstellung einnimmt, sondern Herder viele Motive von Positionen aufgreift, die er vorfand (entscheidend und bislang noch unerwähnt ist hier auch: Giambattista Vico [1688-1744]; vgl. Vico 1725): Sowohl mit seinen anthropologischen Überlegungen als auch mit seinen Überlegungen zum irreduziblen Zusammenhang von Sprache und menschlichem Geist hat er eine Denkrichtung angestoßen, die bis in unsere Tage maßgeblich ist. Herder steht für ein Verständnis von Sprache, das erstens deren konstitutive Dimension für den Geist behauptet und das zweitens (was ich hier nicht dargestellt habe) deren kulturelle Unterschiedlichkeit betont. Zu der mit ihm verbundenen Denkrichtung gehört neben dem bereits erwähnten Johann Georg Hamann auch Wilhelm von Humboldt (1767-1835). Charles Taylor spricht aus diesem Grund von einer »Herder-Humboldt-Hamann-Konzeption« (Taylor 1980, 64) in der Sprachphilosophie. Innerhalb dieser Denkrichtung hat Humboldt das von Herder gezeichnete Bild weiter ausgearbeitet. In mindestens einem Punkt gehen Humboldts Erläuterungen dabei deutlich über Herder hinaus: Humboldt betont die intersubjektive Dimension von Sprache. Diese ist uns im Rahmen dieser Einführung bereits bei Wittgenstein begegnet. Humboldt fasst sie allerdings in einer spezifischen Weise – als *dialogisch*: »In der Erscheinung entwickelt sich jedoch die Sprache nur gesellschaftlich, und der Mensch versteht sich selbst nur, indem er die Verstehbarkeit seiner Worte an Andren versuchend geprüft hat.« (Humboldt 1830 ff., 429) Sprache ist für Humboldt dadurch intersubjektiv konstituiert, dass sie als Anrede an bestimmte Andere Bedeutung gewinnt. Die Intersubjektivität der Sprache beruht demnach nicht auf kollektiven Strukturen, sondern auf interindividuellen Interaktionen. Diesen wichtigen Gedanken werde ich hier aber nicht mit Humboldt verfolgen (vgl. zu Humboldts Position: Borsche 1981), sondern im nächsten Kapitel mit Davidson und Brandom.

In die Herder-Humboldt-Hamann-Konzeption lassen sich noch viele andere Autoren einbeziehen. An ihr partizipieren viele Philosophien der im engeren Sinn hermeneutischen Tradition wie Friedrich Schleiermacher (1768-1834) und Wilhelm Dilthey (1833-1911), aber auch zum Beispiel Georg Wilhelm Friedrich Hegel (1770-1831) und Ernst Cassirer (1874-1945). Eine wesentliche Weiterentwicklung hat das hermeneutische Sprachverständnis in den Philosophien von Martin Heidegger (1889-1976) und Hans-Georg Gadamer (1900-2002) gefunden. Aus diesem Grund werde ich meine systematischen Überlegungen zu einem hermeneutischen Sprachbegriff in Auseinandersetzung mit der Position Heideggers fortführen. Wiederum kann ich dabei nicht anders als exemplarisch vorgehen und widme mich so Heideggers Frühphilosophie. Heideggers Spätphilosophie, die auch reich an sprachphilosophischen Überlegungen ist (vgl. bes. Heidegger 1959), lasse ich außen vor.

Heideggers erstes Hauptwerk *Sein und Zeit* (1927; SuZ) ist keine sprachphilosophische Abhandlung. Es handelt sich vielmehr um die Begründung einer hermeneutischen Ontologie, um eine Abhandlung also, die die Frage, was und inwiefern es etwas gibt, in neuer Weise zu beantworten sucht. Heidegger kommt von dieser Frage zu einer Analyse des menschlichen Weltverhältnisses. Innerhalb desselben spielt Sprache auch aus Heideggers Perspektive eine besondere Rolle. Unter den Interpreten von Heideggers Text ist durchaus umstritten, wie er diese Rolle bestimmt. Ich will ihr hier eine Rekonstruktion geben, die mir plausibel zu sein scheint. Um dies zu leisten, entnehme ich Heideggers Gesamtkonzeption drei Thesen:

> *Praxis-These*: Bedeutsamkeit haben innerhalb des menschlichen Weltverhältnisses Gegenstände einer nichtsprachlichen Praxis aufgrund der durch sie eröffneten praktischen Verständnisse.

Wie bereits Herder beginnt auch Heidegger seine Analyse sprachlicher Bedeutung damit, dass er die Spezifik des geistigen Weltverhältnisses des Menschen artikuliert. Anders als Herder allerdings setzt Heidegger dabei nicht bei der menschlichen Sinnlichkeit an. Charakteristisch für das geistige Weltverhältnis des Menschen ist nach Heidegger ein praktisches Verstehen. Dieses ist gebunden an Gegenstände, die in praktischen Zusammenhängen stehen. Heidegger bezeichnet Gegenstände, die in praktischen Zusammenhängen stehen, als »Zeug« bzw. als »Zuhandenes« (SuZ, § 15). Ein Tisch zum Beispiel steht in den praktischen Zusammenhängen, dass man sich an ihn setzen kann, um zu essen oder zu schreiben, dass man ihn – wenn er ausreichend stabil ist – verwenden kann, um auf ihm stehend eine neue Glühbirne in die Lampe zu schrauben, und in vielen anderen Zusammenhängen mehr. Dadurch dass es für den Menschen Tische, Stühle, Teller, Besteck, aber auch Häuser und Straßen gibt, verstehen Menschen in praktischer Weise. Das für den Menschen charakteristische primär praktische Verstehen lässt sich so erläutern: Menschen wissen mit vielen Gegenständen in praktischen Zusammenhängen umzugehen. Diese Gegenstände haben für sie Bedeutung. Dabei treten solche Gegenstände nicht isoliert auf, sondern stehen immer in komplexen Zusammenhängen mit anderen Gegenständen. Bedeutung hat so nicht ein einzelner Gegenstand, sondern ein Gegenstand in einem komplexen Zusammenhang von Gegenständen. Heidegger bezeichnet den Zusammenhang von bedeutsamen Gegenständen insgesamt als »Welt« (SuZ, § 18). Das praktische Verstehen, das den Gegenständen-in-praktischen-Zusammenhängen korrespondiert, gilt ihm so als »In-der-Welt-sein« (SuZ, § 12). Auf dieser Basis können wir nun eine zweite These Heideggers in Angriff nehmen. Ich gebe ihr die folgende Fassung:

> *Verstehen-Auslegung-These*: Das praktische Verstehen von Zuhandenem steht in einem konstitutiven Zusammenhang mit Auslegungen der Verständnisse.

Diesen Schritt von Heideggers Überlegungen kann man vorerst mit einer Formulierung Hans-Georg Gadamers artikulieren: Heidegger argumentiert, dass *»alles ... Verstehen ... ein Sichverstehen ist«* (Gadamer 1960, 265). Wie ist diese These zu verstehen? Heidegger hat bereits dargelegt, dass praktische Verständnisse nicht isoliert stehen. Verständnisse (und mit ihnen Zuhandenes) stehen aber nicht einfach als solche in Zusammenhängen, sondern dadurch, dass sich in ihnen eine bestimmte Perspektive realisiert. Wenn ich den Tisch als Platz zum Essen verstehe, dann habe ich dieses Verständnis als Element einer bestimmten Lebensform. Es ist Teil der Lebensform, als Mitteleuropäer zu Anfang des 21. Jahrhunderts zu leben. Die Verständnisse, die ich habe, machen mich in der von mir gelebten Lebensform aus. Eine Lebensform aber ist, so argumentiert Heidegger weiter, nicht einfach eine Summe von Verständnissen. Es handelt sich um eine Perspektive, die man seinen Verständnissen gibt. Dies geschieht dadurch, dass man die eigenen Verständnisse auslegt, dass man bestimmte Interpretationen für die eigenen Verständnisse hat. So habe ich zum Beispiel bestimmte Interpretationen des Essens, wenn ich Dinge sage wie: »Zum Essen setzt man sich normalerweise an einen Tisch.« Heidegger spricht hier von Auslegungen. Es ist seine These, dass das praktische Verstehen in einem konstitutiven Zusammenhang mit Auslegungen steht (SuZ, § 32). In hermeneutischer Tradition erläutert er diesen Zusammenhang als Zirkel. Er deutet diesen Zirkel aber nicht als Aspekt einer hermeneutischen Methodik (wie vor ihm vor allem Friedrich Ast und Friedrich Schleiermacher). Der Zirkel ist nach Heideggers Verständnis vielmehr konstitutiv für das geistige Weltverhältnis des Menschen. Menschen verstehen im Zusammenhang damit, dass sie sich in bestimmter Weise auslegen. In diesem Sinn ist all ihr Verstehen ein Sichverstehen.

An diesem Punkt seiner Erläuterungen sieht Heidegger sich mit der Frage konfrontiert, wie Auslegungen beschaffen sind. Genau diese Frage führt ihn zur Sprache. Damit kommen wir zur dritten These, die ich Heidegger zuschreibe:

Heideggers Sprach-Begriff: Sprache artikuliert praktische Zusammenhänge innerhalb des menschlichen Weltverhältnisses und ist damit die Basis von Auslegungen. Solchermaßen artikulierende Sprache ist genuin praktisch.

Für die genuin praktisch zu begreifende Sprache führt Heidegger einen bestimmten Terminus ein: Er bezeichnet sie als »Rede« (SuZ, § 34). Seine These ist also, dass Sprache innerhalb des menschlichen Weltverhältnisses als Rede ins Spiel kommt. Was aber ist Rede? Diese Frage kann man in zwei Schritten beantworten. Im ersten Schritt kann man klären, inwiefern Rede Bedeutung hat. Heideggers Auskunft in diesem Punkt fällt denkbar klar aus: »Das Bedeutungsganze der Verständlichkeit kommt zu Wort. Den Bedeutungen wachsen Worte zu. Nicht aber werden Wörterdinge mit Bedeutungen versehen.« (SuZ, § 34) Rede hat, so die These, auf Basis praktischer Verständnisse Bedeutung. Durch Sprache kommt nicht Bedeutung in die Welt, sondern Sprache gewinnt aus einer praktisch erschlossenen Welt heraus Bedeutung. Damit lässt sich der zweite Schritt in Angriff nehmen. Dieser besteht darin zu bestimmen, was Sprache in Bezug auf praktische Verständnisse leistet. Hier lautet Heideggers Antwort: »Reden ist das ›bedeutende‹ Gliedern der Verständlichkeit des In-der-Welt-seins ...« (SuZ, § 34). Oder noch einmal anders: »Rede ist die Artikulation der Verständlichkeit.« (SuZ, § 34) Diese Auskunft könnte etwas klarer ausfallen. Heidegger sagt nicht, wie genau er die Begriffe »Artikulation« und »Gliedern« versteht. Deutlich wird aber auf jeden Fall: Rede artikuliert praktische Zusammenhänge. Ein Beispiel für Rede in diesem Sinn ist: »Mit einem Hammer kann man Nägel in die Wand schlagen.« Oder: »An einem Tisch kann man sich zusammen mit anderen unterhalten.« Solche Äußerungen artikulieren praktische Zusammenhänge – Zusammenhänge, aus denen heraus Zuhandenes für uns praktisch verständlich ist. Sprache leistet innerhalb des menschlichen Weltverhältnisses entsprechende Artikulationen. So ist sie die Basis der auslegenden Praktiken: »Sie [die Rede] liegt daher der Auslegung [...] schon zugrunde.« (SuZ, § 34) Heidegger begreift Sprache also als ein Medium, in dem Menschen ihre praktische Weltorientierung artikulierend in eine Perspektive bringen. Die geistige Praxis des Menschen in der Welt steht damit in einem unlösbaren Zusammenhang mit Sprache als dem Medium, in dem sich diese Praxis als eine zugleich perspektivierte Praxis konstituiert. Oder in Heideggers Worten gesagt: (praktisches) »Verstehen« und (sprachliche) »Rede« sind »gleichursprünglich« (SuZ, § 34).

Der von Heidegger in *Sein und Zeit* entwickelte Sprachbegriff weist in mehreren Punkten über Herders Position hinaus. Auch wenn Heidegger die These teilt, dass das geistige Weltverhältnis des Menschen nur im Zusammenhang mit Sprache zu begreifen ist: Er fasst die grundlegenden Aspekte dieses Weltverhältnisses anders als Herder. Ihm gilt der menschliche Geist als primär praktisch orientiert. Dies affiziert auch den Sprachbegriff. Sprache artikuliert nach Heidegger nicht bestimmte Merkmale einer kognitiv erschlossenen Welt. Sprache artikuliert Zusammenhänge einer praktisch erschlossenen Welt. Sprache ist für Heidegger in diesem praktischen Sinn als Medium der Welterschließung zu begreifen. Heidegger wendet so gesehen den hermeneutischen Ansatz in praktischer Weise.

Dies erlaubt es ihm, Lösungen für zwei Probleme anzudeuten, die bei Herder nicht zufriedenstellend gelöst werden. Die erste Lösung betrifft die Frage, wie Sprache konstituiert ist. Herder verweist in dieser Frage auf die Besonderheiten des Hörsinns und behauptet, dass der Mensch aus akustischen Merkmalen heraus Wörter entwickelt. Heidegger hingegen geht davon aus, dass der Mensch in eine Welt hineinwächst. Rede wird, so formuliert er, als »Gerede« praktiziert (SuZ, § 35). Dies lässt sich folgendermaßen übersetzen: Wenn wir in die Welt kommen, dann sind wir immer schon mit einer Vielzahl von Auslegungen konfrontiert. Unsere Bezugspersonen konfrontieren uns mit Auslegungen wie: »Zu dieser Musik kann man gut tanzen.« Oder: »Mit Essen spielt man nicht.« Artikulationen dieser Art werden nicht natürlich aufgefunden. Sie werden kulturell tradiert. Gadamer hat diese These zur Konstitution von Sprache auf den Begriff gebracht, wenn er von einer »Rehabilitierung der Tradition« (Gadamer 1960, 281 ff.) spricht. Er vertritt die These, dass sprachliches Verstehen nur aus einer Tradition heraus verstanden werden kann. Diese These ist bei Heidegger angelegt.

Mit ihr lässt sich aber nicht nur die Konstitution von Sprache besser begreifen, als dies bei Herder der Fall ist (nämlich als eine nichtnatürliche Konstitution aus einer Tradition heraus). Es lässt sich zugleich klären, inwiefern Sprache genuin intersubjektiv konstituiert ist. Wenn Artikulationen von Zusammenhängen praktischer Verständnisse immer in Traditionen weitergegeben werden, dann sind diese Artikulationen immer mit Anderen verbunden. Ein einzelnes Individuum kann sie nicht für sich entwickeln. Jede Artikulation wird in einer Gemeinschaft weitergegeben. Artikulationen haben damit auch nicht, wie Herders innerliche Merkwörter, einen rein geistigen Status. Artikulationen sind vielmehr öffentlich. Sie sind an Äußerungen gebunden, die Mitglieder einer Gemeinschaft vorbringen. Durch entsprechende Äußerungen werden sie vom einen zum Anderen weitergegeben. Mit einer solchen Erläuterung allerdings droht in ähnlicher Weise ein Kollektivismus wie in den *Philosophischen Untersuchungen* Wittgensteins. Sofern man sagt, dass sprachliche Ausdrücke in einer gemeinschaftlichen Tradition konstituiert sind, steht eine Erklärung individuellen Sprachgebrauchs möglicherweise genauso aus wie eine Erklärung der Veränderbarkeit von Sprache durch kritische Reflexion.

7.4 Zur Kritik hermeneutischer Sprachphilosophien

Die hermeneutische Sprachphilosophie, die von Hamann und Herder über Humboldt bis zu Heidegger und darüber hinaus entwickelt wurde, hat ihre besondere Bedeutung in der antipsychologistischen Strategie, die sie verfolgt. Mit dieser Strategie reagiert sie implizit auf das Problem der geistigen Dimension sprachlicher Bedeutung (vgl. Kap. 6): Die Überwindung des Psychologismus wird so angelegt, dass diese Dimension im Spiel bleibt. Genau darin unterscheiden sich hermeneutische Positionen von denjenigen der klassischen analytischen Sprachphilosophie. Es geht ihnen darum, einen irreduziblen Zusammenhang von Sprache und Geist verständlich zu machen. Dazu ist es erforderlich, das geistige Weltverhältnis des Menschen in seiner Spezifik zu charakterisieren. Herder leistet dies, indem er die besondere Einrichtung menschlicher Sinnlichkeit analysiert. Heidegger hingegen betont die praktische Konstitution des menschlichen Weltverhältnisses. Auf dieser Basis argumentieren sie beide dafür, dass ein entsprechendes geistiges Weltverhältnis konstitutiv mit Sprache verbunden ist. Mit dem Begriff Heideggers kann man sagen: Geist und Sprache werden als gleichursprünglich begriffen.

Auch wenn diese grundsätzliche Weichenstellung weiterführend ist, so bleiben in den betrachteten hermeneutischen Positionen doch wichtige Fragen offen. Ich will drei Fragen benennen:

(a) Welche Struktur weist Sprache auf, und was heißt es, dass diese Struktur mit dem Geist gleichursprünglich ist?
(b) Wie verhält sich die geistige Dimension der Sprache zu ihrem Weltbezug?
(c) Wie sind die intersubjektiven Beziehungen zu begreifen, mit denen sprachliche Artikulationen verbunden sind?

Auch wenn Gadamer zu der letzten Frage wichtige Überlegungen angestellt hat (vgl. Kap. 9), so haben hermeneutische Positionen, soweit sie bislang ausgearbeitet sind, diese Fragen doch nicht in zufriedenstellender Weise beantwortet. In Bezug auf diese Diagnose ist allerdings eine Einschränkung angebracht: Hermeneutische Positionen im engeren Sinn haben diese Fragen nicht geklärt. Wenn man den Blick etwas über die hermeneutische Tradition im engeren Sinn hinaus weitet, dann erkennt man, dass es hermeneutische Positionen gibt, die durchaus intensiv mit genau diesen Fragen befasst sind. Diese Positionen allerdings finden sich in der neueren analytischen Philosophie. Philosophien wie diejenigen von Donald Davidson, John McDowell und Robert Brandom teilen hermeneutische Grundüberzeugungen. Sie lassen sich in ihrem grundlegenden Ansatz und in den Fragestellungen, die sie behandeln, als hermeneutische Positionen begreifen. Aus diesem Grund können wir uns jetzt genau diesen Positionen widmen und gelangen nach dem historischen Umweg, der uns mit dem Verständnis einer hermeneutischen Variante des Antipsychologismus ausgestattet hat, wieder zur analytischen Tradition zurück.

8. Die Intersubjektivität der Sprache: Davidson und Brandom

Innerhalb der Philosophie der idealen Sprache herrschte vielfach ein empiristisches Programm vor. Die Tiefenanalyse logisch-semantischer Strukturen der Sprache war mit dem Versuch verbunden, Aussagesätze auszumachen, die direkten Kontakt zur Erfahrung haben. Aus diesem Grund bezeichnet man diese Positionen wie besonders einige aus dem Wiener Kreis auch als »Logischen Empirismus« beziehungsweise »Logischen Positivismus«. Die Hoffnung einer empiristischen Fundierung sprachlicher Bedeutung hat sich aber zunehmend als trügerisch erwiesen. In der Mitte des 20. Jahrhunderts ist genau sie entscheidend attackiert worden. Die entsprechenden Attacken lassen sich als Anfang vom Ende der klassischen analytischen Sprachphilosophie begreifen. Sie sind besonders von zwei Autoren vorgebracht worden: von Willard Van Orman Quine (1908-2000) und von Wilfrid Sellars (1912-1989). Beide haben jeweils in der Mitte des 20. Jahrhunderts je einen Aufsatz publiziert, mit dem sie das Ende einer empiristisch orientierten Sprachphilosophie zu betreiben versuchen. Bei Quine handelt es sich um den Text »Zwei Dogmen des Empirismus« (1951), bei Sellars um »Der Empirismus und die Philosophie des Geistes« (1956). Der Abschied vom Empirismus, den diese beiden Texte nahelegen, ist zugleich mit der Begründung einer neuen Perspektive in der analytischen Sprachphilosophie verbunden. Diese neue Perspektive ist allerdings bei

Quine und Sellars selbst noch nicht in aller Klarheit zutage getreten. Deutlich wird sie erst in Philosophien, die auf Quine und Sellars folgen: besonders in den Philosophien von Donald Davidson (1917-2003), John McDowell (*1942) und Robert Brandom (*1950).

Diese neue Perspektive hat man dadurch zu charakterisieren versucht, dass man von *postanalytischer Philosophie* spricht. In der Terminologie, die ich bislang gebraucht habe, können wir auch von einer nachklassischen analytischen Sprachphilosophie sprechen. Was ist mit solchen Bezeichnungen gemeint? Die Sprachphilosophien nach Quine und Sellars zeichnen sich durch drei Aspekte aus. Erstens handelt es sich um Philosophien, die sich nicht mehr in der Alternative von Philosophie der idealen Sprache und Philosophie der Alltagssprache verorten lassen. Die Aufhebung dieser Trennung lässt sich inhaltlich folgendermaßen fassen: Die nachklassischen analytischen Sprachphilosophien verbinden einen Rekurs auf Aussagesätze damit, die alltägliche Praxis des Tätigens von Aussagesätzen (vgl. hierzu auch Kap. 6) als Basis der Explikation von sprachlicher Bedeutung heranzuziehen. Zweitens füllt in diesen Philosophien eine pragmatistische Grundhaltung die Lücke, die die Aufgabe des Empirismus hinterlässt. In der postanalytischen Philosophie kommt es zu einer Bewegung, die man als *Renaissance des Pragmatismus* bezeichnet hat. Drittens zeichnet die postanalytischen Sprachphilosophien aus, dass es in ihnen gewissermaßen zu einer hermeneutischen Wende der analytischen Sprachphilosophie kommt. Symptomatisch zeigt dies sich daran, dass es Verwandtschaften zwischen zum Beispiel den Philosophien von Gadamer und Davidson gibt und dass McDowell und Brandom explizit auf die Philosophien von Hegel, Heidegger und Gadamer rekurrieren. Entscheidend ist aber aus meiner Sicht: Die postanalytischen Philosophien realisieren Motive, die sich vor dem Hintergrund der Entwicklung hermeneutischer Sprachphilosophien besonders gut verstehen lassen. Sie zeigen einen Antipsychologismus, der von demjenigen klassischer analytischer Sprachphilosophien in charakteristischer Weise abweicht: einen *hermeneutischen Antipsychologismus*. Und sie setzen sich mit genau den Fragen auseinander, die von hermeneutischen Positionen aufgeworfen worden sind: mit der Frage nach dem Zusammenhang von sprachlicher Struktur und dem geistigen Weltverhältnis des Menschen, mit der Frage nach dem Verhältnis von geistiger Dimension sprachlicher Bedeutung und dem Weltbezug von Sprache sowie mit der Frage nach der sozialen Struktur sprachlicher Praxis.

So will ich in diesem achten Kapitel zwei Positionen der nachklassischen analytischen Philosophie heranziehen, um das bislang gewonnene Bild systematisch weiterzuentwickeln. Wir setzen uns zuerst mit der Sprachphilosophie von Donald Davidson auseinander und dann mit derjenigen von Robert Brandom. Jeweils geht es dabei besonders um die genannten Fragen und unter diesen vor allem darum, die soziale Struktur sprachlicher Praxis genauer zu bestimmen.

8.1 Das Gedankenexperiment der radikalen Interpretation und der Interpretationismus Donald Davidsons

Donald Davidson hat seine sprachphilosophischen Überlegungen besonders in Fortführung eines Gedankenexperiments entwickelt, das sein Lehrer Quine vorgeschlagen hat. Bei Quine spricht man von dem Gedankenexperiment der radikalen Übersetzung (vgl. Quine 1960, 2. Kap.), bei Davidson von dem der radikalen Interpretation (vgl. Davidson 1973). Das kontrafaktische Szenario, das in dem Experiment durchgespielt wird, geht folgendermaßen: Eine Feldlinguistin kommt zu einem Stamm, für dessen Sprache es unter den bekannten Sprachen keine Übersetzung gibt. Die Frage, die wir anhand dieses Szenarios beantworten sollen, lautet: Wie kann die Feldlinguistin das sprachliche Verhalten der Mitglieder des Stammes, zu dem sie gekommen ist, verstehen? Es geht Davidson wie Quine darum, Antworten auf diese Frage vorzuschlagen. Dabei folgen sie einem methodisch genauso einfachen wie *prima facie* plausiblen Gedanken: Die Situation der radikalen Interpretation ist voraussetzungslos mit Blick auf das Verstehen der Sprache des Stammes. Sie verspricht so die Möglichkeit aufzuklären, worauf sprachliches Verstehen beruht. Anhand dieser Situation soll sich klären, worin die Bedeutung sprachlicher Ausdrücke besteht. Die Hoffnung besteht darin, mit der Explikation des Vorgehens der Feldlinguistin in Bezug auf die Äußerungen der Stammesmitglieder eine Erklärung sprachlicher Bedeutung zu gewinnen, die für Sprache insgesamt gilt. Wenn sich geklärt hat, worin die Bedeutung der sprachlichen Äußerungen der Stammesmitglieder besteht, sollte eine umfassende Erklärung sprachlicher Bedeutung verfügbar sein. So sollen sich anhand des Szenarios der radikalen Interpretation die entscheidenden Fragen der Sprachphilosophie beantworten lassen.

Wenn man das Gedankenexperiment durchspielt, stellt sich die Frage: Was muss die Feldlinguistin tun, um die Sprache der Stammesmitglieder zu lernen? Wie kann sie dahin gelangen, die sprachlichen Äußerungen der Stammesmitglieder zu verstehen? Davidsons Antworten auf diese Fragen sind naheliegend: Die Feldlinguistin muss Beobachtungen in Bezug auf drei Faktoren anstellen: Sie muss die Welt, das nichtsprachliche und das sprachliche Verhalten der Stammesmitglieder beobachten. Auf der Basis ihrer Beobachtungen kann die Feldlinguistin Hypothesen aufstellen. Diese Hypothesen handeln zum Beispiel davon, welche Gegenstände der umgebenden Welt ein bestimmtes sprachliches

Verhalten der Stammesmitglieder verursachen. Von Quine stammt eine bestimmte Ausgestaltung entsprechender Überlegungen: Stellen wir uns vor, dass auf einem Feld vor den Stammesmitgliedern und der Feldlinguistin ein Kaninchen vorbeiläuft. Die Stammesmitglieder äußern: »Gavagai!« Die Feldlinguistin bildet so auf Basis ihrer Beobachtungen die folgende Hypothese: »›Gavagai‹ bedeutet ›Da ist ein Kaninchen!‹.«

Charakteristisch für das Vorgehen der Feldlinguistin ist, dass sich dabei ein Dreieck herstellt. Dieses Dreieck verbindet die Sprecher, die Welt und die Interpretin. Davidson hat später den Begriff der »Triangulation« für diesen Zusammenhang eingeführt (vgl. z.B. Davidson 1994, 204 f.). Das Dreieck zwischen Sprecher, Welt und Interpretin ist an diesem Punkt der Überlegungen in folgender Weise aufschlussreich: Es macht begreiflich, dass die Hypothese der Interpretin sich nicht allein auf eine sprachliche Äußerung des Sprechers bezieht. Sie bezieht sich auf einen Zusammenhang zwischen einem Sachverhalt in der Welt und der sprachlichen Äußerung des Sprechers. Aus diesem Grund ist die Interpretation bislang unpräzise gefasst. Sie muss so umgedeutet werden, dass sie den Bezug auf etwas, was in der Welt der Fall ist, verständlich werden lässt. Dies kann geschehen, indem man die Hypothese der Interpretin folgendermaßen formuliert: »›Gavagai‹ ist genau dann wahr, wenn da ein Kaninchen ist.« Die Hypothese stellt einen Zusammenhang zwischen der sprachlichen Äußerung des Sprechers und einem (sprachlich artikulierten) Sachverhalt in der Welt her.

Will man die Struktur der Hypothese in abstrakter Weise artikulieren, dann kann man sie so fassen: »[Zitierte Äußerung des Stammes] ist genau dann wahr, wenn [gebrauchte Äußerung der Feldlinguistin].« Diese Formulierung der Hypothese macht spätestens deutlich: Die Feldlinguistin muss auf ihre eigene Sprache zurückgreifen, um die Äußerungen der Stammesmitglieder zu verstehen. Sie muss die Äußerungen, mit denen sie konfrontiert ist, in ihrer Sprache interpretieren. Sie interpretiert sie, indem sie Korrelationen zwischen ihren sprachlichen Artikulationen bestimmter Sachverhalte in der Welt und den Artikulationen der Stammesmitglieder herstellt. Das aber heißt zugleich: Sie greift nicht nur auf ihre Sprache zurück, sondern bezieht sich auch auf Sachverhalte in der Welt. In der Interpretation kommt ein Verständnis von dem zum Tragen, was wahr ist. Die Hypothese der Interpretin formuliert Wahrheitsbedingungen für die interpretierte Äußerung.

Der Begriff der Wahrheit kommt dabei nicht in gleicher Weise wie bei Frege oder dem frühen Wittgenstein ins Spiel: Weder wird Wahrheit als die Bedeutung im Sinne von Referenz einer Aussage noch wird sie als Beziehung (»... ist wahr von ...«) zwischen einem sprachlichen Element (Aussagesatz) und einem Element der Welt (Sachverhalt) begriffen. Davidson vertritt eine eigentümliche Form einer Wahrheitsbedingungen-Semantik. Er stützt sich dabei auf Überlegungen des Logikers Alfred Tarski (1901-1983). Ich werde hier auf die Bezüge zwischen Tarski und Davidson und auf Davidsons Adaption von Tarskis Wahrheitsbegriff nicht weiter eingehen. Davidson geht davon aus, dass der Wahrheitsbezug der Sprache nicht in einzelnen Beziehungen zwischen Sprache und Welt konkretisiert werden kann. Aus diesem Grund spreche ich von einer eigentümlichen Form einer Wahrheitsbedingungen-Semantik: Wahrheitsbedingungen begründen nicht – wie zum Beispiel in der klassischen Variante des frühen Wittgenstein – einen Zusammenhang von Aussagesätzen und Sachverhalten. Sie stellen nur Zusammenhänge zwischen Aussagesätzen unterschiedlicher Sprachen her, führen also nicht über die Sprache hinaus. Der Begriff der Wahrheit wird so als Grundbegriff angesetzt, der sich nicht weiter erläutern lässt. Man kann den Zusammenhang von Wahrheit und sprachlicher Bedeutung bei Davidson mit folgender These auf den Punkt bringen: Sprachliches Verstehen kommt insgesamt wahrheitsorientiert zustande. Die spätestens seit Platon und Aristoteles virulente Frage, inwiefern sprachliche Ausdrücke wahr oder falsch sein können, bekommt damit eine neue Antwort: Wahrheit wird als Grundmoment der Konstitution sprachlicher Bedeutung verstanden. Falsch sein können nur einzelne sprachliche Aussagen und dies vor dem Hintergrund der grundsätzlichen Wahrheit von Aussagen.

Somit ist ein erster Zwischenstand in den Überlegungen zum Gedankenexperiment der radikalen Interpretation erreicht: Die Feldlinguistin, so zeigt sich für Davidson, kann die Stammesmitglieder dann verstehen, wenn sie ihre Äußerungen zu interpretieren vermag. Die Position, die Davidson damit vertritt, lässt sich als Interpretationismus bezeichnen. Dessen These lautet:

> *Interpretationismus*: Alles sprachliche Verstehen ist als ein Interpretieren zu begreifen.

Der Interpretationismus ist allerdings auf der Basis des bislang Gesagten noch nicht verständlich. Die Interpretin kann mit den Äußerungen ihrer Gegenüber nicht zurande kommen, wenn sie sie eine nach der anderen zu interpretieren sucht. Sie muss Struktur in die Äußerungen hineinlesen. Um dies zu leisten, muss sie die Struktur ihrer eigenen Sprache heranziehen. Sie muss einzelne Elemente der interpretierten Sprache als solche bestimmen. Sie muss Korrelationen zwischen einzelnen Elementen ihrer Sprache und einzelnen Elementen der von ihr interpretierten Sprache herstellen. Entsprechende Korrelationen lassen sich als einzelne Wahrheitsäquivalenzen begreifen, die die Interpretin sich erarbeitet. Eine solche Wahrheitsäquivalenz kann zum Beispiel lauten: »›x is a tree‹ ist wahr genau dann, wenn x ein Baum ist.«

Wenn die Interpretin mit Äußerungen ihrer Gegenüber konfrontiert ist, kann sie entsprechende Äquivalenzen bilden. Diese aber beziehen sich nicht auf bestimmte Äußerungen, sondern werden zur Interpretation unterschiedlicher Äußerungen herangezogen. Aus diesem Grund kann man mit Davidson sagen, dass die Interpretin sich eine Theorie für die von ihr interpretierte Sprache erarbeitet. Diese Theorie besteht aus Äquivalenzen für viele Elemente der interpretierten Sprache. Sie setzt eine Interpretin in den Stand, in Bezug auf unterschiedliche Äußerungen Hypothesen zu formulieren, die die Wahrheitsbedingungen für die Äußerungen in der Sprache der Interpretin formulieren. Mittels der Theorie liest die Interpretin so Struktur in die von ihr interpretierten Äußerungen hinein. Die Theorie ermöglicht es ihr damit, die Sprache ihrer Gegenüber in endlich vielen Elementen so zu erschließen, dass sie auf dieser Basis unbegrenzt viele Äußerungen zu interpretieren vermag. Die Theorie wird dabei *holistisch* gewonnen (vgl. zum Begriff des Holismus Kap. 5): Die Interpretin kann sich ein Element der interpretierten Sprache nur erschließen, wenn sie zugleich viele andere Elemente dieser Sprache erschließt: Sie kann zum Beispiel eine Äußerung, dass etwas ein Kaninchen ist, nur dann verstehen, wenn sie zugleich Äußerungen, dass etwas ein Tier oder dass etwas ein Gegenstand ist, versteht. In dieser Weise lässt sich der Interpretationismus Davidsons weiter klären: Alles Verstehen ist aus dem Grund als ein Interpretieren zu begreifen, dass die Interpretin immer über eine Theorie für die unterschiedlichen Elemente der interpretierten Sprache verfügen muss. Wir können diese weitere Klärung von Davidsons Position folgendermaßen zusammenfassen:

> *Theorie-These*: Wenn die Interpretin die Sprecher versteht, können wir ihr eine Theorie für die Sprache der Sprecher zuschreiben.

Es ist dabei nicht Davidsons These, dass die Interpretin faktisch eine solche Theorie kennt. Dies wäre absurd. Aber wir können ihr Verständnis der Sprache der Gegenüber so erläutern, dass wir ihr eine entsprechende Theorie zuschreiben. Mindestens drei weitere Voraussetzungen müssen erfüllt sein, damit es zu einer gelingenden Interpretation in diesem Sinn kommt: (a) Die Interpretin muss in der Lage sein zu erkennen, wann die Sprecher etwas äußern, das sie für wahr halten. Sie muss die Einstellung des Fürwahrhaltens auf Seiten ihrer Gegenüber erkennen können, ohne ihre Äußerungen zu verstehen. (b) Die Interpretin muss das Prinzip der Rationalitätsunterstellung (*Principle of Charity*) befolgen. Sie muss unterstellen, dass die Überzeugungen ihrer Gegenüber, die diese in Äußerungen artikulieren, größtenteils wahr sind. Und sie muss unterstellen, dass diese Überzeugungen größtenteils widerspruchsfrei sind. (c) Diese Voraussetzungen sind die Basis dafür, dass die Interpretin tatsächlich die Struktur ihrer Sprache für die Interpretation der Sprache ihrer Gegenüber fruchtbar machen kann. Sie muss dabei davon ausgehen, dass auch die Sprache der Gegenüber, wie ihre eigene, eine Struktur aufweist, die sich quantorenlogisch fassen lässt. Sie geht somit unter anderem davon aus, dass es in der Sprache ihrer Gegenüber ein- und mehrstellige Prädikate gibt, singuläre Termini und logische Konstanten. Diese bildet sie auf entsprechende Bestandteile ihrer Sprache ab und liest damit die Struktur ihrer Sprache in die Sprache der Gegenüber hinein. Zu den genannten Voraussetzungen wäre weit mehr zu sagen. Im hiesigen Kontext ist dies allerdings nicht erforderlich, da wir Davidsons interpretationistischen Ansatz ausreichend charakterisiert haben, um einen weiteren Schritt in seiner Entwicklung nachvollziehen zu können.

8.2 Davidsons Interaktionismus

Donald Davidson hat seine Sprachphilosophie nicht in einer Monografie (oder mehreren Monografien) entwickelt. Entwickelt ist sie vielmehr in unterschiedlichen Aufsätzen, die in einem Zeitraum von mehr oder weniger vierzig Jahren entstanden sind. Innerhalb der unterschiedlichen Aufsätze kommt es auch zu Veränderungen von Davidsons Position. Man kann die Veränderungen unter anderem so begreifen, dass Davidson sich zunehmend über Konsequenzen seines Ansatzes klar geworden ist. Ich will im Folgenden einige solcher Konsequenzen beleuchten. Dabei geht es vor allem darum, Davidsons Verständnis der intersubjektiven Dimension von Sprache zu klären. Wenn man auf der Basis des Gedankenexperiments der radikalen Interpretation die These vertritt, dass alles Verstehen als ein Interpretieren zu begreifen ist und dass eine Interpretin so beschrieben werden kann, dass sie sich eine Theorie für die Äußerungen ihrer Gegenüber erarbeitet: Was heißt dies für die intersubjektive Dimension von Sprache? Ich will zuerst die generelle These nennen, die in Davidsons Überlegungen zunehmend Kontur gewonnen hat, und diese dann mit Erläuterungen und weitergehenden Überlegungen verbinden:

> *Interaktionismus*: Sprachliches Verstehen konstituiert sich in einzelnen Interaktionen von unterschiedlichen Sprecher-Interpreten.

Diese These kann man als eine Zuspitzung des Szenarios der radikalen Interpretation begreifen: Sprachliche Äußerungen haben, so hatte das Szenario besagt, dadurch Bedeutung, dass sie für andere interpretierbar sind. Bislang hatten wir in der Erläuterung dieser Bedingung die Suggestion aufrechterhalten, dass die Interpretin die Sprache des Stammes interpretiert. Dies allerdings müssen wir nun korrigieren. Die sprachlichen Äußerungen haben ihre Bedeutung ja, wie gesehen, aus den jeweiligen Zusammenhängen, die sich zwischen Beschaffenheiten und Begebenheiten der Welt und dem Sprachverhalten des Sprechers ergeben. Diese Zusammenhänge können von Situation zu Situation variieren. So ist die Interpretin nicht an einer Sprache wie der Sprache des Stammes orientiert. Orientiert ist sie vielmehr an der Sprache des Sprechers. Man bezeichnet eine solche Sprache als einen *Idiolekt* (als Sprache einer oder eines Einzelnen). Aber es ist letztlich auch irreführend zu sagen, dass die Interpretin einen Idiolekt interpretiert. Wir hatten ja bereits gesehen, dass es erforderlich ist, der Veränderlichkeit von Sprache Rechnung zu tragen. Diese Veränderlichkeit liegt aber nicht nur darin, dass vertraute sprachliche Ausdrücke in neuen und so noch nie gehörten Äußerungen verwendet werden. Sie liegt vielmehr auch darin, dass Ausdrücke auf neue Weise gebraucht beziehungsweise neue Ausdrücke eingeführt werden. So müssen wir davon ausgehen, dass die Sprache des Sprechers sich immer wieder verändert. Sie stellt keine feste Größe dar, auf die eine Interpretin sich einstellen könnte. Die Interpretin bezieht sich stets auf eine Äußerung des Sprechers in einem bestimmten Moment. Sie versteht den Sprecher, wenn es ihr gelingt, das zu verstehen, was der Sprecher mit einer bestimmten Äußerung sagt. Es muss ihr gelingen herauszubekommen, was sie sagen würde, wollte sie das sagen, was der Sprecher sagt.

Damit aber ist sprachliches Verstehen jeweils an Interaktionen einzelner Interpretinnen und Sprecher gebunden. In diesen Interaktionen haben diejenigen, die beteiligt sind, immer beide Rollen: Einerseits sprechen sie und andererseits interpretieren sie das Sprechen der jeweils anderen. Dabei orientieren sie sich nicht an einer Sprache als der Größe, auf die ihr Verstehen ausgerichtet ist. Sie orientieren sich vielmehr an all den Überzeugungen, die das Gegenüber (sprachlich und nichtsprachlich) zum Ausdruck bringt. Diese Überzeugungen äußern sich in sprachlichem und nichtsprachlichem Verhalten. So kann zum Beispiel das Rennen von jemand auf der Straße die Überzeugung zum Ausdruck bringen, dass an der nächsten Kreuzung gleich ein Bus abfährt. Und die Äußerung »Morgen wird es regnen« kann die Überzeugung zum Ausdruck bringen, dass es morgen regnen wird. Überzeugungen hängen in komplexer Weise zusammen. Sie sind genauso holistisch konstituiert wie einzelne Elemente der Sprache. So gilt es für die Sprecher-Interpreten jeweils, die sprachlichen Äußerungen des jeweils Anderen in dessen Gesamtzusammenhang von Überzeugungen zu verorten. Spätestens mit dieser Erläuterung wird der irreduzible Zusammenhang deutlich, der für Davidson zwischen Sprache und Denken besteht. Die wechselseitige Interpretation von Sprecher-Interpreten kann nur gelingen, wenn sie sich gleichermaßen an ihre sprachlichen Äußerungen wie an die Überzeugungen, die sie sich zuschreiben, halten. Überzeugungen können sich die Sprecher-Interpreten nur zuschreiben, wenn sie ihr sprachliches Äußerungsverhalten zu interpretieren vermögen. Diese Interpretation setzt aber zugleich voraus, dass den interpretierten Überzeugungen zugeschrieben und diese in einem Überzeugungshaushalt verortet werden. In jeder gelingenden Verständigung kommt ein Zusammenhang von Sprache und Denken zum Tragen.

Gelingende Verständigung bleibt damit an Interaktionen zwischen Ich und Du gebunden. Die soziale Keimzelle sprachlichen Verstehens sind einzelne Sprecher-Interpreten, die miteinander interagieren. Sprachliches Verstehen kommt in Ich-Du-Korrelationen unter Sprecher-Interpreten zustande. Damit lässt sich Davidsons Verständnis der sozialen Struktur sprachlichen Verstehens folgendermaßen auf den Punkt bringen:

> *Ich-Du-Konzeption*: Sprachliches Verstehen konstituiert sich immer in Korrelationen zwischen einzelnen Sprecher-Interpreten, die ihr sprachliches Äußerungsverhalten jeweils in Bezug auf ein Gesamt von Überzeugungen interpretieren.

Das Bild der sozialen Struktur sprachlichen Verstehens, das sich somit bei Davidson abzeichnet, erlaubt es, eine weitere Konsequenz zu formulieren. Sie ist implizit bereits angeklungen und kann jetzt explizit gemacht werden. Die Interpretin ist, so haben wir gesagt, in ihren Interpretationen weder auf die Sprache des Stammes bezogen noch auf den Idiolekt eines Einzelnen. Bezogen ist sie auf die momentanen Äußerungen eines Einzelnen, die sie im Zusammenhang mit früheren Äußerungen interpretiert. So lässt sich nun schließen, dass in der Erklärung sprachlichen Verstehens der Bezug auf eine Größe wie eine Sprache nicht erforderlich ist. Davidson hat diesen Schluss explizit gezogen:

> »Ich ziehe den Schluß, daß es so etwas wie eine Sprache gar nicht gibt, sofern eine Sprache der Vorstellung entspricht, die sich viele Philosophen und Linguisten von ihr gemacht haben. [...] Die Vorstellung, es gebe eine klar umrissene gemeinsame Struktur, die sich die Sprachbenützer zu eigen machen und dann auf Einzelfälle anwenden, müssen wir aufgeben.« (Davidson 1986, 180)

Im vorliegenden Kontext ist es aus meiner Sicht aufschlussreich, diese These noch einmal in anderer Weise zu formulieren:

> *Keine-Sprache-These*: Die Bedeutung sprachlicher Äußerungen konstituiert sich nicht im Rahmen einer Sprache. Bedeutung haben Äußerungen dadurch, dass sie für andere interpretierbar sind.

Interpretierbar sind Äußerungen in Interaktionen von Sprecherinnen und Sprechern in einer geteilten Welt. In ihren wechselseitigen Interpretationen orientieren sie sich gleichermaßen an den Beschaffenheiten der Welt wie an ihren Überzeugungen. In dieser Weise lässt sich das Dreieck zwischen Interpretin, Sprecher und Welt weiter klären. Da für das Funktionieren dieses Dreiecks eine Größe wie eine geteilte Sprache keine Rolle spielt, können wir nach Davidson auch nicht sagen, dass Sprache unser Weltverhältnis strukturiert und möglicherweise sogar einschränkt. Genauso wenig können wir sagen, dass Sprachen die Welt in unterschiedlicher Weise prägen und sich aus diesem Grund nicht ineinander übersetzen lassen. Sprachliche Bedeutung ist Davidson zufolge untrennbar an die Beschaffenheit der Welt gebunden, die in Interaktionen von Sprecherinnen und Sprechern geteilt werden.

Es ist Zeit, ein erstes Zwischenresümee zu den Überlegungen zu ziehen, die von dem Gedankenexperiment der radikalen Interpretation ihren Ausgang genommen haben. Der Ausgangspunkt dieser Überlegungen war die Frage, was die Interpretin tun muss, um die Äußerungen ihrer Gegenüber zu verstehen. Es hat sich gezeigt, dass sie ihre eigene Sprache einbringen muss, um in ihrer Sprache eine Theorie zu formulieren, auf deren Basis sie Hypothesen in Bezug auf die Wahrheitsbedingungen der Äußerungen ihrer Gegenüber formuliert. Nun hat sich aber in der Zwischenzeit gezeigt, dass der Begriff der Sprache in diesen Erläuterungen fallen gelassen werden kann. Dies gilt auch für die Sprache der Interpretin. Der Interpretin können wir nur insofern eine Sprache zuschreiben, wie sie es vermag, für andere verständlich, also in ihren sprachlichen Äußerungen interpretierbar zu sein. Um dies zu sein, muss sie mit anderen in komplexer Weise sprachlich interagieren. In entsprechenden Interaktionen tritt die Interpretin nicht nur als Sprecherin, sondern immer zugleich als Interpretin auf. Sie verfügt so über Sprache in dem Maße, wie sie in ihrem Sprechen für andere interpretierbar ist und mittels ihres Sprechens das Sprechen anderer zu interpretieren vermag. Auch dies lässt sich in einer These festhalten:

> *Davidson-These von den sprachlichen Fähigkeiten*: Jemand verfügt in dem Maße über Sprache, wie sie beziehungsweise er in der Lage ist, das Sprechen anderer zu interpretieren und für andere mit eigenen sprachlichen Äußerungen interpretierbar zu sein.

8.3 Sprachphilosophie nach Davidson: ein Zwischenresümee

Davidson hat mit seinen sprachphilosophischen Aufsätzen wesentliche Impulse für die neueren Diskussionen in der Sprachphilosophie gegeben. Diese Impulse lassen sich vor dem Hintergrund der Entwicklung der Sprachphilosophie gut verstehen. Davidsons Position kündigt unter anderem zwei Voraussetzungen auf, die der sprachphilosophische Antipsychologismus klassischer Prägung gemacht hat. Es handelt sich einerseits um die Voraussetzung, dass die Sprache eine Größe mit feststehenden Strukturen ist. Andererseits wird bei Davidson die Voraussetzung aufgegeben, dass sprachliche Bedeutung auf Basis bestimmter Zusammenhänge von Sprache und Welt zu begreifen ist. Beide Voraussetzungen sind in unterschiedlicher Weise in Philosophien der idealen Sprache und in Philosophien der Alltagssprache im Spiel. In ersterer werden die feststehenden Strukturen der Sprache als diejenigen begriffen, die eine logische Tiefenanalyse zutage fördert. In zweiterer handelt es sich um die Äußerungstypen (beziehungsweise mit Wittgenstein gesprochen: Sprachspiele), die in einer alltäglichen sprachlichen Praxis etabliert sind. Die Philosophie der Alltagssprache begreift auch in dieser Weise den Weltbezug von Sprache als etabliert: Er ist den Äußerungstypen (beziehungsweise Sprachspielen) eingeschrieben. In der Philosophie der idealen Sprache wird der Weltbezug im Grundsatz so erläutert, dass er die Bedeutung sprachlicher Ausdrücke ausmacht: Die Referenz sprachlicher Ausdrücke bestimmt ihre Bedeutung.

Davidson macht mit seinen Überlegungen geltend, dass beide Voraussetzungen nicht zu halten sind. Sie verfehlen aus seiner Sicht zwei wichtige Aspekte: Zum einen verhindern sie ein angemessenes Verständnis des Zusammenhangs von sprachlicher Bedeutung und dem Gehalt der Überzeugungen von Sprecherinnen und Sprechern. Zum anderen tragen sie der Veränderlichkeit und Kreativität von Sprache nicht in ausreichendem Maße Rechnung. Beide Aspekte, die Davidson damit geltend macht, lassen sich vor dem Hintergrund eines hermeneutischen Sprachbegriffs verstehen. Es geht Davidson darum, den irreduziblen Zusammenhang von Sprache und Geist aufzuklären. Zugleich sind seine Überlegungen daran orientiert, das Verhältnis zwischen der geistigen Dimension sprachlicher Bedeutung und dem Weltbezug von Sprache auszubuchstabieren. Davidson zielt darauf, die komplexen Interdependenzen nachzuvollziehen, vor deren Hintergrund sprachliche Bedeutung zu verstehen ist. In diesem Nachvollzug kommt er zunehmend zu einem aufschlussreichen

Verständnis der sozialen Struktur sprachlichen Verstehens. Er macht begreiflich, dass zu den Voraussetzungen sprachlichen Verstehens nicht eine Größe wie eine Sprache gehört (vgl. zu diesem Gedanken auch Krämer 2001). Sprachliches Verstehen wird damit von dem Vorliegen einer Sprachgemeinschaft gelöst. Der interaktionistische Sprachbegriff Davidsons (die Ich-Du-Konzeption) eröffnet so eine Perspektive, die über die kollektivistischen Aspekte in den Sprachbegriffen von Wittgenstein und Heidegger hinausweist.

Genau mit seiner weiterführenden Perspektive allerdings wirft Davidson zugleich eine wichtige Frage auf: Gibt es nicht in Bezug auf sprachliche Formen soziale Bindungen, die dazu führen, dass viele Sprecherinnen und Sprecher weitestgehend auf die gleiche Weise sprechen? Ist sprachliche Bedeutung nicht mit normativen Bindungen gekoppelt? Kann Davidson diese Bindungen verständlich machen? Zu dieser ersten kritischen Frage lassen sich eine zweite und eine dritte hinzufügen. Die zweite lautet: Setzt Davidson nicht (wie bereits Quine) zu Unrecht voraus, dass sprachliche Bedeutung unabhängig von einer bestimmten kulturellen Praxis verstanden werden kann? Kann die Feldlinguistin sich einfach auf Basis ihrer Beobachtungen die Bedeutung der Äußerungen von Stammesmitgliedern erschließen? Muss sie nicht an den Praktiken des Stammes teilnehmen? Sofern sie dies aber muss: Lässt sich dann ein Sprachverständnis aufrechthalten, das sprachliches Verstehen als Erwerb einer Theorie für die Elemente im Äußerungsverhalten Anderer erklärt? Muss sprachliches Verstehen nicht eher so gefasst werden, dass es um die Partizipation an einer bestimmten historisch-kulturell geprägten Praxis geht?

Die dritte kritische Frage, die ich in Bezug auf Davidsons Position aufwerfen will, betrifft eine weitere Voraussetzung, die Davidson implizit macht. Davidson setzt voraus, dass sprachliche Bedeutung explizit gemacht werden kann. Diese Voraussetzung steckt in dem Gedanken, dass sprachliches Verstehen als Erwerb einer Theorie für das Äußerungsverhalten Anderer zu erklären ist. Jede Korrelation innerhalb der Theorie macht die Bedeutung bestimmter Bestandteile von Äußerungen Anderer explizit. Nun stellt sich die Frage: Ist diese Voraussetzung zu halten? Lässt sich sprachliche Bedeutung grundsätzlich explizit machen (vgl. hierzu Brandom 1994, auf den ich hier in dieser Hinsicht nicht eingehe, und Kap. 10)? Und wenn ja: Worin liegt das begründet? Solange hierzu nicht mehr gesagt wird, bleibt Davidsons Ansatz zumindest unvollständig. Diese Fragen können keine hinreichende Kritik von Davidsons Position leisten. Sie sollen nur anzeigen, warum es lohnt, in der Erläuterung sprachlicher Bedeutung noch weiter zu gehen.

8.4 Brandoms normativer Pragmatismus

In jüngster Zeit sind die sprachphilosophischen Arbeiten von zwei Philosophen intensiv diskutiert worden, die beide Elemente der Position Davidsons fortführen: die Arbeiten von John McDowell und Robert Brandom. So wären sie beide an diesem Punkt der Überlegungen von Interesse. Dass ich mich im Folgenden allein auf die Position von Brandom beschränke, liegt daran, dass Brandoms Augenmerk in besonderer Weise der sozialen Struktur sprachlichen Verstehens gilt. Brandom geht es in erster Linie darum, die Normativität sprachlicher Bedeutung begreiflich zu machen. Damit soll bei ihm ein Interaktionismus, wie Davidson ihn entwickelt hat, auf neue Füße gestellt werden. Dies macht die Position in unserem Zusammenhang besonders interessant.

Im Grundsatz vertritt Brandom zwei Thesen: eine These in Bezug auf die Struktur der Sprache und eine andere These in

Bezug auf sprachliche Praxis. Von der Ordnung der Erklärung her betrachtet ist es sinnvoll, mit der These in Bezug auf die Struktur der Sprache zu beginnen. Diese These lässt sich genauso bezeichnen wie die Position, die sie zum Ausdruck bringt:

> *Semantischer Inferentialismus*: Sprachliche Ausdrücke gewinnen durch inferentielle Beziehungen Bedeutung, in denen Aussagen stehen, die aus diesen Ausdrücken zusammengesetzt sind.

Brandoms Position steht in einer Theorieentwicklung, die den Blick von Beziehungen zwischen Wörtern und Gegenständen auf die Beziehungen zwischen Wörtern und anderen Wörtern gelenkt hat. In der Erläuterung sprachlicher Bedeutung kommen primär nicht mehr die *vertikalen* Beziehungen zwischen Wörtern und Elementen der nichtsprachlichen Welt zum Tragen, sondern die *horizontalen* Beziehungen, die zwischen Wörtern beziehungsweise anderen sprachlichen Elementen bestehen. In der Tradition von Carnap und Sellars begreift Brandom diese Beziehung als Folgerungsbeziehungen. Er vertritt die These, dass sprachliche Aussagen dadurch Bedeutung haben, dass sie als Konklusionen und Prämissen in Bezug auf andere Aussagen auftreten. So hat zum Beispiel die Aussage »Dies ist blau« unter anderem dadurch Bedeutung, dass sie als Prämisse in dem Schluss »Also ist dies farbig« fungiert. Man bezeichnet eine solche Position mit dem lateinischen Begriff für Folgerung (Inferenz) als *semantischen Inferentialismus*. Es ist leicht zu erkennen, dass Brandom mit diesem Inferentialismus zu einer holistischen Semantik gelangt: Aussagen stehen in vielen Folgerungsbeziehungen zu anderen Aussagen, die wiederum in vielen solchen Beziehungen zu noch einmal anderen Aussagen stehen, etc. So ergibt sich folgende holistische These:

Semantischer Aussagen-Holismus: Eine sprachliche Aussage hat nur Bedeutung, wenn zugleich viele andere Aussagen Bedeutung haben.

Für Ausdrücke unterhalb der Satzebene (subsententielle Ausdrücke) gilt, dass sie aufgrund ihres Beitrags zu entsprechenden Aussagen Bedeutung haben (vgl. das Kontext- und das Kompositionalitätsprinzip, Kap. 4). Und Sätze anderer Modi (wie Fragen, Befehle etc.) werden so interpretiert, wie sie bereits im Rahmen von Philosophien der idealen Sprache und bei Davidson interpretiert worden sind: Sie haben in einer abkünftigen Weise Bedeutung. Sprachliche Bedeutung wird in erster Linie unter Rekurs auf Aussagen beziehungsweise aussageförmige Äußerungen erläutert. Vor diesem Hintergrund steht ein Begriff eines in Aussagen behaupteten Gehalts zur Verfügung und man kann dann sagen: Derselbe Gehalt, der in Aussagen behauptet wird, kann auch in Fragen gefragt, in Befehlen befohlen, etc. werden.

Brandom verbindet mit dem semantischen Inferentialismus die Hoffnung, ein Problem zu lösen, das die Positionen der idealsprachlichen Tradition bewegt: das Problem, das Frege zu der Unterscheidung von Bedeutung (Referenz) und Sinn (sprachlichem Gehalt) gebracht hat. Sprachliche Ausdrücke, die auf ein und denselben Gegenstand Bezug nehmen, können einen unterschiedlichen Gehalt haben. Frege spricht davon, dass solche sprachlichen Ausdrücke den Gegenstand auf unterschiedliche Weise geben. Unterscheidungen wie die zwischen Sinn und Bedeutung sind immer wieder Gegenstand umfangreicher Diskussionen gewesen (vgl. dazu unter anderem Russell 1905 und Kripke 1972). Brandom hofft, dass der von ihm vertretene semantische Inferentialismus diese Diskussionen beenden kann. Die Hoffnung lässt sich auf ein einfaches Schlagwort bringen: Inferenz statt Sinn. Die Bedeutungsunterschiede bei sprachlichen Ausdrücken, die sich auf dieselben Gegenstände beziehen, sind durch ihre inferentielle Rolle zu erklären. Das Prädikat »... ist der Morgenstern« unterscheidet sich von »... ist der Abendstern« unter anderem dadurch, dass sich aus Aussagen mit dem einen Prädikat folgern lässt, dass vom letzten Stern am Morgenhimmel die Rede ist, aus Aussagen mit dem anderen hingegen nicht. Die Hoffnung ist somit, dass mit dem Begriff der Schlussfolgerung ein allgemeiner Begriff bereitsteht, um sprachliche Gehalte zu erläutern. So entfällt die Notwendigkeit, eine Unterscheidung wie diejenige zwischen Sinn und Bedeutung einzuführen.

Mit diesem optimistischen Zwischenstand können wir uns der zweiten These Brandoms zuwenden:

> *Normativer Pragmatismus*: Die inferentiellen Beziehungen zwischen Aussagen werden in einem intersubjektiven Spiel des Gebens und Forderns von Gründen etabliert, in dem einzelne Sprecherinnen und Sprecher unterschiedliche normative Status erwerben.

Brandom stellt sich die Frage, wie die Folgerungsbeziehungen zwischen Aussagen konstituiert sind. Er begreift dabei folgendes Kriterium für eine Erläuterung als entscheidend: Man muss erklären können, wie diese Beziehungen die Praxis von Sprecherinnen und Sprechern bestimmen können. Die Konstitution der Beziehungen sollte aus diesem Grund aus Praktiken ihrer Anwendung heraus begriffen werden. Dies wird dann möglich, wenn man sagt: Die Folgerungsbeziehungen zwischen Aussagen kommen durch eine bestimmte Praxis zustande: durch das Geben von Gründen. Die Praxis des Gründegebens lässt sich als Aspekt eines umfassenden intersubjektiven Spiels begreifen: als Aspekt des Spiels des Gebens und Forderns von Gründen (*game of giving and asking for reasons*). Folgerungsbeziehungen werden im Rahmen dieses Spiels etabliert.

Der grundlegende Zug im Rahmen des Spiels des Gebens und Forderns von Gründen ist das Vorbringen einer behauptenden Äußerung. Dies geschieht in erster Linie zwischen Individuen. Diese interagieren, indem eines dem anderen gegenüber etwas äußert. Sofern die Äußerung eine Behauptung ist, kann es immer sein, dass von Seiten eines Gegenübers nach Gründen gefragt wird. Damit wird die sprachliche Interaktion zwischen Individuen mehr noch als in dem von Davidson gezeichneten Bild real: Sprachliche Bedeutung wird auf der Basis von Interaktionen erklärt, die zwischen Individuen stattfinden. Die Interaktionen bestehen darin, dass einer eine Behauptung äußert und die andere nach Gründen fragt. Dann kann es dazu kommen, dass Ersterer Gründe gibt beziehungsweise die Nachfrage zurückweist.

Um eine entsprechende Praxis nachzuvollziehen, muss man allerdings erklären, wie einer vom anderen etwas fordern kann. Woher rührt es, dass man in sprachlichen Interaktionen von Anderen Gründe fordern kann? Brandoms Antwort auf diese Frage führt zu einer weitergehenden Erläuterung des Spiels der Gründe. Sie besagt: Das Vorbringen einer Behauptung begründet einen *normativen Status*. Wer eine Behauptung vorbringt, geht damit Verpflichtungen ein. Diese Verpflichtungen bestehen darin, gegebenenfalls Rechtfertigungen für die Behauptung vorzubringen. Zugleich erwirbt ein Sprecher mit seinen Behauptungen Berechtigungen zu weiteren Behauptungen. Er ist, sofern er seinen Verpflichtungen nachkommt, berechtigt, Behauptungen zu tätigen, die aus der ersten Behauptung folgen. Der normative Status, den ein Sprecher mit einer Behauptung erwirbt, lässt sich somit in doppelter Weise charakterisieren: Er besteht in Verpflichtungen und Berechtigungen.

Das Spiel des Gebens und Forderns von Gründen besteht allerdings nicht nur darin, Behauptungen vorzubringen. Es besteht auch darin, Andere als solche zu behandeln, die Behauptungen vorbringen. Wie bereits bei Davidson wird der Blick auch auf die Interpretation der Äußerungen Anderer gelenkt. Diese besteht nach Brandoms Verständnis darin, den normativen Status, den Andere erwerben, festzuhalten. Interpretieren heißt demnach Konto führen (*score keeping*): Konto führen über die unterschiedlichen Äußerungen, die andere tätigen, und die Verpflichtungen und Berechtigungen, die sie dabei eingehen beziehungsweise erwerben. Die Kontoführung wiederum geschieht praktisch. Sie geschieht dadurch, dass man Andere in bestimmter Weise behandelt. Eine typische Form, Andere in dieser Weise als verpflichtet beziehungsweise berechtigt zu behandeln, besteht darin, sie nach Gründen zu fragen.

Brandom reformuliert so den Interaktionismus als ein normatives Spiel. Auch in Brandoms Rekonstruktion gilt, dass Sprecher-Interpreten unterschiedlich sprechen können. Sprecher-Interpreten interagieren jeweils aus ihren individuellen Perspektiven heraus. Die Interaktion hat grundsätzlich eine *Ich-Du-Struktur* – eine Struktur, die es nicht erforderlich macht, dass Sprecher-Interpreten Sprache in einem umfassenden Maße miteinander teilen. Brandom allerdings begreift die Interaktion zwischen Ich und Du genuin als normativ strukturiert. Das von Brandom gezeichnete Bild sprachlichen Verstehens könnte so eine Frage beantworten, die sich nach Wittgenstein und Davidson stellt: wie es möglich ist, ein kollektives Verständnis sprachlicher Bedeutung zu vermeiden und dabei dennoch die Normativität von Sprache einsichtig zu machen. Brandoms normativer Pragmatismus will erklären, wie wir einerseits in unserem Verstehen immer auf Einzelne hin orientiert und dabei andererseits doch in einem von vielen gespielten Spiel gebunden sind.

Die Versöhnung kollektivistischer und individualistischer Momente fällt allerdings in Brandoms Sprachphilosophie allzu spannungslos aus. Brandom kann nicht erklären, dass diese Momente immer wieder auch in Konflikt geraten können. Dies liegt aus meiner Sicht darin begründet, dass Brandom die normativen Bindungen von Sprache als zwanglos etabliert begreift. Gibt es aber nicht Auseinandersetzungen in Bezug auf die Frage, was wofür ein guter Grund ist? Muss nicht ein volles Bild sprachlicher Interaktionen auch solche Auseinandersetzungen einbeziehen? Diese Fragen lassen sich hier nicht beantworten. Dennoch ist es aus meiner Sicht wichtig zu überlegen, ob Brandoms Verbindung einer Ich-Du-Konzeption der intersubjektiven Dimension sprachlichen Verstehens mit einem normativen Pragmatismus nicht zu kurz greift.

8.5 Sprachphilosophie vor dem Hintergrund postanalytischer Philosophie

Mit den postanalytischen Philosophien hat die Wende zur Sprache (*linguistic turn*), die die klassische analytische Sprachphilosophie prägte, eine neue Wendung genommen. Diese Wendung lässt sich gut als hermeneutisch begreifen. Charakteristisch für diese Wendung ist, dass bestimmte Festlegungen der klassischen analytischen Sprachphilosophie eine Revision erfahren, ohne dass Sprachphilosophie ihren Status einer Grundlagendisziplin verliert. Mit der hermeneutischen Wende der analytischen Philosophie geraten Zusammenhänge von Sprache, Geist und Welt in ihrer Komplexität in den Blick. Es sind genau diese Zusammenhänge, die Positionen wie diejenigen von Davidson, McDowell und Brandom aufzuklären suchen.

In diesem Kapitel habe ich exemplarisch Aspekte der Positionen von Davidson und Brandom diskutiert. Dabei haben sich zwei Motive und zwei Problemfelder postanalytischer Sprachphilosophien gezeigt: Zum einen zeichnen die Positionen ein interaktionistisches Bild sprachlichen Verstehens. Verstehen resultiert demnach aus Interaktionen zwischen unterschiedlichen Ichs und Dus. Zum anderen eröffnen sie damit ein anderes Verständnis des Weltbezugs der Sprache: Die Welt kommt in Interaktionen in den Blick. Davidsons Begriff der Triangulation ist hier aufschlussreich: Interpretation kann nur gelingen, wenn Interpretin und Sprecher gleichermaßen auf die Welt bezogen sind. So leitet die Welt alle Geschehnisse der Interpretation, ohne dass bestimmte sprachliche Einheiten als solche in der Welt verankert wären.

Mit diesem zweiten Motiv ist aber auch ein erstes Problemfeld verbunden. Dieses lässt sich so artikulieren: Die Welt fällt in Davidsons und Brandoms Positionen seltsam schmal aus (vgl. hierzu u.a. Davidson 1974). Es handelt sich nicht um eine Welt, die – wie es sich in den hermeneutischen Philosophien Herders und Heideggers gezeigt hat – aus einem besonderen geistigen Weltverhältnis des Menschen heraus zu begreifen ist. Davidson und Brandom sagen weder etwas zu einer besonders eingerichteten Sinnlichkeit des Menschen noch zu besonderen praktischen Weltbezügen noch zu irgendeiner anderen vergleichbaren Dimension, die für das geistige Weltverhältnis des Menschen charakteristisch ist. Es gilt so als ausgemacht, dass die Eigentümlichkeit der Welt und des Geistes nur in ihrer sprachlichen Artikulation zu fassen ist. Damit droht eine Engführung in der Analyse der konstitutiven Zusammenhänge von Sprache und Geist: Der mit Sprache verbundene Geist hat demnach eine Struktur, die durch sprachliche Artikulierbarkeit geprägt ist. Gerade Brandoms Inferentialismus erläutert Sprache als eine Struktur *sui generis*. Brandom begreift das geistige Weltverhältnis des Menschen unter Rekurs auf diese Struktur. Beinhaltet aber dieses geistige Weltverhältnis nicht zum Beispiel praktische Fähigkeiten, die sich nicht auf Basis der Struktur von Sprache begreifen lassen? Muss nicht sprachliche Bedeutung in ihren Zusammenhängen mit zum Beispiel solchen Fähigkeiten begriffen werden? Und muss nicht das Weltverhältnis des Menschen breiter gefasst werden, als es hier geschieht?

Das zweite Problemfeld betrifft die soziale Struktur der Sprache. Auch wenn der Grundzug des Interaktionismus überzeugend ist, gilt es zu fragen, ob kollektive Zusammenhänge in der Sprache nicht doch konstitutiv sind für sprachliches Verstehen. Ist es nicht doch ein wesentlicher Aspekt sprachlichen Verstehens, dass wir immer wieder in einer Weise sprechen, in der auch viele andere sprechen? Gerade Brandoms Position ist in Bezug auf solche Fragen aufschlussreich: Brandom gesteht sehr wohl zu, dass Sprache kollektiv funktioniert: Sprachliche Interaktionen finden demnach im Kollektiv all derer statt, die über Sprache verfügen. Im Rahmen der Gemeinschaft aller Sprecherinnen und Sprecher sind Einzelne mit ihren sprachlichen Äußerungen gebunden. Eine solche Erläuterung der kollektiven Dimension sprachlichen Verstehens klärt aber die Relevanz geteilter Sprechweisen für sprachliches Verstehen nicht auf. Lässt sich die kollektive Dimension nicht vielleicht so begreifen, dass sich immer wieder partikulare kollektive Zusammenhänge in der Sprache ergeben? Ist es nicht möglich, solche Zusammenhänge und individualistische Momente in der Erläuterung sprachlichen Verstehens miteinander zu verbinden?

9. Die phänomenologisch-strukturalistische Tradition und ihre Zuspitzung in der Philosophie Derridas

Mindestens eine wichtige Tradition der Philosophie des 20. Jahrhunderts ist in dieser Einführung bislang nicht zu Wort gekommen: der Zusammenhang von Strukturalismus und Phänomenologie (sofern man Heidegger nicht als Denker in dieser Tradition begreift). Der Name, den ich dieser Tradition gebe, besagt bereits, dass hier zwei Wurzeln im Spiel sind: einerseits der Strukturalismus, der ursprünglich in der Sprachwissenschaft beheimatet ist, und andererseits die Phänomenologie, die in einem ähnlich antipsychologistischen Gestus begründet wurde wie die klassische analytische Sprachphilosophie. Im einen Fall gilt der Genfer Linguist Ferdinand de Saussure (1857-1913) als Begründer. Mit den posthum herausgegebenen Vorlesungen *Grundfragen der allgemeinen Sprachwissenschaft* (1916) hat er eine strukturalistische Sprachauffassung angestoßen. Für eine solche Sprachauffassung ist es charakteristisch, dass Sprache als eine Struktur begriffen wird, in der sprachliche Zeichen in einem umfassenden Zusammenhang stehen. Im anderen Fall steht Edmund Husserl (1859-1938) am Anfang einer umfassenden philosophischen Bewegung, die bis heute eine maßgebliche Schule in der Philosophie ist und die sich dadurch auszeichnet, dass sie ihren Ausgang jeweils direkt von den Phänomenen nimmt. Die Phänomenologie geht davon aus, wie sich die Gegenstände, um die es der philosophischen Betrachtung geht, dem Bewusstsein darbieten.

Strukturalismus und Phänomenologie haben in der zweiten Hälfte des 20. Jahrhunderts eine eigentümliche Melange ausgebildet. Unter anderem das Zusammentreffen des strukturalistischen Anthropologen Claude Lévi-Strauss (1908-2009) mit dem Phänomenologen Maurice Merleau-Ponty (1908-1961) hat diese Melange ermöglicht. Merleau-Ponty schrieb in den 1950er Jahren eine Reihe von Texten, die einen phänomenologischen Strukturalismus projektierten. Diese gaben wiederum den Anstoß für weitere Positionen, die vor allem in den 1960er Jahren in Frankreich formuliert wurden. Von besonderer Bedeutung sind hier die Philosophien von Gilles Deleuze (1925-1995) und Jacques Derrida (1930-2004), die jeweils phänomenologische und strukturalistische Aspekte miteinander verknüpfen.

Die sprachphilosophischen Wurzeln, die hier ins Spiel kommen, liegen besonders im klassischen Strukturalismus Ferdinand de Saussures. Die Weiterentwicklungen des Strukturalismus in den Sprachwissenschaften, vor allem in der so genannten Prager und in der Kopenhagener Schule, sind hingegen in der Sprachphilosophie nicht sehr wirksam geworden, auch wenn sie in den Diskussionen nach Merleau-Ponty in Frankreich durchaus präsent waren (augenscheinlich ist dies besonders in Derridas *Grammatologie*). Ich werde aus diesem Grund hier zuerst die Position de Saussures in ihren Grundzügen darstellen, bevor ich kurz auf Weiterentwicklungen des Strukturalismus eingehe. In besonderer Weise widme ich mich dann dem phänomenologisch geprägten Strukturalismus in der Philosophie Jacques Derridas als der sprachphilosophisch wichtigsten Weiterentwicklung im Rahmen des Strukturalismus. Derrida versucht eine Radikalisierung phänomenologisch-strukturalistischen Denkens, mit der er zu Thesen gelangt, die eine Verwandtschaft vor allem mit Elementen der Philosophien Gadamers und Davidsons aufweisen. So bestreitet Derrida genau wie Davidson die Konventionalität sprachlicher Bedeutung und vertritt wie Gadamer die These von einer umfassenden Sprachförmigkeit der Erfahrung. Mit Überlegungen Derridas will ich besonders zwei Fragen weiter bedenken: erstens die Frage, wie sich die Struktur der Sprache zur Struktur der Welt verhält, und zweitens die Frage, wie sich Kollektivismus und Interaktionismus in Bezug auf sprachliche Bedeutung möglicherweise versöhnen lassen.

9.1 Saussures Begründung des Strukturalismus

Ferdinand de Saussure hat vor allem durch die bereits erwähnten Vorlesungen *Grundfragen der allgemeinen Sprachwissenschaft* in der Sprachphilosophie gewirkt. In kritischer Auseinandersetzung mit der historischen Sprachwissenschaft des 19. Jahrhundert sucht de Saussure in diesen Vorlesungen eine systematische Grundlage für die Sprachwissenschaft dadurch zu gewinnen, dass er den Untersuchungsgegenstand dieser Wissenschaft fixiert. Saussure beantwortet entsprechend in erster Linie die Frage, was ein bedeutungsvolles sprachliches Zeichen (als der Gegenstand, der im Zentrum der Sprachwissenschaft steht) ist. Die von Saussure vorgeschlagene Antwort auf diese Frage besteht im Wesentlichen aus zwei theoretischen Elementen. Das erste dieser Elemente ist die These vom *zweiseitigen Charakter* eines sprachlichen Zeichens: Ein sprachliches Zeichen besteht demnach aus der Kopplung eines Lautbilds (in späterem strukturalistischem Vokabular: Signifikant) mit einer Vorstellung (in späterem strukturalistischem Vokabular: Signifikat). Sprachliche Zeichen haben also sowohl eine materielle als auch eine bedeutungshafte Seite.

Die materielle Seite eines sprachlichen Zeichens ist nicht als eine einzelne Materialität (zum Beispiel ein einzelnes Lautvorkommnis eines Worts) zu begreifen, sondern als eine Verkettung von Lautelementen, die beliebig wiederholt werden kann. Saussure spricht aus diesem Grund von einem Lautbild. Ein solches Lautbild ist zum Beispiel die Verkettung der Lautelemente in dem gesprochenen Zeichen »Baum« – eine Verkettung, die von unterschiedlichen Sprecherinnen und Sprechern beliebig wiederholt werden kann.

Die bedeutungshafte Seite eines sprachlichen Zeichens wird von Saussure nicht genauer analysiert. Was er im Sinn hat, können wir präzisieren, indem wir sagen, dass die Vorstellungen, von denen hier die Rede ist, keine Vorstellungen im Geist einzelner Sprechersubjekte sind. Nach strukturalistischem Verständnis handelt es sich vielmehr um eine eigenständige Bedeutungskomponente, die jeder sprachliche Ausdruck aufweist. Diese Erläuterung kann uns nicht überraschen. Sie lässt sich, sehr allgemein betrachtet, als eine Reformulierung dessen verstehen, was Frege mit dem Begriff des Sinns anvisierte: Sprachliche Zeichen haben demnach eine eigenständige Bedeutungskomponente, die weder auf den Vorstellungsgehalt einzelner Sprechersubjekte noch auf die Gegenstände, die von diesen Zeichen repräsentiert werden, zurückzuführen ist. Eine solche Bedeutungskomponente wird von Saussure als eine Seite des sprachlichen Zeichens selbst verstanden. Sie gehört für Saussure untrennbar mit der anderen Seite zusammen: dem Lautbild. Daher verknüpft zum Beispiel das sprachliche Zeichen »Baum« das Lautbild [Baum] mit einer Baum-Vorstellung.

Diese Verknüpfung – und damit komme ich zum zweiten Theorie-Element – besteht nicht aus sich heraus und auch nicht isoliert, sondern im Rahmen einer Sprache. Erst durch seine Stellung in einer Sprache wird die Verbindung konstituiert, die ein sprachliches Zeichen ausmacht. Saussure spricht in diesem Sinn davon, dass der »Wert« eines Zeichens (Saussure 1916, 132 ff.) erst im Kontext vieler anderer sprachlicher Zeichen konstituiert sei. Entscheidend ist dabei Saussures Erläuterung der Art und Weise, wie ein Zeichen im Rahmen einer Sprache fixiert wird. Diese Erläuterung bringt den Begriff der *Differenz* ins Spiel, in dem die eigentliche Grundidee des Strukturalismus besteht. Dieser Grundidee zufolge resultiert die Stellung eines sprachlichen Zeichens unter anderen sprachlichen Zeichen aus den Differenzen, in denen das eine Zeichen zu den anderen Zeichen steht. Diese Differenzen legen fest, welche Funktion das Zeichen im Rahmen der Sprache erfüllt. Saussure vertritt die These, dass sowohl Lautbilder (Signifikanten) als auch Vorstellungen (Signifikate) in Differenzen bestimmt werden: Lautbilder in Differenzen zu anderen Lautbildern und Vorstellungen in Differenzen zu anderen Vorstellungen. Beide Seiten eines sprachlichen Zeichens sind also aus sich heraus konstitutiv mit Differenzen verbunden. Wie dies zu denken ist, lässt sich besonders anschaulich an Lautbildern erläutern: Ein Lautbild steht demnach durch phonetische Differenzen in Beziehungen zu anderen Zeichen, zum Beispiel das Lautbild »Hut« zu dem Lautbild »gut«. Entscheidend für den von Saussure vertretenen radikalen *Differentialismus* ist dabei der Gedanke, dass die einzelnen Elemente (wie Lautbilder und Vorstellungen), aus denen sich sprachliche Zeichen bilden, erst aus den Differenzen zu anderen Elementen heraus entstehen. Saussure ist besonders deutlich, wenn er sagt:

»Alles Vorausgehende läuft darauf hinaus, daß es in der Sprache nur Verschiedenheiten gibt. Mehr noch: eine Verschiedenheit setzt im allgemeinen positive Einzelglieder voraus, zwischen denen sie besteht; in der Sprache aber gibt es nur Verschiedenheiten ohne positive Einzelglieder. [...] [D]ie Sprache enthält weder Vorstellungen noch Laute, die gegenüber dem sprachlichen System präexistent wären, sondern nur begriffliche und lautliche Verschiedenheiten, die sich aus dem System ergeben.« (Saussure 1916, 143 f.)

Die Stellung eines sprachlichen Zeichens im Rahmen einer Gesamtheit von sprachlichen Zeichen (einer Sprache) resultiert in diesem Sinne aus vielen Differenzen, in denen dieses Zeichen sowohl in seinem Lautbild als auch in seiner Vorstellung zu anderen Zeichen steht. Worin aber besteht diese Gesamtheit? Saussures Antwort auf diese Frage macht besonders seinen Bruch mit der historischen Sprachwissenschaft deutlich. Sie lautet: Die Gesamtheit besteht in all den sprachlichen Zeichen, die einer Sprache zu einem bestimmten Zeitpunkt angehören. Der Wert eines sprachlichen Zeichens lässt sich demnach nur in einer *synchronen* Betrachtungsweise bestimmen. Eine solche Betrachtungsweise unterscheidet sich von einer *diachronen* Betrachtungsweise, die sich der Entwicklung von Sprachen im historischen Verlauf widmet. Mit Blick auf die Stellung von sprachlichen Zeichen in der Sprache kann eine diachrone Betrachtungsweise Saussure zufolge nichts ergeben. Die Unterscheidung zwischen einer synchronen und einer diachronen Sprachbetrachtung ist bei Saussure verbunden mit der Unterscheidung von »*langue*« und »*parole*« als der sprachlichen Struktur einerseits und der Praxis, in der diese sprachliche Struktur aktualisiert wird, andererseits. Saussure begreift damit das System der Sprache als die Voraussetzung aller einzelnen sprachlichen Artikulationen: »Die Sprache ist erforderlich, damit das Sprechen verständlich sei und seinen Zweck erfülle.« (Saussure 1916, 22)

9.2 Entwicklungen des Strukturalismus nach Saussure

Saussures rigide Trennung zwischen sprachlicher Struktur und sprachlicher Praxis hat in der Folge insbesondere bei Roman Jakobson (1896-1982), dem Gründer der Prager Schule, zu größeren Revisionen in der strukturalistischen Theoriebildung geführt. Jakobson, der zugleich als Erfinder des Ausdrucks »Strukturalismus« gilt, hebt die Trennung zwischen der synchronen und der diachronen Betrachtungsweise genauso wie die Trennung zwischen *»langue«* und *»parole«* wieder auf. Er begreift diese Trennungen als künstlich gerade auch mit Blick auf den Wert sprachlicher Zeichen. Einerseits ist dieser Wert zum Teil durch historische Entwicklungen bestimmt (wie zum Beispiel im Falle aller pejorativer Worte wie »Schwarzer«, denen – von den durch diesen Begriff Angesprochenen – eine emanzipatorische Bedeutung gegeben werden kann). Andererseits sprechen auch im Rahmen einer Sprachgemeinschaft wie dem Deutschen die verschiedenen Sprecherinnen und Sprecher nicht einheitlich, sondern artikulieren sich in unterschiedlichen Dialekten, Soziolekten und anderen Teilsprachen. Auch entsprechende Unterschiede sind für die Werte sprachlicher Zeichen relevant. Jakobson sucht der entsprechenden Variabilität von Sprache dadurch gerecht zu werden, dass er eine strikt funktionale Betrachtung sprachlicher Elemente realisiert: Alle Elemente im Rahmen der Sprache sollen in ihrer funktionalen Eigenart verständlich werden. Aus diesem Grund gibt Jakobson das homogene Bild, das Saussure mit seinen rigiden Unterscheidungen zeichnet, auf (vgl. dazu Jakobson 1988, bes. 427-436).

Einen gewissermaßen umgekehrten Weg hat der Kopf der Kopenhagener Schule, Louis Hjelmslev (1899-1965), eingeschlagen. Für Hjelmslev liegt in Saussures Aussage, die Sprache sei »eine Form und nicht eine Substanz« (Saussure 1916, 146), die fundamentalste Einsicht des Strukturalismus. Er ist allerdings der Meinung, dass es Saussure mit seinen Unterscheidungen nicht in zufriedenstellender Weise gelungen ist, dieser Einsicht gerecht zu werden. Entsprechend zielt Hjelmslev mit seiner eigenen Theorie darauf, die Eigenständigkeit der sprachlichen Struktur konsequent zu fassen. Dies sei nur möglich, wenn man es vermeidet, irgendwelche materialen Momente (wie zum Beispiel die Phoneme der stimmlichen Artikulation) als Ausgangspunkt der strukturalistischen Theoriebildung heranzuziehen, also alle Elemente rein formal, unabhängig von materialen Realisierungen, fasst. Die konsequente Formalisierung, die Hjelmslev erreichen will, hat er unter den Titel der »Glossematik« gestellt. Die Glossematik will alle Unterschiede, die im Rahmen der sprachlichen Struktur relevant sind, rein formal fassen, so dass sich das Sprachverständnis einem mathematischen Kalkül annähert. Hjelmslev geht damit unter anderem die Unterscheidung von Lautbild (Signifikant) und Vorstellung (Signifikat) in neuer Weise an. Aus seiner Sicht ist es unmöglich, die Funktion eines sprachlichen Zeichens dadurch zu fassen, dass man auf Vorstellungen rekurriert, die unabhängig von Sprache gegeben sind. Es gilt entsprechend, die Ebene des sprachlichen Ausdrucks und des sprachlichen Inhalts als bloße Aspekte der sprachlichen Form zu begreifen, was Hjelmslev unter anderem dadurch realisiert, dass er eine künstliche Terminologie einführt, die nicht an das alltägliche Reden über Sprache anschließt. So schlägt sich der Versuch, die Eigenständigkeit der sprachlichen Struktur zu artikulieren, bei ihm in einer sehr eigentümlichen Theoriesprache und -architektur nieder (Hjelmslev bezeichnet zum Beispiel die Untersuchung sprachlichen Inhalts als »Plerematik« und diejenige sprachlichen Ausdrucks als »Kenematik«; vgl. Hjelmslev 1974).

Weder Jakobson noch Hjelmslev können jedoch mit ihren Versuchen, den Strukturalismus Saussures entscheidend zu revidieren, überzeugen (vgl. zu dieser Diagnose Bertram u. a. 2008, 110-134). Eine andere Weiterentwicklung hingegen hat den Anstoß zu wichtigen Revisionen gegeben: die Philosophie von Maurice Merleau-Ponty. Merleau-Ponty beeinflusste in seiner ersten Phase besonders mit seiner *Phänomenologie der Wahrnehmung* (1945) die Rezeption der Phänomenologie in Frankreich maßgeblich. In seiner zweiten Phase verband er, in entscheidendender Weise angeregt durch Claude Levi-Strauss (s.o.), seine Phänomenologie mit strukturalistischen Elementen. Diese Verbindung fand ihren Niederschlag in unterschiedlichen Aufsätzen und Essays, allerdings nicht im Rahmen einer umfassenden Monographie. Dies mag einer der Gründe dafür sein, dass Merleau-Pontys Bedeutung für den Strukturalismus immer wieder übersehen wird. Er hat aber einen entscheidenden Impuls für die vielfältigen neostrukturalistischen Positionen gegeben, die in Frankreich besonders in den 1960er Jahren entwickelt wurden.

Die Revisionen, denen Merleau-Ponty den Strukturalismus unterzieht, lassen sich gut im Anschluss an die Arbeiten von Roman Jakobson verstehen: Auch Merleau-Ponty geht es darum, sprachliche Strukturen als dynamisch zu begreifen. Anders als Jakobson sucht Merleau-Ponty aber dezidiert, die entsprechende Dynamik auf Basis einzelner sprachlicher Akte zu fassen. Diese Stoßrichtung von Merleau-Pontys Strukturalismus lässt sich besonders gut mittels einer Unterscheidung artikulieren, die er bereits in der *Phänomenologie der Wahrnehmung* getroffen hatte: mittels der Unterscheidung der sprechenden Sprache (*langue parlante*) von der gesprochenen Sprache (*langue parlée*) (vgl. Merleau-Ponty 1966, 232). Die gesprochene Sprache ist eine verfestigte Form von Sprache. In ihr lässt sich der lebendige Ausdruck, als der Sprache Merleau-Ponty zufolge zu begreifen ist, nicht fassen. Im Unterschied dazu kommt in der sprechenden Sprache genau dieses Ausdrucksmoment zur Geltung: Hier sind die Strukturen, in denen sprachliche Zeichen ihren Ausdruckswert erhalten, im Entstehen begriffen und lassen sich aus diesem Grund als solche verstehen. Die sprechende Sprache hat Merleau-Ponty immer wieder am Paradigma des künstlerischen Ausdrucks gefasst. Er erläutert sie mit dem Ausdruck der »kohärenten Deformierung« (vgl. Merleau-Ponty 2003, 132 f., 166 f.). Ein Gedicht gewinnt seine spezifische Ausdrucksqualität demnach dadurch, dass es das Ausdrucksmedium, in dem es verfasst ist – zum Beispiel die deutsche Sprache –, in einer eigentümlichen Weise verformt. Es wiederholt nicht einfach stereotyp Elemente seines Ausdrucksmediums, sondern bringt sie dadurch in einer neuen Weise zum Sprechen, dass es mit ihnen neue Konfigurationen hervorbringt. Eine entsprechende Erläuterung für ein ›normales‹ lebendiges Sprechen hat Merleau-Ponty allerdings nicht gegeben. Inwiefern Strukturen auch im alltäglichen Sprechen im Entstehen begriffen sind und wie eine strukturalistische Sprachphilosophie der Dynamik alltäglichen Sprechens Rechnung tragen kann, bleibt auch bei ihm letztlich offen. Merleau-Ponty hat aber mit seinen Arbeiten in besonderer Weise den Weg dafür bereitet, eine entsprechende Dynamik begreiflich zu machen. Besonders die neostrukturalistische Sprachphilosophie Jacques Derridas lässt sich so verstehen, dass sie zum einen die Absichten Merleau-Pontys und zum anderen die Revisionen des Strukturalismus, die seit Saussure projektiert wurden, einlöst.

9.3 Derridas These vom Schriftcharakter der Sprache (und der Erfahrung)

Jacques Derrida ist durch eine Denkfigur berühmt geworden, die man mit ihm selbst als Kritik am »Phonozentrismus« bezeichnen kann. Phonozentrismus ist der Gedanke, dass sprachliche

Bedeutung in erster Linie auf der Basis mündlicher Äußerungen zu begreifen ist. Dieser Gedanke wird in den traditionellen Positionen, die Derrida als phonozentristisch begreift, so motiviert, dass der Sprecher in einer mündlichen Äußerung intentional gegenwärtig ist. Diese Gegenwart soll sprachliche Bedeutung erklären (Derrida bezeichnet den Rekurs auf eine solche Gegenwart auch als »Präsenzmetaphysik«). In unserem Zusammenhang ist leicht zu erkennen, dass Derridas Kritik sich gegen den semantischen Psychologismus richtet. Wer Vorstellungen im Geist eines Sprechenden als Bedeutung sprachlicher Ausdrücke begreift, der begreift die Anwesenheit einer so verstandenen Bedeutung – in einer mündlichen Äußerung – als relevant für sprachliches Verstehen. Die Privilegierung mündlicher Äußerungen kommt also nicht von ungefähr. Mit seiner Kritik am Phonozentrismus und an der Präsenzmetaphysik erweist Derrida sich als Antipsychologist. Da die meisten der Positionen, die wir in dieser Einführung als Positionen des 20. Jahrhunderts diskutiert haben, in dieser Weise zu begreifen sind, ist damit erst einmal nicht viel gesagt.

Derrida macht nun den Vorschlag, die psychologistischen Positionen zu dekonstruieren. Dekonstruktion besagt dabei in erster Linie: nachvollziehen, inwiefern solche Positionen ihre eigenen Konstruktionen, also ihre begriffliche und gedankliche Architektur, unterminieren. In der Art und Weise, wie sie zum Beispiel bestimmte Gegenstände von der Analyse ausschließen, beginnen sie, anderes in Bezug auf die von ihnen erläuterten Begriffe zu sagen, als sie es offiziell zu tun beanspruchen. In Bezug auf psychologistische Positionen heißt dies: Diese geben unter der Hand antipsychologistische Verständnisse sprachlicher Bedeutung preis. Genau dies diskutiert Derrida an dem psychologistischen Ausschluss der Schrift in der Bestimmung von Bedeutung.

Ein besonders eindrucksvolles Dokument einer entsprechenden Bewegung erkennt Derrida in Platons Schriftkritik. Platon macht im *Phaidros* geltend, die Schrift sei eine vaterlose Sprache. Sie funktioniere auch dann, wenn ihr Urheber nicht zugegen ist (Phaidros, 275e). Diese Kritik ist für Derrida ein paradigmatischer Ansatzpunkt für eine Dekonstruktion phonozentristischer Positionen. Es zeigt sich hier eine Konzeption von Schrift, in der ein antipsychologistisches Verständnis von Sprache zum Tragen kommt. Genau diesen Antipsychologismus will Derrida in seinen Interpretationen lesbar machen. In diesem – dekonstruktiven – Sinn soll die psychologistische Konstruktion in den Texten der Tradition abgebaut und erkennbar gemacht werden, dass diese ›mehr wissen‹ als das, was sie psychologistisch behaupten.

Für Derrida folgt aus diesen Überlegungen, dass man Texte der Tradition auf das, was sie mehr wissen, hin lesen muss, also gegen und über ihren eigenen Anspruch hinaus. Und er geht davon aus, dass sich ein solches Wissen besonders dort findet, wo diese Texte die Schrift zu bestimmen und damit auszuschließen versuchen. Es gilt also für Derrida, diesen Bestimmungen von Schriftlichkeit zu folgen. In ihnen kommen nach seinem Verständnis besonders drei Aspekte zum Tragen (vgl. hierzu Derrida 1972, 300 ff.). Den ersten Aspekt habe ich bereits genannt: Die Schrift kann stets unabhängig von ihrem Urheber fungieren. Nicht zuletzt aus diesem Grund muss ein schriftliches Zeichen, dies ist der zweite Aspekt, immer erkennbar sein. Es muss unabhängig von jedem spezifischen Kontext die Identität besitzen, die es besitzt. Zudem, das besagt der dritte Aspekt, muss ein schriftliches Zeichen sich räumlich von anderen Zeichen differenzieren. Um lesbar zu sein, muss sich ein Zeichen zum Beispiel an einer Stelle auf dem Papier befinden, an dem sich kein anderes Zeichen findet. Von Positionen der Tradition sind solche Charakteristika immer wieder formuliert worden, um dafür zu argumentieren, dass die

Schrift nicht zur Bestimmung sprachlicher Bedeutung herangezogen werden kann. Genau damit haben, so macht Derridas dekonstruktive Geste nun deutlich, entsprechende Positionen an einer Bestimmung sprachlicher Bedeutung gearbeitet.

Charakteristisch für das Funktionieren von sprachlichen Ausdrücken sind nämlich genau die Aspekte, die die Tradition für schriftliche Zeichen reklamiert: Ein sprachlicher Ausdruck funktioniert unabhängig von der Präsenz seines Urhebers. Dies zeigt sich bei mündlichen Äußerungen symptomatisch daran, dass wir uns heute noch Vorträge von zum Beispiel Heidegger oder Davidson anhören können. Wir können aus entsprechenden Aufzeichnungen auch mehr oder weniger beliebige Ausschnitte herausnehmen und in andere Kontexte versetzen (wie wir es zum Beispiel machen, wenn wir ein Radiofeature über die Philosophie Heideggers erstellen). Ein sprachlicher Ausdruck bleibt erkennbar (und kann auch seine Bedeutung behalten), wenn wir ihn in einen anderen Kontext versetzen. Er ist nicht an bestimmte Kontexte gebunden. Zuletzt gilt für alle sprachlichen Ausdrücke, dass sie sich räumlich beziehungsweise zeitlich voneinander differenzieren müssen, um erkennbar zu sein. Man stelle sich nur eine Menschenmenge vor, in der alle zugleich reden. Wenn alle Lautzeichen zugleich erklingen oder wenn alle Zeichen an ein und derselben Stelle notiert sind, ist nichts zu erkennen. Erst durch räumliche und zeitliche Differenzierung erhalten Zeichen eine erkennbare Identität. Im Sinne solcher Erläuterungen vertritt Derrida die These, dass die »Merkmale, die sich im klassischen und enggefaßten Begriff von Schrift erkennen lassen, verallgemeinert werden können« (Derrida 1972, 299). Die Bedeutung sprachlicher Ausdrücke muss demnach genau mit den Bestimmungen erläutert werden, mit denen die Tradition die Schrift zu begreifen versucht hat. Die Bedeutung sprachlicher Ausdrücke konstituiert sich differenziell, indem sich sprachliche

Ausdrücke in komplexer Weise voneinander differenzieren (vgl. dazu Bertram 2002, 87 ff.).

Bevor wir diese Differenzierung mit Derrida etwas genauer von der sprachlichen Praxis her zu begreifen suchen, sollten wir einen weiteren Schritt seiner Überlegungen betrachten. Derrida vertritt die These, dass die differenzielle Konstitution sich nicht auf Sprache einschränken lässt. Die grundlegenden Charakteristika gelten, so Derrida (in phänomenologischer Perspektive) für alle Gegenstände der Erfahrung überhaupt. Auch alle Gegenstände der Welt, die in Erfahrungen gegeben sind, sind durch Differenzierung bestimmt. Tische differenzieren sich von Stühlen, Hämmer von Nägeln und so fort. Auch die Welt der Erfahrung ist differenziell konstituiert. Im Zusammenhang der Bestimmung sprachlicher Bedeutung setzt diese These Derridas einen wichtigen Akzent. Sie besagt, dass wir nicht in verständlicher Weise von einer Struktur der Sprache im Gegensatz zu einer Struktur der Welt sprechen können. Sprechen können wir in Derridas Sinn nur von einer *Struktur des Bedeutsamen*. In dieser Struktur sind sprachliche Ausdrücke und nichtsprachliche Gegenstände irreduzibel miteinander verquickt: Sprachliche Ausdrücke stehen in vielfältigen Beziehungen zu anderen sprachlichen Ausdrücken und nichtsprachlichen Gegenständen, und alle gewinnen aus diesen Beziehungen heraus Bedeutung. Wenn dies zutrifft, können wir Sprache (anders als der klassische Strukturalismus und besonders Hjelmslev dies versucht haben) keine eigenständige Struktur zuschreiben. Genau in diesem Sinn lässt sich Derridas Argumentation verstehen:

> (*Keine-Struktur-sui-generis-These*) Sprache besitzt keine Struktur *sui generis*. Sprachliche Ausdrücke gewinnen ihre Bedeutung in einer umfassenden Struktur, in der sie mit allen Gegenständen der Erfahrung verknüpft sind.

Derridas These von der umfassenden Struktur des Bedeutsamen lässt sich im Anschluss an Heidegger verstehen. Heidegger argumentiert ja, dass der Begriff der Bedeutung von den Beziehungen zwischen Zeug her entwickelt werden muss. Bedeutung hat demnach ein Hammer durch seine unterschiedlichen Beziehungen zu Gegenständen wie Nägeln, Hölzern und anderem mehr. Derrida ergänzt dieses durch Heidegger gezeichnete Bild in zwei Aspekten: Zum einen behauptet er, dass die Beziehungen unter Zeug primär als Differenz-Beziehungen gefasst werden müssen. Um Gegenstände in bestimmter Weise aufeinander zu beziehen, muss man sie voneinander unterscheiden. So muss Heideggers Analyse differenzialistisch reformuliert werden. Damit allerdings wird zum anderen deutlich, dass sprachliche Ausdrücke nicht prinzipiell von Zeug unterschieden werden können. Aus Derridas Perspektive kann man sprachliche Ausdrücke nicht dadurch bestimmen, dass man sie als ein Medium der Gliederung praktischer Verständnisse begreift. Es ist primär festzuhalten, dass die Differenzen von Gegenständen und Differenzen von sprachlichen Ausdrücken – um es mit Heidegger zu sagen – gleichursprünglich sind. Sie hängen so zusammen, dass nicht eines das andere gliedert, sondern beide in einer allgemeinen Gliederungsbewegung miteinander verbunden sind. In dieser These kann man eine Fortführung und Radikalisierung Heidegger'scher Überlegungen sehen.

Allerdings ist diese Fortführung nicht sonderlich informativ. Auch wenn man Differenzierung als das Grundprinzip der Konstitution des Bedeutsamen begreift, sind Unterschiede innerhalb einer solchen Konstitution relevant: Obwohl sprachliche Ausdrücke in ihrer Konstitution mit nichtsprachlichen Gegenständen wie Bäumen und Kühlschränken verbunden sind, sind sie doch von ihnen unterschieden. Überzeugend ist aus meiner Sicht an Derridas Überlegungen, dass man zwischen einer Struktur der Welt und einer Struktur der Sprache nicht definitiv unterscheiden kann. Daraus folgt allerdings nicht, dass nicht gewisse Unterscheidungen vorgenommen werden können und sollten. Derrida hat selbst in dem Aufsatz, auf den ich mich in der bisherigen Darstellung vornehmlich gestützt habe, das Programm formuliert, man müsse eine »Typologie von Iterationsformen [im bislang gebrauchten Vokabular können wir auch sagen: von Differenzierungsformen]« (Derrida 1972, 310) entwickeln. Ein Aspekt eines solchen Programms wäre es zu erläutern, inwiefern Differenzierungsbeziehungen in der Konstitution sprachlicher Ausdrücke sich von solchen in der Konstitution nichtsprachlicher Gegenstände unterscheiden. Genau dies geschieht aber in den grundsätzlichen Überlegungen Derridas nicht. Auch wenn sie Anhaltspunkte dafür liefern, inwiefern der Sprache keine Struktur *sui generis* zugeschrieben werden kann, klären sie den Zusammenhang von Sprache und Welt nicht weiter auf.

9.4 Iterabilität und die wirkungsgeschichtliche Konstitution des Verstehens

Die Überlegungen zum umfassenden Prinzip der Differenzierung haben bislang den Aspekt der Praxis außer Acht gelassen. Die Differenzierungen zwischen Zeichen und zwischen Gegenständen aber müssen auch nach Derrida aus einer umfassenden Praxis heraus begriffen werden. Innerhalb dieser Praxis gewinnen einzelne Elemente, so haben wir bislang mit Derrida gesagt, unabhängig von bestimmten Kontexten ihre Identität. Das aber heißt nicht, dass die Identität außerhalb einer Praxis festgelegt wäre. Die Praxis muss nur auf die richtige Art und Weise verstanden werden. Um zu einem entsprechenden Verständnis zu gelangen, kann man sich an eine Erläuterung Derridas zur Frage des Kontexts halten. In dieser heißt es:

»Dies setzt nicht voraus, dass das Zeichen außerhalb von Kontext gilt, sondern im Gegenteil, dass es nur Kontexte ohne absolutes Verankerungszentrum gibt.« (Derrida 1972, 304)

»Kontexte ohne absolutes Verankerungszentrum«: Das sind die vielfältigen sprachlichen (und nichtsprachlichen) Praktiken, in die wir tagein tagaus involviert sind. Die Formulierung Derridas lässt sich folgendermaßen übersetzen: Kein Kontext eines Sprachgebrauchs ist von Bestimmungen (Zentren) geprägt, die ihn stabil von anderen Kontexten abgrenzen. Dass Kontexte kein absolutes Verankerungszentrum haben, heißt so verstanden: Kein sprachlicher Ausdruck ist an einen bestimmten Kontext gebunden. Wir können zum Beispiel botanische Ausdrücke in Gedichten verwenden (wie Celan) oder Ausdrücke aus der Sprache des Sports in sprachphilosophischen Texten (wie Brandom). Wir können Ausdrücke aus der Philosophie der Antike heute als Lebensweisheiten heranziehen. Jeder beliebig weit gefasste Kontext kann noch weiter gefasst werden: Ausdrücke können immer über einen bestimmten Kontext hinaus weitergegeben werden. Damit ist, wie oben bereits gesehen, vorausgesetzt, dass sie unabhängig von bestimmten Kontexten identifiziert werden können. Dies können wir nun auf zweifache Weise zu erklären versuchen: entweder durch eine Konstitution der Zeichen unabhängig von der Praxis oder aus der Praxis heraus. Der erste Erklärungsansatz ist wenig vielversprechend, da er die Frage aufwirft, wie eine entsprechende Identität von Zeichen in der Praxis aktualisiert werden kann etc. Hier stellen sich Probleme, die denjenigen verwandt sind, wie Wittgenstein sie in der Frage des Regelfolgens als drohende Regresse ausgewiesen hat (vgl. Kap. 5). Bleibt nur – auch dies analog zu Wittgenstein – die Konstitution der Identität aus der Praxis heraus zu erklären. Hier wiederum eröffnet Derrida – gerade aus dem Strukturalismus und seinen theoretischen Problemen heraus – eine neue Perspektive, indem er den Aspekt der *Wiederholung* als Moment der differenziellen Konstitution von sprachlichen Ausdrücken in den Blick rückt. Zeichen müssen ihre Unabhängigkeit von bestimmten Kontexten aus einer Praxis heraus gewinnen. Dies lässt sich erklären, wenn man sagt: Sprachliche Ausdrücke werden über unterschiedliche Kontexte hinweg wiederholt und gewinnen genau durch diese Wiederholung ihre Bestimmtheit. Dieser Aspekt der Konstitution von sprachlichen Ausdrücken lässt sich als Wiederholungs-These fassen:

> (*Wiederholungs-These*) Ein Vorkommnis eines sprachlichen Ausdrucks gewinnt seine Identität dadurch, dass es auf viele Vorkommnisse sprachlicher Ausdrücke bezogen ist, die als Wiederholungen von ihm behandelt werden.

Der Bezug eines Vorkommnisses auf seine Wiederholungen ist nun seinerseits differenziell konstituiert. Ein Vorkommnis eines sprachlichen Ausdrucks muss sich trivialerweise von seinen Wiederholungen differenzieren, um eine Wiederholung von ihnen zu sein: Eine »Brot«-Äußerung ist nur dann eine Wiederholung einer anderen »Brot«-Äußerung, wenn beide voneinander unterschieden sind. Aus dieser Überlegung zieht Derrida eine wichtige Konsequenz: Wenn Wiederholung auf Differenz gründet, dann kann Identität nicht als Basis von Wiederholung verstanden werden. Vielmehr ist Identität als Resultat von Wiederholungen zu begreifen. Damit gelangen wir genau zu der These, die ich Derrida zuschreibe: Die Identität von sprachlichen Ausdrükken ist nur insofern konstituiert, als unterschiedliche Vorkommnisse von sprachlichen Ausdrücken dadurch zu Vorkommnissen eines bestimmten sprachlichen Ausdrucks werden, dass sie als Wiederholungen aufeinander bezogen sind. Eine Praxis der Wiederholung ist die Basis von Identität. Die Praxis der Wiederholung ist der umfassende Kontext, der ohne absolutes Verankerungszentrum bleibt.

Die Praxis der Wiederholung wiederum wird aber von unterschiedlichen Sprecherinnen und Sprechern getragen. Wer in diese Praxis eintritt, ist mit unterschiedlichen Sprecherinnen und Sprechern konfrontiert. Wenn ich sprechen lerne, so lerne ich viele sprachliche Ausdrücke aus dem Munde meiner Bezugspersonen kennen. Ich wiederhole sie als solche, die mit diesen Bezugspersonen verbunden sind. Wenn ich weiter in die Praxis eingeführt werde, dann kommen diese sprachlichen Ausdrücke mit weiteren Sprecherinnen und Sprechern in Verbindung. Für meine Wiederholungen der Wörter heißt dies: Ich beziehe mich mit jeder Wiederholung auf viele Andere, von denen her die sprachlichen Ausdrücke für mich ihre Identität gewinnen (vgl. hierzu weitergehend Derrida 1996).

Auf der Basis der differenzialistischen Erläuterungen Derridas zeichnet sich somit ein neues Bild der sozialen Struktur sprachlicher Praxis ab. Die sprachliche Praxis basiert weder auf einem Kollektiv noch auf interindividuellen Interaktionen, sondern beruht auf Ketten von Sprecherinnen und Sprechern, mit denen Wiederholungen sprachlicher Ausdrücke verbunden sind. Sprachliche Bedeutung konstituiert sich nach Derridas Verständnis durch Fortsetzungen sprachlicher Praktiken durch viele sprechende und verstehende Individuen. Dabei sind immer viele Individuen in einem Kontext miteinander verbunden, der ohne eine abschließende Bestimmung bleibt. Die von ihnen verwendeten sprachlichen Ausdrücke gewinnen ihre Identität aus solchen Verbindungen. Wenn man dieser Position einen Namen geben will, kann man von einer transindividuellen Konstitution sprachlicher Bedeutung sprechen. Diese lässt sich mit folgender These fassen:

(*Transindividuelle-Konstitution-These*) Sprecherinnen und Sprecher beziehen sich mit ihren sprachlichen Ausdrücken immer auf viele Andere, von denen her diese Ausdrücke für sie ihre Identität gewinnen.

Die These der transindividuellen Konstitution sprachlicher Bedeutung lässt sich mit einem Begriff Hans-Georg Gadamers schärfen. Gadamer hat in *Wahrheit und Methode* (1960) die These vertreten, dass Verstehen immer in einer »Wirkungsgeschichte« (Gadamer 1960, 305 ff.) zustande kommt. Diese These lässt sich besonders gut an den Gegenständen erläutern, die nach Gadamer paradigmatische Gegenstände des Verstehens sind: an Kunstwerken. Dass Kunstwerke immer mit einer Wirkungsgeschichte verbunden sind, heißt: Kunstwerke gibt es nicht ohne die Kette von Verständnissen, die von ihnen ausgeht. Deutlich geworden ist dies zum Beispiel an der barocken und vorbarocken Musik. Bezüglich dieser Musik haben unterschiedliche Varianten einer historischen Aufführungspraxis den Versuch unternommen, andere, besonders romantische Interpretationstraditionen zu überwinden. Die barocke Musik ist, so kann man dieser Bewegung entnehmen, lange Zeit in Formen einer romantischen Interpretation dieser Musik praktiziert und gehört worden. Genau diese Wirkungsgeschichte motiviert historische Aufführungspraktiken. Diese gewinnen ihre Identität durch Bezugnahmen auf viele andere Interpretationen. Der Begriff der Wirkungsgeschichte erläutert Gadamer zufolge eine Struktur, die für alles Verstehen gilt. Alles Verstehen konstituiert sich durch die Weitergabe von Verständnissen über Ketten von Verstehenden hinweg. Die Verständnisse, die im Zuge solcher Weitergaben miteinander verknüpft sind, binden ein neues Verstehen.

Die transindividuelle Konstitution sprachlicher Bedeutung lässt sich nun in der folgenden Weise mit Gadamers Begriff der

Wirkungsgeschichte verstehen (womit ich Gadamer mit Überlegungen von Emmanuel Levinas [1906-1995] und Derrida, aber auch von Brandom verbinde): Individuen wirken mit ihrem je spezifischen Gebrauch bestimmter sprachlicher Ausdrücke aufeinander ein. Die Ketten von Individuen, aus denen heraus sprachliche Ausdrücke aktualisiert werden, erweisen sich als Ketten, in denen Individuen sich durch spezifische Verwendungen von Ausdrücken binden. Die Art und Weise, in der eine bestimmte Freundin einen Ausdruck gebraucht, bindet mich in spezifischer Weise. Ich verbinde eine bestimmte Sprechweise oder Umgangsweise mit diesem Ausdruck mit ihr. Insofern verstehe ich den Ausdruck aus einer Wirkungsgeschichte heraus. Gadamers Begriff erlaubt in diesem Sinn eine weitergehende Explikation der transindividuellen Konstitution sprachlicher Bedeutung: Diese ist nicht nur damit verbunden, dass sprachliche Ausdrücke aus Wiederholungsketten heraus fortgesetzt werden, sondern auch damit, dass Individuen sich im Rahmen solcher Ketten in unterschiedlicher Weise binden.

9.5 Die soziale Struktur sprachlichen Verstehens

Am Ende dieses Kapitels können wir ein Zwischenresümee zu der Frage ziehen, wie die soziale Struktur sprachlichen Verstehens zu begreifen ist. Ich habe dargelegt, dass Derridas grundlegende Reflexion der differenziellen Konstitution alles Bedeutsamen keinen wesentlichen Beitrag zur Klärung des Verhältnisses von Sprache und Welt erbringt. In Bezug auf die soziale Struktur sprachlicher Bedeutung fällt mein Resümee anders aus: Hier eröffnet Derrida – gerade im Zusammenhang mit den Überlegungen Gadamers (und auch mit den hier nicht gewürdigten Überlegungen von Levinas) – eine neue Perspektive. Diese Perspektive lässt sich besonders vor dem Hintergrund einer Diskussion zwischen Kollektivismus und Interaktionismus fruchtbar machen. Sie zeigt, dass die bislang gebotene Alternative nicht vollständig ist. Ein *Kollektivismus* Heidegger'scher oder Wittgenstein'scher Prägung begreift sprachliche Bedeutung aus der Praxis im Rahmen einer Gemeinschaft heraus. In dieser Praxis werden Sprachspiele miteinander geteilt. Der *Interaktionismus* hingegen behauptet, dass sprachliche Bedeutung sich in Interaktionen zwischen einzelnen Individuen konstituiert. Sie ist immer an den spezifischen Bezug eines Individuums auf ein anderes Individuum gebunden. Nach Derrida und Gadamer lässt sich nun eine Vermittlung vorschlagen: Einerseits, so kann man sagen, wird Bedeutung innerhalb einer umfassenden Praxis konstituiert, an der viele Individuen beteiligt sind. Andererseits binden sich im Rahmen einer solchen Praxis unterschiedliche Individuen in spezifischer Weise. So hat Bedeutung gleichermaßen einen gemeinschaftlichen und einen individuellen Aspekt.

Auf dieser Basis kann man die intersubjektive Dimension sprachlicher Bedeutung (auch über Brandom hinaus) weiter zu bestimmen suchen. Dabei tritt eine Frage in den Mittelpunkt, die sich folgendermaßen formulieren lässt: Wodurch gewinnen wirkungsgeschichtliche Zusammenhänge, in denen sprachliche Ausdrücke stehen, einen kollektiven Aspekt und wodurch einen individuellen? In Bezug auf diese Frage ist eine Antwort im Sinne Brandoms aufschlussreich: Ein sprachlicher Ausdruck wird dann im Rahmen einer kollektiven Wirkungsgeschichte gebraucht, wenn man sich in seinem Gebrauch kollektiv festlegt. In einer individuellen Wirkungsgeschichte wird er hingegen gebraucht, wenn man sich in diesem Gebrauch individuell festlegt. Was aber heißt es, sich kollektiv oder individuell festzulegen? Können Festlegungen einen unterschiedlichen Charakter haben, und wie kommen entsprechende Unterschiede zustande? Diese Fragen lassen sich im Rahmen der vorliegenden Einführung nicht endgültig beantworten. Einige Andeutungen in Richtung einer Antwort aber soll das abschließende Kapitel skizzieren.

10. Sprache und Reflexivität – ein Ausblick

Die neueren Positionen in der Sprachphilosophie, die ich in dieser Einführung dargestellt habe, teilen unterschiedliche Motive miteinander. Gemeinsam ist den dargestellten neueren Positionen in der analytischen, der hermeneutischen und der phänomenologisch-strukturalistischen Tradition, dass sie sprachliche Bedeutung unter Rekurs auf sprachliche Praxis fassen. Sie teilen auch ein holistisches Verständnis sprachlicher Bedeutung: Beziehungen zwischen sprachlichen Ausdrücken treten ins Zentrum der Erläuterung sprachlicher Bedeutung (vgl. hierzu Bertram u.a. 2008). Die genannten Positionen weisen aber unter anderem noch eine weitere Gemeinsamkeit auf: Es zeigt sich in ihnen eine Problematik, die nicht zuletzt für die Sprachphilosophie insgesamt relevant ist. Diese Problematik ist in den zurückliegenden Kapiteln besonders in der Auseinandersetzung mit Davidsons Position zutage getreten. Ich habe dort am Ende meiner Darstellung argumentiert, dass Davidson eine implizite Voraussetzung macht. Es handelt sich um die Voraussetzung, dass sprachliche Bedeutung explizit gemacht werden kann. Diesem Punkt, den ich oben nur knapp angesprochen habe, will ich mich hier noch ein wenig widmen.

Ist die Voraussetzung, die Davidson implizit macht, gerechtfertigt, und wie lässt sie sich gegebenenfalls begründen? Die Frage, inwiefern sich sprachliche Bedeutung explizit machen lässt, hat zugleich einen methodischen Aspekt, der das sprachphilosophische Nachdenken insgesamt betrifft. Sprachphilosophien stehen insgesamt vor der Frage, wie man Sprache theoretisch thematisieren kann. So nimmt es nicht wunder, dass die besagte Frage sich auch in anderen Philosophien stellt. Von besonderer Bedeutung ist hier die Philosophie von Robert Brandom, der das Explizitmachen von Bedeutung zu einem Grundmotiv seiner Bestimmung von Sprache gemacht hat (vgl. den englischen Titel seines *opus magnum*: *Making it Explicit*). Auch bei Gadamer und Derrida etwa finden sich Aspekte, die ähnliche Fragen aufwerfen wie Davidsons Position. Ich will dies an der Frage verdeutlichen, mit der ich das letzte Kapitel beschlossen habe. Dort habe ich gefragt, wie wir kollektive und individuelle Festlegungen sprachlicher Bedeutung begreifen können. Eine Antwort auf diese Frage kann lauten: Solche Festlegungen resultieren daraus, dass man sich entweder kollektiv oder individuell auf sprachliche Ausdrücke bezieht. So kann man zum Beispiel sagen: »Wir sagen das so und so.« Oder man kann sagen: »Ich sage das so und so.« In dieser Weise lassen sich Festlegungen gewinnen. Je nachdem, worauf man sich im Zuge solcher Festlegungen beruft, und je nachdem, wie Andere die Festlegungen behandeln, fallen sie entweder kollektiv oder individuell aus. Entsprechende Festlegungen aber machen sprachliche Bedeutung explizit. Sie thematisieren Elemente und Zusammenhänge in der Sprache.

Die Fragestellung, auf die ich damit gestoßen bin, schlummert in unterschiedlichen sprachphilosophischen Positionen der Gegenwart. Ich will ihr folgendermaßen eine allgemeine Formulierung geben: Inwiefern ist Sprache mit Reflexionen auf Sprache verbunden? Inwiefern ist es möglich, Beziehungen zu thematisieren, in denen sprachliche Ausdrücke zueinander stehen? Inwiefern kann die Bedeutung sprachlicher Ausdrücke explizit gemacht werden? In Fragen wie diesen geht es darum zu klären, wie wir als diejenigen, die Sprache sprechen, zugleich über Sprache sprechen können. Es geht um die reflexive Dimension von Sprache. Ich will abschließend andeuten, warum diese Dimension als Moral der Geschichte neuerer Sprachphilosophien zu verstehen sein könnte.

10.1 Nochmals: Sprache und Geist

Der hermeneutische Antipsychologismus vertritt, so hat sich gezeigt, die These, dass Sprache und Geist in einem irreduziblen Zusammenhang stehen. Das Haben von Überzeugungen und das Hervorbringen bedeutungsvoller sprachlicher Äußerungen sind so betrachtet zwei Seiten ein und derselben Medaille. Mit dieser Festlegung steht man vor der Aufgabe, sprachliche Bedeutung im Zusammenhang mit einer geistigen Perspektive auf die Welt zu erläutern. Ein solcher hermeneutischer Grundgedanke allerdings wirft die folgende Frage auf: Wodurch sind sprachliche Äußerungen Ausdruck einer geistigen Perspektive? Was heißt hier »geistige Perspektive«? Ist mit dem Gebrauch sprachlicher Ausdrücke in jedem Fall eine solche verbunden? Handelt es sich notwendigerweise um eine individuelle geistige Perspektive oder kann diese auch kollektiv ausfallen?

In dieser Frage scheint mir noch einmal das von Wittgenstein verfolgte Beispiel aufschlussreich (vgl. Kap. 5): Wie steht es mit dem Schüler, der eine bestimmte Zahlenreihe fortsetzen soll? Wenn er in einer überraschenden Weise zählt: Dokumentiert er damit eine bestimmte geistige Perspektive? Denken wir noch einmal darüber nach, wie sich die Situation für uns darstellt: Wenn wir uns fragen, ob der Schüler die ihm gestellte Aufgabe verstanden hat, dann werden wir ihm nicht einfach bei dem zuschauen, was er macht. Wir werden ihn fragen, ob er die Aufgabe verstanden hat. Wenn er dann einfach nur die Worte wiederholt, die wir ihm gesagt haben, fragen wir sicher noch einmal nach. Die bloße Wiederholung der Worte macht uns nicht sicher, ob ein Verständnis gegeben ist oder nicht. Erst wenn der Schüler in anderen Worten zu sagen vermag, was wir von ihm wollen, werden wir sicherer. Das genau lässt sich als Indikator für eine geistige Perspektive begreifen: Der Schüler signalisiert eine solche Perspektive, indem er Verbindungen zwischen Worten herstellt, indem er solche Verbindungen explizit macht. Dabei kommen Äußerungen des folgenden Typs ins Spiel: »Was Sie so gesagt haben, kann ich auch folgendermaßen sagen: ...« Der Schüler zeigt, dass er eine Äußerung versteht, indem er sie explizit mit anderen sprachlichen Ausdrücken verknüpft. So gewinnen wir einen ersten Fingerzeig darauf, dass sprachliches Verstehen damit verbunden ist, dass sprachliche Zusammenhänge explizit gemacht werden können. Der Schüler, der das, was wir ihm sagen, dezidiert mit anderen Worten verbindet, macht Zusammenhänge explizit. Er legt uns bestimmte Zusammenhänge dar, in denen sprachliche Ausdrücke für ihn stehen.

Die Perspektive, die der Schüler bezieht, muss dabei nicht notwendigerweise einen besonders individuellen Charakter haben. So kann er Dinge sagen wie: »Wenn man plus 2 addiert, dann geht man in der Reihe der natürlichen Zahlen immer zwei Schritte vorwärts.« Eine solche Äußerung kann als Explikation eines Zusammenhangs begriffen werden, der die Bedeutung bestimmter involvierter sprachlicher Ausdrücke betrifft. Es handelt sich aber nicht um eine Explikation im Sinne einer individuellen Perspektive. Die Explikation bringt vielmehr eine kollektive Perspektive zur Geltung. Diese eignet der Schüler sich an, wenn er Äußerungen dieses Typs hervorbringt. Damit zeigt sich eine Verbindung zwischen sprachlichen Verständnissen und Explikationen sprachlicher Bedeutung. Diese will ich vorerst folgendermaßen resümieren:

> *Sprachliches Verstehen und die Explikation sprachlicher Zusammenhänge*: Wer einen sprachlichen Ausdruck versteht, kann immer auch Zusammenhänge explizit machen, in denen sprachliche Ausdrücke für ihn stehen.

Zweifelsohne handelt es sich hierbei um kein absolutes Kriterium für sprachliches Verstehen. Andere Worte können in unterschiedlich klärenden Zusammenhängen mit den Worten stehen, deren Bedeutung sie explizit machen. Wer die Ausdrücke, die er versteht, in Verbindung zu anderen Worten erläutert, kann unterschiedlich klare Verständnisse artikulieren. So kann es sein, dass der Schüler auf Nachfrage Worte vorbringt, die ein vages Verständnis von Addition dokumentieren. Er kann aber auch Dinge sagen wie: »Sie wollen, dass ich das und das mache. Sie drücken es so und so aus. Das, was Sie ›So und so‹ nennen, nenne ich ›Das und das‹.« Eine Äußerung wie diese kann man als eine verstehen, mit der sich eine individuelle Perspektive artikuliert. In diesem Fall kommt es nicht nur dazu, dass der Schüler *andere* Worte für die sprachlichen Ausdrücke hat, die er versteht. Er hat *eigene* Worte für diese Ausdrücke.

So deutet sich eine Möglichkeit an, wie sich kollektiv und individuell bestimmte Perspektiven voneinander unterscheiden lassen. Der Schüler kann auf Nachfrage genauso eine kollektive wie eine individuelle Perspektive durch unterschiedliche Formen von Äußerungen zum Ausdruck bringen, mittels deren Verständnisse explizit gemacht werden. Die Unterschiede sprachlicher Explikationen sind dabei graduell. Kollektive und individuelle Momente in der Bestimmung von Sprache können nicht strikt voneinander getrennt werden. Dennoch lassen sie sich begrifflich unterscheiden, so dass verständlich wird, wie entsprechende Momente in der Konstitution sprachlicher Bedeutung zusammenspielen können.

Mit diesen Überlegungen gewinne ich zugleich die Basis für eine Erklärung der Verbindung zwischen der Bedeutung sprachlicher Ausdrücke und einer geistigen Perspektive. Sprachliche Bedeutung ist dadurch mit einer geistigen Perspektive verbunden, dass sprachliche Ausdrücke aus dieser Perspektive heraus in Zusammenhängen mit anderen sprachlichen Ausdrücken stehen, die jederzeit in unterschiedlicher Weise explizit gemacht werden können. Die geistige Perspektive besteht darin, dass Sprecherinnen und Sprecher Anderen gegenüber Zusammenhänge präsentieren, in denen sprachliche Ausdrücke für sie stehen. Es kann dabei immer wieder unklar sein, ob der Gebrauch eines sprachlichen Ausdrucks mit einer geistigen Perspektive in diesem Sinn verbunden ist. In sprachlichen Interaktionen kann immer wieder in Frage stehen, ob Äußerungen tatsächlich eine bestimmte Perspektive zum Ausdruck bringen oder nicht. In entsprechenden Situationen steht in Frage, ob die Ausdrücke tatsächlich aus bestimmten Zusammenhängen heraus gebraucht werden oder nicht. Dann werden Thematisierungen der sprachlichen Äußerungen wichtig. Wenn unser Gegenüber zu sagen weiß, wie sie beziehungsweise er bestimmte sprachliche Ausdrücke versteht, in welchen Beziehungen sprachliche Ausdrücke für sie oder ihn stehen, worauf sie sich beziehen etc., dann werden wir mit bestimmten Perspektiven konfrontiert.

Mit diesen Überlegungen kann ich den Interaktionismus Davidsons und besonders Brandoms noch einmal in neuer Weise formulieren. In der Auseinandersetzung mit dem Schüler geht es darum, ob er sich in seinem Gebrauch bestimmter sprachlicher Ausdrücke – so kann ich nun mit Brandom sagen – festlegt. Eine Festlegung kommt dadurch zustande, dass der Schüler bestimmte Zusammenhänge explizit macht, in denen sprachliche Ausdrücke für ihn stehen. Damit zeigt sich: Ein Sprecher ist nicht einfach dadurch festgelegt, dass andere ihn als festgelegt behandeln. Der Lehrer kann den Schüler nicht als festgelegt behandeln, solange dieser sich nicht auch selbst – sei es unter Rekurs auf kollektiv geteilte oder auf individuelle Explikationen – festlegt. Dafür aber ist es erforderlich, dass der Schüler die von ihm gebrauchten sprachlichen Ausdrücke in ihren Zusammenhängen zu thematisieren vermag. Erst sofern dies der Fall ist, kann der Lehrer den Schüler als festgelegt behandeln.

Der normative Status des Schülers, festgelegt zu sein, ist konstitutiv damit verbunden, dass er seine eigenen sprachlichen Artikulationen zu thematisieren versteht. Er basiert nicht nur auf den jeweiligen Perspektiven, die Sprecherinnen und Sprecher wechselseitig auf ihre Äußerungen haben. Konstitutiv für diesen Status sind auch sprachliche Praktiken, in denen Zusammenhänge zwischen sprachlichen Ausdrücken explizit gemacht werden. Es müsste mehr dazu gesagt werden, welche Rolle diese Praktiken spielen und wie sich entsprechende Explikationen zu dem verhalten, was explizit gemacht wird. Dafür ist hier nicht der Ort. Hier geht es mir nur um den grundsätzlichen Zusammenhang, der zwischen Explikationen und Festlegungen besteht. Sofern Explikationen, die eine Sprecherin gibt, von Anderen entsprechend behandelt werden, ist sie tatsächlich festgelegt. Sprachliche Festlegungen resultieren so gesehen aus einer komplexen Interaktion zwischen Sprecherinnen und Sprechern, in der es immer auch zu Thematisierungen von Sprache kommen können muss. Den Zusammenhang zwischen sprachlichem Verstehen und bestimmten geistigen Perspektiven kann ich vor dem Hintergrund dieser Überlegungen genauer fassen:

> *Sprachliches Verstehen und geistige Perspektiven*: Sprachliches Verstehen ist konstitutiv mit geistigen Perspektiven von Sprecherinnen und Sprechern verbunden, da diese mit ihren Äußerungen nur dadurch Festlegungen erlangen können, dass sie

Anderen gegenüber aus ihrer Perspektive Zusammenhänge zwischen sprachlichen Ausdrücken zu thematisieren vermögen.

Mit einem in dieser Weise reformulierten Interaktionismus gewinne ich eine neue Fährte für die von Wittgenstein verfolgte Konstitution des Regelfolgens und so in Bezug auf den normativen Charakter sprachlicher Bedeutung: Die Normativität von Sprache ist damit verbunden, dass Sprecherinnen und Sprecher ihr Sprechen und damit auch sich in bestimmter Weise festlegen. Wenn man sich anderen gegenüber festlegt, gewinnt man dadurch einen normativen Status. Dieser ist nicht unabhängig von den Praktiken, mittels deren Sprecher anderen gegenüber eine bestimmte Perspektive etablieren. Wenn sie ihre eigenen Verständnisse thematisieren, kommt es genau dazu. Mit entsprechenden Festlegungen werden bestimmte Regeln aufgestellt. Diese Regeln können unterschiedliche Formen annehmen. Sofern Festlegungen etwas Kollektives zur Geltung bringen, gewinnen die Regeln einen kollektiven Charakter. Sofern sie Zusammenhänge von Verständnissen in individueller Art und Weise artikulieren, haben Regeln einen individuellen Aspekt. Die Regeln sind nicht einfach in einer Praxis etabliert. Etabliert sind sie in dem Zusammenspiel von sprachlicher Praxis und Explikationen dieser Praxis. Sprachliches Verstehen ist so konstitutiv mit reflexiven Praktiken verbunden, mittels deren die komplexen Beziehungen, in denen sprachliche Ausdrücke stehen, thematisiert werden.

10.2 Ein kleiner historischer Rückblick

Die Überlegungen zum Zusammenhang von Sprache und Reflexivität erlauben es nun, die Frage nach der sozialen Struktur sprachlicher Bedeutung noch einmal aufs Neue anzugehen. Sowohl in Auseinandersetzung mit Wittgenstein und Heidegger als auch in Auseinandersetzung mit Davidson, Brandom und Derrida habe ich verfolgt, wie immer wieder in neuer Weise die Frage nach dem Verhältnis von kollektiven und individuellen Momenten der Sprache aufgeworfen worden ist. Dennoch findet sich im Rahmen ihrer Positionen keine zufriedenstellende Antwort. Dass dies so ist, kann ich nun zu begründen versuchen. Es fehlt in diesen Positionen der Rekurs auf die Reflexivität von Sprache gerade als eines wesentlichen Moments ihrer sozialen Struktur. Rufen wir uns noch einmal das Beispiel aus dem letzten Abschnitt in Erinnerung: Die soziale Struktur, in der Lehrer und Schüler miteinander interagieren, lässt sich nicht an deren einfacher Interaktion festmachen. Die Interaktion zwischen beiden, ist, so habe ich argumentiert, konstitutiv auch durch die Reflexionen geprägt, die sie jeweils praktizieren. Die einzelnen Sprecher-Interpreten, die miteinander interagieren, müssen als reflexiv konstituiert verstanden werden. Dies eröffnet auch einen Spielraum dafür, eine Interaktion als kollektiv geprägt zu begreifen, die faktisch nur zwischen zwei Individuen stattfindet. Aber es geht mir an diesem Punkt nicht noch einmal um die Unterscheidung und den Zusammenhang von kollektiven und individuellen Momenten sprachlicher Bedeutung. Es geht mir vielmehr darum, dass wir diejenigen, die sprachlich interagieren, nicht unabhängig von reflexiven Praktiken begreifen können. Ich kann diese These knapp auf die folgende Formel bringen:

> *Konstitution Sprecher-Interpreten*: Für eine Interpretin und Sprecherin von Sprache ist es konstitutiv, dass sie sich auf das eigene Verstehen und Sprechen zu beziehen vermag.

Die soziale Struktur von Sprache kann so gesehen nicht erläutert werden, ohne dass man erläutert, wie Sprecher-Interpreten sich in Interaktionen mit Anderen auch durch Reflexion konstituieren. Mit dieser These – und damit komme ich zu einem kleinen historischen Rückblick – aktualisiert man eine Einsicht von Philosophien, die in dieser Einführung bislang fast ganz am Rande geblieben sind, nämlich von Philosophien des Deutschen Idealismus. Die Einsicht, von der ich spreche, kann man folgendermaßen erläutern: Gegen empiristische Ansätze haben um die Wende vom 18. zum 19. Jahrhundert Autoren wie Kant, Fichte und Hegel argumentiert, dass wir die Möglichkeit von Erkenntnissen der Welt nur begreifen können, wenn wir zugleich die einheitliche Perspektive eines Subjekts als Aspekt der Konstitution von Erkenntnissen begreifen. Kant hat entsprechende Überlegungen mit der berühmten These angestoßen, dass das »Ich denke« alle Vorstellungen begleiten können müsse (Kant 1781, B 131 ff.). Für Fichte und Hegel gilt nach Kant als ausgemacht, dass ein Bewusstsein von Gegenständen einer objektiven Welt nur auf der Basis der Reflexion des Subjekts auf sich selbst (kurz gesagt: auf der Basis von Selbstbewusstsein) zu begreifen ist. Damit vertreten die sogenannten Deutschen Idealisten einen Gedanken, der in sprachphilosophischen Diskussionen der Gegenwart eine neue Relevanz gewinnen könnte. Es ist der Gedanke, dass die Konstitution von Erkenntnis nur im Zusammenhang mit der Konstitution des (reflexiven) Subjekts zu begreifen ist. Diesen Gedanken hat Kant vor allem in Kritik an empiristischen Positionen – besonders derjenigen Humes – entwickelt (unter anderem, so kann ich im Kontext dieser Einführung weiter sagen, in antipsychologistischer Absicht).

In der Sprachphilosophie des 20. Jahrhunderts spielt nun der Empirismus auch eine große Rolle. In der ersten Hälfte des Jahrhunderts sind bestimmte sprachphilosophische Positionen dezidiert als Logische Empirismen ausgearbeitet worden. Wie betrachtet, hat dies in der zweiten Hälfte des Jahrhunderts immer wieder Kritiken hervorgerufen (vgl. Kap. 8). Im Zuge solcher Kritiken sind viele unhaltbare Aspekte eines empiristischen Verständnisses sprachlicher Bedeutung benannt worden. Die Frage des Subjekts allerdings kommt in entsprechenden Zusammenhängen erst langsam wieder zu Bewusstsein. Sie wird zum Beispiel auch in Positionen wie denjenigen von Davidson oder Brandom meines Erachtens nicht an den Punkt gebracht, an den sie von Kant bis Hegel gebracht wurde (wofür ich hier nicht weiter argumentieren kann): an den Punkt, an dem verständlich wird, wie eine einheitliche Perspektive auf die Welt, eine einheitliche Perspektive der Erfahrung zustande kommt. In empiristischer Tradition wird immer wieder suggeriert, eine solche Perspektive ergebe sich von selbst, aus dem Subjekt heraus, aus den Interaktionen eines Subjekts oder aus der normativen Praxis, in der ein Individuum in einer Gemeinschaft von Sprecherinnen und Sprechern steht.

Genau diese Suggestion aber ist problematisch. Das zeigt sich paradigmatisch an Wittgensteins Schüler. Wie kann der Schüler aus einer sprachlichen Praxis heraus, in der Sprachspiele als Institutionen tradiert werden, eine einheitliche Perspektive gewinnen? Brandoms Antwort auf diese Frage lautet: Indem andere seine Behauptungen als solche behandeln, mit denen er Verpflichtungen eingeht und Berechtigungen erwirbt. Sofern er seinen Verpflichtungen nachkommt, realisiert er eine einheitliche subjektive Perspektive. Genau eine solche Erläuterung macht aber nicht verständlich, inwiefern hier tatsächlich die spezifische Einheit einer Perspektive konstituiert ist. Erläutert wird letztlich nur die Konstitution eines komplexen intersubjektiven Geflechts wechselseitigen Behandelns. Die Einheit einer Perspektive ist, so lautet hier die Lehre von Kant bis Hegel, dann konstituiert, wenn ein Subjekt sie anderen gegenüber vertreten, für sie einstehen kann. Dies lässt sich verständlich machen, wenn man den konstitutiven Zusammenhang von Sprache und Reflexivität nachvollzieht. Die einheitliche Perspektive eines Subjekts ergibt sich demnach nicht von selbst, sondern lässt sich aus bestimmten Praktiken heraus erklären: Es handelt sich unter anderem um Praktiken der sprachlichen Thematisierung von Sprache. Mittels solcher Praktiken legt ein Subjekt sich in seinen sprachlichen Artikulationen und damit in seiner Perspektive fest. Auf diese Weise wird in Begriffen sprachlicher Praktiken eine Erklärung möglich, die über den Empirismus hinausführt. Die Perspektive des Subjekts ergibt sich nicht aus sich heraus, aus Interaktionen oder im Rahmen einer normativen Praxis. Das Subjekt konstituiert sich in einem solchen Rahmen mittels Praktiken der Selbstthematisierung, anders gesagt: mittels reflexiver Praktiken. So könnte nach wie vor die Einsicht gelten, die bereits Kant und Hegel verband: Dass erst eine Analyse der Konstitution des Subjekts aus empiristischen Verkürzungen herausführt.

Für den Begriff sprachlicher Bedeutung hat diese Einsicht die folgende Relevanz: Sie erlaubt es zu verstehen, inwiefern sprachliche Bedeutung nicht aus bloßen sprachlichen Interaktionen heraus verstanden werden kann. Eine sprachliche Äußerung hat nicht allein dadurch Bedeutung, dass andere in Interaktionen auf sie eingehen. Ihre Bedeutung ist konstitutiv daran gebunden, dass sie als Bedeutung für eine Sprecherin thematisierbar ist. Nochmals in Bezug auf Wittgensteins Schüler gesagt: Der Schüler versteht nicht dann Sprache, wenn er einfach so spricht, wie man es von ihm erwartet. Dass er keinen Fehler in der Fortsetzung der Reihe macht, die der Lehrer ihn bilden lässt, heißt noch nicht, dass er ein Verständnis der von ihm gebrauchten sprachlichen Ausdrücke hat. Ein entsprechend empiristischer Ansatz verfehlt es, den Schüler als jemanden verständlich zu machen, der mit seinen Äußerungen für eine bestimmte Perspektive einsteht. Das mögliche Verständnis des Schülers ist erst dann erklärt, wenn dieses Einstehen begreiflich wird. Genau dies leistet nun die Einsicht, die sich in gewisser Weise bereits bei Kant und Hegel findet. Bedeutung haben sprachliche Ausdrücke demnach dadurch, dass sie aus bestimmten Perspektiven heraus gebraucht werden. Mit solchen Perspektiven konfrontieren Sprecherinnen und Sprecher als Subjekte sich wechselseitig.

10.3 Eine neue Perspektive auf offene Fragen

Wenn man die These vertritt, dass sprachliche Bedeutung konstitutiv thematisierbar ist, dann erlaubt dies weiterführende Überlegungen zu den Fragen, die die hermeneutisch geprägten Sprachphilosophien der Gegenwart umtreiben (vgl. Kap. 7, Ende). In Bezug auf das Verhältnis von Sprache und Welt ist dies besonders deutlich. Spätestens mit den vielfältigen antipsychologistischen Ansätzen im 20. Jahrhundert ist dieses Verhältnis ins Zentrum der Sprachphilosophie gerückt worden. Wie betrachtet, kann man entsprechende Überlegungen auf die Frage hin zuspitzen, in welchem Verhältnis die Struktur der Sprache zur Struktur der Welt steht. Nun aber eröffnet sich hier eine neue Perspektive: Von einer Struktur der Sprache kann nur aus der Perspektive einer Thematisierung von Sprache die Rede sein. Damit gilt dies auch für das Verhältnis der Struktur der Sprache zur Struktur der Welt. Auch dieses Verhältnis ist aus sprachlich-reflexiver Perspektive heraus zu begreifen. Es lässt sich für das Verhältnis von Sprache und Welt grundsätzlich geltend machen: Bestimmte Korrespondenzen zwischen Sprache und Welt müssen von Thematisierungen her begriffen werden. Sie bestehen nicht einfach als solche. Erst durch Thematisierungen werden sie gestiftet. Das heißt nicht, dass es nicht grundsätzlich Zusammenhänge zwischen Sprache und Welt gäbe. Zweifelsohne gibt es einen wahren Kern eines weltorientierten Verständnisses sprachlicher Bedeutung (der auch durch einen Verweis auf den Zusammenhang von sprachlicher Bedeutung und Wahrheit artikuliert wird): Demzufolge ist sprachliche Bedeutung grundsätzlich im Zusammenhang mit der Welt und mit öffentlichen und intersubjektiv geteilten Praktiken konstituiert. Aber innerhalb dieses Zusammenhangs kommt es nicht einfach zu bestimmten Korrespondenzen zwischen sprachlichen Einheiten und Einheiten der Welt. Diese bestehen vielmehr aufgrund reflexiver Thematisierungen von Sprache. Ein Aspekt der Entwicklung von Sprache und sprachlicher Ausdrucksmöglichkeiten liegt darin, dass das Verhältnis sprachlicher Ausdrücke zu bestimmten Elementen der Welt ausgehandelt wird. Sprache wird dabei in ihrem Verhältnis zur Welt thematisiert. Eine solche Thematisierung legt bestimmte Korrelationen und Typen von Korrelationen fest. Mit ihr werden Verhältnisse von Sprache und Welt gestaltet.

Eine solche Gestaltung legt allerdings nicht nur Korrelationen fest, sondern betrifft auch Differenzen. Wenn Sprache in ihrem Verhältnis zur Welt thematisch wird, kann auch der Gedanke formuliert werden, dass sprachliche Ausdrücke bestimmten Elementen der Welt gegenüber unangemessen bleiben. Die Sprachkritik, wie sie – parallel zu den Entwicklungen klassischer Sprachphilosophien im 20. Jahrhundert (vgl. paradigmatisch hierfür Hugo von Hofmannsthals *Chandos-Brief*) – zum Beispiel die literarische Moderne geprägt hat, ist eine reflexive Operation. Mittels ihrer wird reflexiv eine Kritik am sprachlichen Ausdruck etabliert, die zugleich als dessen Motor fungiert. Die Suche nach dem »rechten Wort« (vgl. z. B. Gadamer 1960, 388 ff.) wirkt mit an einer neuen Ausgestaltung des Verhältnisses von Sprache und Welt. Die Überzeugung, dass uns das rechte Wort immer wieder fehlt, ist so als Resultat einer reflexiven Entwicklung unseres sprachlichen Ausdrucks zu begreifen. Diese Entwicklung ist ein

Aspekt unserer Selbstbewusstwerdung im Rahmen unseres sprachlichen Weltverhältnisses.

Die Überlegungen zum Zusammenhang zwischen Sprache und Reflexivität können nicht mehr als ein Ausblick bleiben. Möglicherweise handelt es sich bei diesem Zusammenhang um ein Feld, auf dem die Sprachphilosophie sich weiterentwickeln wird. Die neue Aktualität der Philosophien von Kant und Hegel und auch hermeneutischer Autoren deutet auf entsprechende Entwicklungen hin. Damit könnte die Sprachphilosophie Optionen gewinnen, sich stärker von ihrem empiristischen Erbe zu lösen, als es ihr bislang gelungen ist. Zu Beginn dieser Einführung habe ich dargelegt, dass eine der Fragen der Sprachphilosophie immer diejenige nach der Relevanz der Sprache für den Menschen gewesen ist. Genau diese Frage kann mit Blick auf den Zusammenhang von Sprache und Reflexivität neue Impulse erhalten. Durch das 20. Jahrhundert hindurch ist Sprache, wie dargelegt, immer wieder als *Medium der Welterschließung* thematisiert worden. Heideggers Wort von der Sprache als dem »Haus des Seins« fasst dies in kryptischer Prägnanz (Heidegger 1959, 267). Der sogenannte sprachliche Konstruktivismus hat eine entsprechende These in zugespitzter Form vertreten: Die Sprache gebe vor, was sich sagen lasse und was nicht. In dieser Weise bestimme sie den kognitiven Weltzugang des Menschen (vgl. zu Davidsons Kritik an entsprechenden Thesen Kap. 8). Die hier zuletzt verfolgten Überlegungen ermöglichen es, ein solches Verständnis von Sprache zu revidieren. Relevant ist Sprache für den Menschen nicht nur als ein Medium der Welterschließung. Sie ist es auch als ein *Medium der Selbstbestimmung*. In Sprache kann der Mensch sich immer wieder kritisch weiterentwickeln. Durch sprachliche Reflexionen kann der Mensch Veränderungen wissenschaftlicher genauso wie alltäglicher oder zum Beispiel ästhetischer Praktiken anstoßen. Sprachliche Reflexion ist so ein wesentlicher Aspekt kritischer Selbstbestimmung des Menschen. Gerade in dieser Hinsicht ist Sprache in einer Weise relevant für den Menschen, die kaum überschätzt werden kann.

Anhang

Literatur

Alim, H. Samy, Angela Reyes und Paul V. Kroskrity (Hg.) (2020): The Oxford Handbook of Language and Race, New York: Oxford University Press.

Aristoteles (4. Jh. v. Chr.): Peri hermeneias, in: Werke in deutscher Übersetzung, hrsg. von Hellmut Flashar, Band 1, Teil 2, Berlin: Akademie 1994.

Austin, John (1956): Performative Äußerungen, in: Gesammelte philosophische Aufsätze, Stuttgart: Reclam 1986, 305-327.

Ayer, Alfred (1970): Sprache, Wahrheit und Logik, Stuttgart: Reclam.

Austin, John (1962): Zur Theorie der Sprechakte, Stuttgart: Reclam 1979.

Beaney, Michael (Hg.) (2013): The Oxford handbook of the history of analytic philosophy, Oxford: Oxford University Press.

Bermes, Christian (Hg.) (1999): Sprachphilosophie, Freiburg/München: Alber.

Bertram, Georg W. (2002): Hermeneutik und Dekonstruktion, München: Fink.

Bertram, Georg W. (2006): Die Sprache und das Ganze. Entwurf einer antireduktionistischen Sprachphilosophie, Weilerswist: Velbrück.

Bertram, Georg W., David Lauer, Jasper Liptow und Martin Seel (2008): In der Welt der Sprache. Konsequenzen des semantischen Holismus, Frankfurt/M.: Suhrkamp.

Bertram, Georg W. (2019): Sprachphilosophie und Ästhetik. Über künstlerischen Sprachgebrauch, in: Zeitschrift für Ästhetik und Allgemeine Kunstwissenschaft 64/1, S. 63-78.

Blume, Thomas und Christoph Demmerling (1998): Grundprobleme der analytischen Sprachphilosophie, Paderborn: Schöningh.

Borsche, Tilman (1981): Sprachansichten. Der Begriff der menschlichen Rede in der Sprachphilosophie Wilhelm von Humboldts. Stuttgart: Klett-Cotta.

Borsche, Tilman (Hg.) (1996): Klassiker der Sprachphilosophie. Von Platon bis Noam Chomsky, München: Beck.

Borsche, Tilman (1990): Was etwas ist. Fragen nach der Wahrheit der Bedeutung bei Platon, Augustin, Nikolaus von Kues und Nietzsche, München: Fink.

Brandom, Robert (1994): Expressive Vernunft. Begründung, Repräsentation und diskursive Festlegung, Frankfurt/M.: Suhrkamp 2000.

Brandom, Robert B. (2000): Begründen und Begreifen. Eine Einführung in den Inferentialismus, Frankfurt/M.: Suhrkamp 2001.

Butler, Judith (2006): Haß spricht. Zur Politik des Performativen, Frankfurt/Main: Suhrkamp.

Butler, Judith und Gayatri Chakravorty Spivak (2007): Sprache, Politik, Zugehörigkeit, Zürich/Berlin: Diaphanes.

Carnap, Rudolf (1928): Scheinprobleme in der Philosophie, in: Scheinprobleme in der Philosophie und andere metaphysikkritische Schriften, Hamburg: Meiner 2004, 3-48.

Carnap, Rudolf (1934): Logische Syntax der Sprache, Wien: Springer.

Condillac, Etienne Bonnot de (1746): Versuch über den Ursprung der menschlichen Erkenntnis, Würzburg: Königshausen und Neumann 2006.

Coseriu, Eugenio (2003): Geschichte der Sprachphilosophie von der Antike bis zur Gegenwart: Von den Anfängen bis Rousseau, Stuttgart: Francke.

Davidson, Donald (1973): Radikale Interpretation, in: Wahrheit und Interpretation, Frankfurt/M.: Suhrkamp 1986, 183-203.

Davidson, Donald (1974): Was ist eigentlich ein Begriffsschema, in: Wahrheit und Interpretation, a.a.O., 261-282.

Davidson, Donald (1986): Eine hübsche Unordnung von Epitaphen, in: Wahrheit, Sprache und Geschichte, Frankfurt/M.: Suhrkamp 2008, 151-180.

Davidson, Donald (1994): Der soziale Aspekt der Sprache, in: Wahrheit, Sprache und Geschichte, a.a.O., 181-205.

Demmerling, Christoph und Pirmin Stekeler-Weithofer (Hg.): Sprachphilosophie, in: Wörterbücher zur Sprach- und Kommunikationswissenschaft Online, Band 15, https://www.degruyter.com/view/db/wsk.

Derrida, Jacques (1967a): Die Stimme und das Phänomen. Einführung in das Problem des Zeichens und der Phänomenologie Husserls. Frankfurt/M.: Suhrkamp 2003.
Derrida, Jacques (1967b): Grammatologie, Frankfurt/M.: Suhrkamp 1974.
Derrida, Jacques (1972): Signatur Ereignis Kontext, in: Randgänge der Philosophie, Wien: Passagen 1988, 291-314.
Derrida, Jacques (1996): Einsprachigkeit, München: Fink 2003.
Dummett, Michael (1982): Wahrheit. Fünf philosophische Aufsätze, Stuttgart: Reclam.
Finkelstein, David H. (2003): Expression and the Inner, Cambridge/MA: Harvard UP.
Flatscher, Matthias und Gerald Posselt (2016): Sprachphilosophie. Eine Einführung, Wien: Facultas (UTB).
Forster, Michael (2010): After Herder: Philosophy of Language in the German Tradition, Oxford: Oxford University Press.
Forster, Michael (2014): German Philosophy of Language: From Schlegel to Hegel and Beyond, Oxford: Oxford University Press.
Frege, Gottlob (1884): Die Grundlagen der Arithmetik, Stuttgart: Reclam 1986.
Frege, Gottlob (1892): Über Sinn und Bedeutung, in: Funktion, Begriff, Bedeutung, Göttingen: Vandenhoeck & Ruprecht 1986, 40-65.
Frege, Gottlob (1918): Der Gedanke. Eine logische Untersuchung, in: Logische Untersuchungen, Göttingen: Vandenhoeck & Ruprecht 1993, 30-53.
Gadamer, Hans-Georg (1960): Wahrheit und Methode, Grundzüge einer philosophischen Hermeneutik, Tübingen: Mohr Siebeck 1999.
Grice, Herbert P. (1957): Intendieren, Meinen, Bedeuten, in: Georg Meggle (Hg.): Handlung, Kommunikation, Bedeutung, Frankfurt/M.: Suhrkamp 1979, 2-15.
Grice, Herbert P. (1968): Sprecher-Bedeutung, Satz-Bedeutung und Wort-Bedeutung, in: Georg Meggle (Hg.): Handlung, Kommunikation, Bedeutung, a.a.O., 85-111.
Hale, Bob und Chrispin Wright (Hg.) (2017): Companion to the Philosophy of Language, London: Blackwell.
Hamann, Johann Georg (1784): Metakritik über den Purismum der reinen Vernunft, in: Sämtliche Werke, hgg. von J. Nadler, Band 3, Wien: Herder 1951, 281-289.

Heidegger, Martin (1927): Sein und Zeit, 16. Aufl., Tübingen: Niemeyer 1986.
Heidegger, Martin (1959): Unterwegs zur Sprache, 13. Aufl., Stuttgart: Klett-Cotta 2003.
Herder, Johann Gottfried (1772): Abhandlung über den Ursprung der Sprache, Stuttgart: Reclam 2001.
Hjelmslev, Louis (1974): Prolegomena zu einer Sprachtheorie, München: List.
Hogh, Philip und Stefan Deines (Hg.) (2016): Sprache und Kritische Theorie, Frankfurt/Main: Campus.
Humboldt, Wilhelm von (1830 ff.): Über die Verschiedenheit des menschlichen Sprachbaues und ihren Einfluß auf die geistige Entwickelung des Menschengeschlechts, Stuttgart: Reclam 1998.
Jakobson, Roman (1988): Semiotik, Frankfurt/M.: Suhrkamp.
Kant, Immanuel (1781): Kritik der reinen Vernunft, Werkausgabe, hrsg. von Wilhelm Weischedel, Band 3+4, Frankfurt/M.: Suhrkamp 1974.
Kambartel, Friedrich und Pirmin Stekeler-Weithofer (2005): Sprachphilosophie: Probleme und Methoden, Stuttgart: Reclam 2005.
Kemp, Gary (2018): What is This Thing Called Philosophy of Language?, Milton Park: Routledge, 2. Auflage.
Kompa, Nikola (Hg.) (2015): Handbuch Sprachphilosophie, Stuttgart: Metzler.
Krämer, Sybille (2001): Sprache, Sprechakt, Kommunikation, Frankfurt/M.: Suhrkamp.
Krämer, Sybille und Elke Koch (Hg.) (2010): Gewalt in der Sprache. Rhetoriken verletzenden Sprechens. München: Fink.
Kripke, Saul A. (1972): Name und Notwendigkeit, Frankfurt/M.: Suhrkamp 1993.
Kripke, Saul A. (1982): Wittgenstein über Regeln und Privatsprache. Eine elementare Darstellung, Frankfurt/M.: Suhrkamp 1987.
Leibniz, Gottfried Wilhelm (1764): Neue Abhandlungen über den menschlichen Verstand, Hamburg: Meiner 1971.
Leiss, Elisabeth (2009): Sprachphilosophie, Berlin/New York: de Gruyter 2. Aufl. 2012.
Lenz, Martin (2010): Lockes Sprachkonzeption, Berlin-New York: de Gruyter.

Lepore, Ernest und Barry C. Smith (Hg.) (2008): Oxford Handbook of Philosophy of Language, Oxford: Oxford University Press.

Locke, John (1690): Versuch über den menschlichen Verstand – in 4 Büchern, 2 Bände, Hamburg: Meiner 1988.

McDowell, John (1984): Wittgenstein on Following a Rule, in: Synthese 58, 325-363.

McDowell, John (1994): Geist und Welt, Frankfurt/M.: Suhrkamp 2001.

McGinn, Colin (2015): Philosophy of Language: The Classics Explained, Cambridge/MA: MIT Press.

Merleau-Ponty, Maurice (1966): Phänomenologie der Wahrnehmung, Berlin: de Gruyter.

Merleau-Ponty, Maurice (2003): Das indirekte Sprechen und die Stimmen des Schweigens, in: Das Auge und der Geist. Philosophische Essays, Hamburg: Meiner, 111-175.

Mill, John Stuart (1843): A System of Logic, 2 Vol., Cambridge: Cambridge University Press 2012.

Morris, Michael (2006): An Introduction to the Philosophy of Language, Cambridge: CUP.

Newen, Albert und Markus A. Schrenk (2008): Einführung in die Sprachphilosophie, Darmstadt: WBG.

Peirce, Charles S. (1906): Prolegomena zu einer Apologie des Pragmatizismus, in: Semiotische Schriften, 3 Bände, Frankfurt/M.: Suhrkamp 2000, Band 3, 75-210.

Pfister, Jonas (Hg.) (2011): Texte zur Sprachphilosophie, Stuttgart: Reclam.

Platon (ca. 393 v. Chr.): Kratylos, in: Werke in 8 Bänden, Darmstadt: Wissenschaftliche Buchgesellschaft 1981, Band 3, S. 395-575.

Plessner, Helmuth (1928): Die Stufen des Organischen und der Mensch, Gesammelte Schriften IV, Frankfurt/M.: Suhrkamp 1980.

Putnam, Hilary (1979): Die Bedeutung von »Bedeutung«, Frankfurt/M.: Klostermann.

Quine, Willard Van Orman (1951): Zwei Dogmen des Empirismus, in: Von einem logischen Standpunkt, Frankfurt/M. u.a.: Ullstein 1979, 27-50.

Quine, Willard Van Orman (1960): Wort und Gegenstand, Stuttgart: Reclam 1980.

Rorty, Richard (Hg.) (1967): The Linguistic Turn. Essays in Philosophical Method, Chicago: University of Chicago Press.

Russell, Bertrand (1905): Über das Kennzeichnen, in: Philosophische und politische Aufsätze, Stuttgart: Reclam 1971, 3-22.
Ryle, Gilbert (1949): Der Begriff des Geistes, Stuttgart: Reclam 1969.
Saussure, Ferdinand de (1916): Grundfragen der allgemeinen Sprachwissenschaft, Berlin: de Gruyter 2. Aufl. 1967.
Searle, John R. (1969): Sprechakte, ein sprachphilosophischer Essay, Frankfurt/M.: Suhrkamp 1983.
Sellars, Wilfrid (1956): Der Empirismus und die Philosophie des Geistes, Paderborn: Mentis 1999.
Soames, Scott (2010): Philosophy of Language, Princeton: Princeton University Press.
Stalnaker, Robert (2014): Context, Oxford: Oxford University Press.
Strawson, Peter (1974): Logik und Linguistik. Aufsätze zur Sprachphilosophie, München: List.
Tarski, Alfred (1935): Der Wahrheitsbegriff in den formalisierten Sprachen, in: Karel Berka und Lothar Kreiser (Hg.): Logik-Texte, Darmstadt: WBG 3. Auflage 1983, 445-546.
Taylor, Charles (1980): Bedeutungstheorien, in: Negative Freiheit, Frankfurt/M.: Suhrkamp 1992, 52-117.
Taylor, Charles (2016): Das sprachbegabte Tier: Grundzüge des menschlichen Sprachvermögens, Berlin: Suhrkamp 2017.
Tugendhat, Ernst (1976): Vorlesungen zur Einführung in die sprachanalytische Philosophie, Frankfurt/M.: Suhrkamp.
Tugendhat, Ernst und Ursula Wolf (1983): Logisch-semantische Propädeutik, Stuttgart: Reclam.
Vico, Giambattista (1725): Prinzipien einer neuen Wissenschaft über die gemeinsame Natur der Völker, Hamburg: Meiner 2009.
Wellmer, Albrecht (2004): Sprachphilosophie. Eine Vorlesung, Frankfurt/M.: Suhrkamp.
Wittgenstein, Ludwig (1921): Tractatus logico-philosophicus, in: Werkausgabe in 8 Bänden, Band 1, Frankfurt/M.: Suhrkamp 1984, S. 7-85.
Wittgenstein, Ludwig (1953): Philosophische Untersuchungen, in: Werkausgabe in 8 Bänden, Band 1, a.a.O., S. 225-580.

Personenregister

Sachregister

Georg W. Bertram ist seit 2007 Professor für Philosophie (theoretische Philosophie mit Schwerpunkten Ästhetik und Sprachphilosophie) an der Freien Universität Berlin. 1997 Promotion in Philosophie an der Justus-Liebig-Universität Gießen. 2004 Habilitation in Philosophie an der Universität Hildesheim. 1996–2002 wissenschaftlicher Mitarbeiter und Lehrbeauftragter am Zentrum für Philosophie und Grundlagen der Wissenschaft der Justus-Liebig-Universität Gießen. 2002–2007 Juniorprofessor für Philosophie an der Universität Hildesheim. 2004 Research Scholar am Department of Philosophy der University of Pittsburgh bei Prof. John McDowell. 2006 Gastprofessor an der Universität Wien. 2015 Gastprofessur an der Università degli Studi di Torino und Gastprofessur an der Università degli Studi Roma Tre. Ausgewählte Publikationen: *Hermeneutik und Dekonstruktion. Konturen einer Auseinandersetzung der Gegenwartsphilosophie* (2002); *Kunst. Eine philosophische Einführung* (2005); *Die Sprache und das Ganze. Entwurf einer antireduktionistischen Sprachphilosophie* (2006); *Kunst als menschliche Praxis. Eine Ästhetik* (2014); *Hegels »Phänomenologie des Geistes«. Ein systematischer Kommentar* (2017).